JN175479

経 営 学 要 論

岸川善光 [著]
Kishikawa Zenko

同文舘出版

凡　例

1．本書は，要論シリーズの各巻などとの関連を☞で示している。
2．書名略称
　☞『環境』―『経営環境要論』
　☞『戦略』―『経営戦略要論』
　☞『組織』―『経営組織要論』
　☞『管理』―『経営管理要論』
　☞『情報』―『経営情報要論』
　☞『イノベーション』―『イノベーション要論』
　☞『ベンチャー』―『ベンチャー・ビジネス要論』
　☞『グローバル』―『グローバル経営要論』
　☞『診断』―『経営診断要論』
　☞『図説』―『図説経営学演習(改訂版)』

◆ はじめに ◆

近年，企業を取り巻く環境は，高度情報社会の進展，地球環境問題の深刻化，グローバル化の進展など，歴史上でも稀な激変期に遭遇している。環境の激変に伴って，ビジネスもマネジメントも激変していることはいうまでもない。本書は，このような環境の激変に対応するために企画された「経営学要論シリーズ」の第1巻として刊行される。

本書は，第1巻ではあるが，ケースブックを含む全12巻の「要論シリーズ」の中で最後に刊行される。その理由は，本書は「要論シリーズ」の総集編として位置づけられており，「要論シリーズ」の1つの巻を，本書では1/10に圧縮して1つの章にまとめたいわば「要論の要論」であるからである。

本書は，大学（経営学部，商学部，経済学部，工学部など）・短大・専門学校，さらに大学院における「経営学総論」，「経営学入門」，「経営学」，「経営学基礎」，「経営学特論」などの授業，あるいは経営学関連の教養ゼミにおける教科書・参考書として活用されることを意図している。経営学を最初に学ぶ際，経営学の全体像を「鳥の目」で概括的に捉え，各人の興味と関心に沿って経営学の各論を「虫の目」で詳細に学ぶ際の羅針盤になるように，総論と各論，「鳥の目」と「虫の目」の連結を常に考慮して構成されている。

本書は，3つの特徴をもっている。特徴の第一は，経営学に関連する内外の先行研究をほぼ網羅して，論点のもれを極力防止したことである。総論・入門書とはいいながら，「要論シリーズ」の各論（経営環境論，経営戦略論，経営組織論，経営管理論，経営情報論，イノベーション論，グローバル経営論，経営診断論）のエッセンスを要約しているので，重要な論点はほぼ網羅されている。また，紙幅の制約で論点に関する説明が不足する場合，☞マークで「要論シリーズ」の各論との連結が示されている。

本書においても，「要論シリーズ」の基本コンセプトに基づいて，各章10枚，合計100枚の図表を用いて，視覚イメージを重視しつつ，文章による説明と併せて理解できるように，立体的な記述スタイルを採用した。記述内容は「要論の要論」という特性上，基本項目・重要項目に絞り込んだため，応用項目・発展項目についてさらに研究したい読者は，☞マークの「要論シリーズ」の各論および巻末の詳細な参考文献を参照して頂きたい。巻末の参考文献は，著者が

実際に確認済みの引用文献を中心として，良書ばかりを選択している。

　特徴の第二は，経営学における「理論と実践の融合」を目指したことである。理論については，各章すべてにおいて，内外の先端的な研究成果を選択しつつ，「一定の法則性」の導出を目指して，理論・学説史・施策の3点1セットについて体系的に記述した。理論面では，総論・入門書とはいいながら，常に原典に立ち戻り出所のページを明示するなど，可能な限り厳密さを追求した。実践については，経営学の各論に関する現実的な動向について言及した。また，「理論と実践の融合」を目指して，各論（第2章〜第9章）では，事例やトピックを意識して織り込んだ。

　特徴の第三は，学際的アプローチを多用したことである。著者の専攻分野が先端学際工学であることはさておいて，経営学において，複数の学問分野との関係性が極めて重要であるので，環境論，情報論，国際論，工学，経済学，社会学，法学など，多くの隣接科学との関係性を重視した。特に，ネットワーク社会の進展，グローバリゼーションの進展など，経営学に対するインパクトが大きいので，常に学際的に考察するよう心掛けた。

　これらの3つの特徴は，実は著者のキャリアに起因する。著者は日本総合研究所などのシンクタンクにおいて，四半世紀にわたって，経営コンサルティングに従事した。また，日本総合研究所経営システム研究部長，さらに理事として，経営に関する多種多様な実践を経験した。その後，横浜市立大学など大学・大学院に移籍後は，多くの学生・院生と共に生きた経営学を探究してきた。まさに，「理論と実践の融合」を目指したキャリアを積んできたといえよう。

　今回も，同文舘出版の市川良之取締役をはじめとする編集スタッフに大変お世話になった。「最初の読者」でもあるプロの編集スタッフのコメントは，著者にとって刺激になり，極めて有益であった。記して格段の謝意を表したい。また，「要論シリーズ」の共著者の皆さん，学部・大学院のゼミ生の皆さんにも，楽しい「経営学の旅」であったことを記して格段の謝意を表したい。

2017年7月

岸 川 善 光

CONTENTS

―◆ 目 次 ◆―

【第1章】 経営学の意義 　　　　　1

1. 経営学の対象 　　　　　2
① 研究対象に関する諸説　2
② 企業と経営　3
③ 企業システムの発展　4

2. 経営学の目的 　　　　　7
① 社会科学としての経営学　7
② 経営現象の理解　8
③ 有効な経営行動の提示　10

3. 経営学の特質 　　　　　12
① ドイツ経営学の特徴　12
② アメリカ経営学の特徴　13
③ 総合性・実践性・デザイン性　15

4. 経営学の方法論 　　　　　17
① マルクスとウェーバーの方法論　17
② ドイツ経営学方法論争　18
③ 本書における方法論　20

5. 経営学の体系 　　　　　21
① 体系に関する諸説　21
② 経営学の関連領域と隣接科学　22
③ 「要論シリーズ」の体系　25

III

【第2章】 経営環境 27

1．経営環境の意義 ………………………………………………… 28

① 企業を取り巻く環境　28

② 経営環境論の生成と発展　29

③ 経営環境の体系　30

2．経済環境 ………………………………………………………… 32

① 経済環境の意義　32

② 経済環境と経営の関係性　34

③ 経済環境に関する取組みと課題　34

3．政治環境 ………………………………………………………… 36

① 政治環境の意義　36

② 政治環境と経営の関係性　36

③ 政治環境に対する取組みと課題　38

4．社会環境 ………………………………………………………… 38

① 社会環境の意義　39

② 社会環境と経営の関係性　39

③ 社会環境に対する取組みと課題　41

5．自然環境 ………………………………………………………… 42

① 自然環境の意義　42

② 自然環境と経営の関係性　44

③ 自然環境に対する取組みと課題　45

6．技術環境 ………………………………………………………… 45

① 技術環境の意義　46

② 技術環境と経営の関係性　47

③ 技術環境に対する取組みと課題　48

7．市場環境 ………………………………………………………… 49

① 市場環境の意義　49

CONTENTS

② 市場環境と経営の関係性　49

③ 市場環境に対する取組みと課題　51

8．競争環境 ……………………………………………………………… 52

① 競争環境の意義　53

② 競争環境と経営の関係性　53

③ 競争環境に対する取組みと課題　55

【第3章】経営戦略 57

1．経営戦略の意義 ……………………………………………………… 58

① 経営戦略の定義　58

② 経営戦略論の生成と発展　59

③ 経営戦略の体系　61

2．ドメイン ………………………………………………………………… 63

① ドメインの意義　63

② ドメイン定義の要件　64

③ ドメインの再定義　65

3．製品・市場戦略 ……………………………………………………… 66

① 製品・市場戦略の意義　66

② 多角化戦略　68

③ 製品差別化と市場細分化　69

4．経営資源の蓄積・配分 …………………………………………… 70

① 経営資源の意義　70

② 経営資源の蓄積・配分　71

③ 経営資源と経営戦略の関係性　74

5．競争戦略 ……………………………………………………………… 75

① 競争戦略の意義　75

② 競争の基本戦略　78

V

③　競争環境のダイナミズム　79

6．ビジネスシステム戦略 …………………………………………… 81

①　ビジネスシステム戦略の意義　81

②　供給連鎖（サプライチェーン）　83

③　垂直的統合と水平的統合　84

【第4章】経営組織　　87

1．経営組織の意義 ……………………………………………………… 88

①　組織の概念　88

②　経営組織論の生成と発展　90

③　経営組織の体系　92

2．経営組織の基本形態と動態化 …………………………………… 93

①　組織構造の概念と組織デザイン　93

②　組織の基本形態　96

③　組織の動態化　98

3．組織における人間行動 …………………………………………… 100

①　組織行動論の意義　100

②　個人レベルの人間行動　101

③　集団レベルの人間行動　103

4．組織文化と組織変革 ……………………………………………… 106

①　組織文化　106

②　組織変革　108

③　戦略的組織変革　110

5．組織間関係 ………………………………………………………… 111

①　組織間関係の意義　111

②　組織間関係の視座（パースペクティブ）　112

③　組織間関係の革新　114

CONTENTS

【第5章】 経営管理　117

1. 経営管理の意義　118
① 組織の時代　118
② 経営管理論の生成と発展　119
③ 経営管理の体系　122

2. 経営システム　123
① 経営システムの概念　123
② 経営システムの構造　124
③ フィードバック・コントロール　126

3. 経営者の職能　127
① 所有と経営の分離　127
② 経営者支配　129
③ 経営管理と意思決定　130

4. 総合経営管理と機能別管理　133
① 総合経営管理　133
② 機能別管理　135
③ 総合経営管理と機能別管理の関連性　138

5. 企業の社会的責任　139
① 利害関係者（ステークホルダー）　139
② 利害関係者に対する義務　139
③ 企業の社会的責任の実践　141

【第6章】 経営情報　143

1. 経営情報の意義　144
① 経営と情報との関係性　144
② 経営情報論の生成と発展　147

VII

③ 経営情報の体系　148

2．ネットワーク社会の進展 …………………………………………………… 149

① ネットワーク社会の意義　149

② 経済性の概念の変遷　150

③ 国の情報通信政策　152

3．情報通信技術の進展 ……………………………………………………… 154

① ハードウェアとソフトウェアの進展　154

② データベース技術とマルチメディア技術の進展　156

③ ネットワーク技術の進展　158

4．経営情報システムの変遷 ………………………………………………… 160

① 経営情報システムの発展段階　160

② EDPS, MIS, DSS　161

③ SIS, BPR　164

5．eビジネス ………………………………………………………………… 166

① eビジネスの意義　167

② eコマース（電子商取引）　169

③ ビジネスモデル　170

【第7章】イノベーション　173

1．イノベーションの意義 …………………………………………………… 174

① イノベーションの概念　174

② イノベーション論の生成と発展　177

③ イノベーションの体系　178

2．プロダクト・イノベーションとプロセス・イノベーション … 179

① プロダクト・イノベーション　179

② プロセス・イノベーション　180

③　ビジネスプロセス・リエンジニアリング　181

3．知識創造 ……………………………………………………… 184

①　知識創造の概念　184

②　ナレッジ・マネジメント　186

③　知的財産権　187

4．技術革新と経営革新 …………………………………………… 188

①　技術革新　188

②　経営革新　190

③　パラダイムの変革　191

5．ベンチャービジネス …………………………………………… 192

①　ベンチャービジネスとイノベーション　193

②　ベンチャービジネスの育成　194

③　イノベーションと地域クラスター　196

【第8章】グローバル経営　199

1．グローバル経営の意義 …………………………………………… 200

①　グローバル経営の概念　200

②　グローバル経営論の生成と発展　201

③　グローバル経営の体系　203

2．日本的経営 ………………………………………………………… 204

①　日本的経営の概念　204

②　欧米的経営・アジア的経営との国際比較　205

③　日本的経営からグローバル経営への脱皮　210

3．多国籍企業 ………………………………………………………… 211

①　多国籍企業の意義　211

②　多国籍企業の組織体系　212

③　多国籍企業と国家　214

４．多国籍企業の機能別管理 ･･･････････････････････････････････ 216

① 多国籍企業の経営システム　216

② 多国籍企業の経営管理システム　217

③ 多国籍企業の業務システム　218

５．異文化マネジメント ･･ 220

① 異文化マネジメントの意義　220

② 異文化シナジーと異文化コミュニケーション　222

③ 組織文化の変革　224

【第9章】経営診断
229

１．経営診断の意義 ･･ 230

① 経営診断の定義　230

② 経営診断論の生成と発展　232

③ 経営診断の体系　233

２．経営システムの診断 ･･･ 236

① 環境－経営戦略－組織適合の診断　236

② 顧客適合の診断・インターフェース適合の診断　238

③ 内部適合の診断　239

３．経営管理システムの診断 ････････････････････････････････････ 241

① 経営管理システムの機能　241

② 人的資源管理システムの診断・財務管理システムの診断　241

③ 情報管理システムの診断・法務管理システムの診断　243

４．業務システムの診断 ･･･ 244

① 業務システムの機能　244

② 研究開発，調達，生産の診断　245

③ マーケティング，ロジスティクスの診断　247

CONTENTS

5．業種別の診断，新規・拡大領域の診断 ················· 250

① 業種別の診断　250

② 新規・拡大領域の診断　254

③ 経営コンサルタントの育成　255

【第10章】経営学の今日的課題　257

1．組織空間の拡大 ···································· 258

① 現状　258

② 今後の課題　260

2．情報空間の拡大 ···································· 261

① 現状　261

② 今後の課題　263

3．経営空間の拡大 ···································· 265

① 現状　265

② 今後の課題　268

4．ガバナンスの多様化・複合化 ················· 269

① 現状　269

② 今後の課題　273

5．倫理問題の深耕 ···································· 275

① 現状　275

② 今後の課題　277

参考文献 ·· 281

事項索引 ·· 307

人名索引 ·· 320

XI

◆ 図表目次 ◆

図表1−1　一般経営学と特殊経営学
図表1−2　企業システムの発展
図表1−3　会社の種類別特徴
図表1−4　経営組織論の生成・発展過程
図表1−5　アメリカ経営学の特徴
図表1−6　経営学の特質
図表1−7　方法論争
図表1−8　本書における方法論
図表1−9　経営学の関連領域と隣接科学
図表1−10　「要論シリーズ」の体系

図表2−1　企業を取り巻く環境
図表2−2　日本・米国におけるカリキュラム比較
図表2−3　景気循環
図表2−4　経済のグローバル化
図表2−5　経済的規制と社会的規制
図表2−6　世界における人口動態
図表2−7　地球温暖化による世界各地の被害予想
図表2−8　ロボットの発展
図表2−9　世界経済ピラミッド
図表2−10　経営資源パラダイムによる競争戦略の定石

図表3−1　環境対応（環境適応と環境創造）
図表3−2　経営戦略の構成要素
図表3−3　物理的定義と機能的定義
図表3−4　成長ベクトル
図表3−5　プロダクト・ライフサイクル
図表3−6　PPM（ボストン・コンサルティング・グループ）
図表3−7　価値連鎖の基本形
図表3−8　競争の基本戦略
図表3−9　SCM（サプライチェーン・マネジメント）の発展過程
図表3−10　垂直統合型バリューチェーンと水平統合型バリューチェーン

図表4−1　組織の提供物と対価
図表4−2　組織の3要素

CONTENTS

図表4-3　組織形態の発展段階モデル
図表4-4　製品別事業部制組織
図表4-5　マズローの欲求5段階説
図表4-6　2つのリーダーシップ研究の相違
図表4-7　文化のレベルとその相互作用
図表4-8　サクセス・シンドローム（成功の罠）
図表4-9　組織間関係論のパースペクティブ
図表4-10　eマーケットプレイスによる流通の変化

図表5-1　あるべき姿と現状とのギャップ
図表5-2　経営管理論の生成・発展過程
図表5-3　経営システムの基本構造
図表5-4　専門経営者
図表5-5　意思決定のプロセス
図表5-6　総合経営管理と機能別管理のマトリックス
図表5-7　内部統制システムの概念図
図表5-8　生産・販売・物流統合CIMの概念図
図表5-9　利害関係者と社会的責任の階層構造
図表5-10　日本における企業の社会的責任の実践

図表6-1　情報社会の進展
図表6-2　情報システムの発展段階
図表6-3　経済性の概念の変遷
図表6-4　日本のIT戦略の歩み
図表6-5　コンピュータの構成
図表6-6　スタンドアローンからネットワークシステムへ
図表6-7　経営情報システムの変遷
図表6-8　DSS（意思決定支援システム）の構成要素
図表6-9　eビジネスの対象範囲
図表6-10　ミスミのビジネスモデル

図表7-1　シュンペーター理論の構図
図表7-2　情報創造プロセスのダイナミクス
図表7-3　プロダクト・イノベーションとプロセス・イノベーションの融合
図表7-4　BPRの対象領域
図表7-5　SECIモデル
図表7-6　知識経営のフレームワーク

XIII

図表7−7　3つの障壁（溝）の克服手段
図表7−8　マネジリアル・マーケティングと関係性マーケティング
図表7−9　ベンチャービジネスの概念図
図表7−10　世界的に認知されたクラスター

図表8−1　グローバル経営の目的
図表8−2　グローバル化の発展段階
図表8−3　日本と欧米との経営比較
図表8−4　日本・中国・韓国の経営システムの比較
図表8−5　バートレット=ゴシャールの組織モデル
図表8−6　多国籍企業と国家の三角関係
図表8−7　先端的・次世代グローバル調達モデル
図表8−8　国際標準の貨物識別子（UCR）による物流情報の共有
図表8−9　文化的多様性のメリットとデメリット
図表8−10　成長段階別の文化の機能および変革メカニズム

図表9−1　伝統的な経営診断論のフレームワーク
図表9−2　中小企業診断士試験 第1次試験科目
図表9−3　環境−戦略−組織の適合
図表9−4　組織の発展モデル
図表9−5　ヒトの管理のパラダイムシフト
図表9−6　損益分岐点図表
図表9−7　業務システム
図表9−8　ワントゥワンマーケティングにおける転換点
図表9−9　サービス財の特性と基本戦略
図表9−10　NPOセクターと社会システム

図表10−1　インターネット・イントラネット・エクストラネット
図表10−2　経済社会セクターの3類型
図表10−3　ユビキタスネットワーク社会の概念
図表10−4　ヒエラルキー企業とバーチャル・コーポレーションの異同点
図表10−5　マクロ（経済）−セミマクロ（産業）−ミクロ（企業）の関連性
図表10−6　1985年9月からの円高がもたらしたもの
図表10−7　日米のコーポレート・ガバナンス機構の比較
図表10−8　重層的・複合的なコーポレート・ガバナンス
図表10−9　「経営経済性」と「経営公共性」
図表10−10　経営における人間性・社会性に関する主要項目

第1章 経営学の意義

　本章では，本書の総論として，経営学の意義について，経営学の対象・目的・特質・方法論・体系の5つの観点から考察する。

　第一に，経営学の対象について考察する。まず，研究対象に関する諸説について理解する。次に，研究対象に関する2つのキーワードである企業と経営について理解を深める。さらに，企業システムの発展について，私企業システムの発展，公企業システムの発展，公私企業システムの接近，の3点に言及する。

　第二に，経営学の目的について考察する。まず，社会科学としての経営学について理解する。次いで，理論面の目的である経営現象の理解について，経営組織論および経営教育を事例として理解を深める。さらに，実践面での目的である有効な経営行動の提示について言及する。

　第三に，経営学の特質について考察する。まず，ドイツ経営学の特徴について理解する。次に，アメリカ経営学の特徴について理解を深める。さらに，経営学の特徴のまとめとして，総合性・実践性・デザイン性について言及する。

　第四に，経営学の方法論について考察する。まず，マルクスとウェーバーの方法論について理解する。次いで，ドイツ経営学方法論争について理解を深める。さらに，本書における方法論について，研究対象と方法論をセットとして言及する。

　第五に，経営学の体系について考察する。まず，体系に関する諸説について理解する。次に，経営学の関連領域と隣接科学について，カリキュラムに基づいて理解を深める。さらに，本書およびケースブックを含む全12巻の「要論シリーズ」の体系について言及する。

1 経営学の対象

❶ 研究対象に関する諸説

　経営学とは何を研究する学問なのか。何を研究対象とするのか。経営学は，経済学のような他の社会科学と比較すると，まだ比較的歴史の浅い学問であり，研究対象，研究の方法論，学問の特質・本質などについて，議論が収斂しているわけではない。そこで，まず3人の先達が経営学の研究対象をどのように捉えているか，簡潔にレビューしてみよう。

　古川栄一［1967］は，経営学の研究対象として，①企業，②経営経済，の2つをあげている。さらに，企業は，もっぱら生産を目的として営まれる個体経済である。経営経済は，1)個体経済であること，2)生産経済を実体にしていること，3)経済性の発揮を目標としていること，と説明を加えながら，経営学の研究対象である経営経済を，経済学の研究対象である全体経済（社会経済または国民経済）と対比して位置づけている[1]。

　藤芳誠一編［1972］は，経営学の対象について，「生産経済に関する個別経済としての経営経済ないし経営である[2]」と述べている。さらに，その経営経済ないし経営について，1)生産経済に関係する，2)個別経済である，3)意識的組織構成体である，4)経済性原理が貫かれる，と補足説明をしている。

　森本三男［1995］は，経営学の対象を，図表1-1に示されるように[3]，1)各種協働システム（企業，官庁，学校，教会，病院，労働組合，軍隊など）に共通する構造と行動の原理を研究する一般経営学，2)企業という特定の協働システム（cooperative system），すなわち，企業システムの構造と行動の原理を研究する企業経営学に大別し，企業という特定の協働システムについて，その構造と行動の原理を研究する企業経営学こそが経営学の立場であるという。

　このように，従来，経営学の対象について，企業，経営，経営経済，個別経済，個別資本など，様々な概念に基づく学説が提起され，多くの研究者によっ

第1章 経営学の意義

図表1-1 一般経営学と特殊経営学

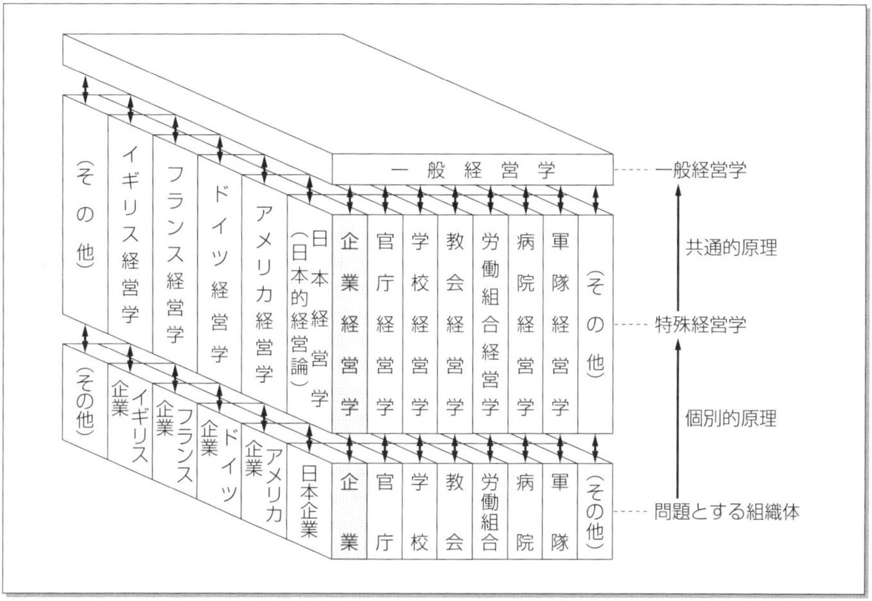

一般経営学 …… 一般経営学

（その他）／イギリス経営学／フランス経営学／ドイツ経営学／アメリカ経営学／日本経営学（日本的経営論）／企業経営学／官庁経営学／学校経営学／教会経営学／労働組合経営学／病院経営学／軍隊経営学／（その他）

（その他）／イギリス企業／フランス企業／ドイツ企業／アメリカ企業／日本企業／企業／官庁／学校／教会／労働組合／病院／軍隊／（その他）

共通的原理
特殊経営学
個別的原理
問題とする組織体

（出所）　森本三男［1995］5頁。

て議論がなされてきた。経営学の対象に関して，まだ研究者の間に見解の一致があるとは言い難いが，経営学の研究対象に関するキーワードとして，企業と経営の2つがあげられる。本書でも，図表1-1に示される一般経営学を否定はしないものの，企業経営学を単に経営学と呼ぶことにする。

❷ 企業と経営

　企業経営学を経営学と呼ぶと，経営学を研究する上で，上述した2つのキーワードである企業と経営についての理解が欠かせない。まず，企業の特性について，いくつかの先行研究に基づいて考察する。

　企業の特性の第一として，生産経済体であることがあげられる。すなわち，企業は消費者ニーズの充足に必要な財またはサービスを生産し，供給するという経済的機能を担っている。ここで生産経済体とは，有形の財を生産する製造業だけでなく，無形のサービスを生産する流通業，サービス業，金融業などを

3

含んでいる。また，企業は，生産経済体としての協働システムの一種であり，会社，組合，公社，公団，公企業など，様々な形態が存在する。

　企業の特性の第二として，営利原則があげられる。企業は営利原則に基づいて行動する。利益の確保ができないと，1)株主に配当ができない，2)従業員に給料が払えない，3)消費者に高品質・低価格の財またはサービスを提供できないなど，企業に期待されている社会的責任を果たすことができない。ただし，利益は，企業が創出・提供した価値を測定する「尺度」という観点からすると，企業にとって価値の創出・提供こそが第一義的に重要であり，営利原則を企業の特性とすることについて，様々な観点から見直しの動きがある。

　企業の特性の第三として，独立性があげられる。企業は基本的に独立性を有している。すなわち，企業が市場経済の中でいかに存続し発展するかについて，誰からも干渉されることはない。すべての意思決定が企業の自己責任に任されており，自主的・自立的な行動ができる。ただし，企業が独立性をもつといっても，法律や条例を遵守するなどの制約があることはいうまでもない。

　次に，もう1つのキーワードである経営についてみてみよう。森本三男[1995] によれば，経営という用語には，①構造概念としての経営，②行動概念としての経営（その派生としての意思決定を含む），の2つの概念がある[4]。

① 　構造概念としての経営：生産経済体である協働システムそのものを経営と呼ぶ。この協働システムを経営体ということもある。ドイツの経営経済学でいう経営（Betrieb）はこれに該当する。このような構造概念としての経営は，しばしば企業と互換的に用いられ，混乱を招く原因になっている。両者は，実体と形式の関係にあるといえよう。

② 　行動概念としての経営：上述した企業ないし経営体を運営する動的過程のことである。この企業ないし経営体の運営のことを経営という。具体的には，経営行動の核となる意思決定（全体的・基本的・戦略的・長期的・政策的）の機能を指す。この機能を担当する者（機関，職位）を経営者という。

❸ 企業システムの発展

　上で，企業と経営という2つのキーワードについて概観した。本書において，

第1章 経営学の意義

図表1-2 企業システムの発展

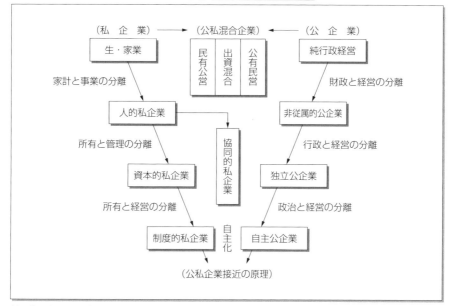

(出所) 森本三男 [1995] 28頁。

　企業という特定の協働システム，すなわち，企業システムの構造と行動の原理を研究する前提として，図表1-2に示されるように[5]，主に森本三男 [1995] に準拠しつつ，企業システムの発展について，①私企業システムの発展，②公企業システムの発展，③公私企業システムの接近，の3点について考察する[6]。

① 私企業システムの発展：私企業システムは，一般的に，1)生・家業（町の魚屋・八百屋など）⇒〈家計と事業の分離〉⇒2)人的私企業（合名会社・合資会社・合同会社）⇒〈所有と管理の分離〉⇒3)資本的私企業（株式会社）⇒〈所有と経営の分離〉⇒4)制度的私企業⇒〈マルチ・ステークホルダー〉，という発展段階を踏む。

② 公企業システムの発展：公企業システムは，一般的に，1)純行政経営（旧郵便・国有林野・印刷・造幣）⇒〈財政と経営の分離〉⇒2)非従属的公企業（交通・水道など地方公営企業）⇒〈行政と経営の分離〉⇒3)独立公企業（旧国鉄などの公社，日本道路公団などの公団，国民金融公庫などの公庫など）

5

図表1-3　会社の種類別特徴

			株式会社		持分会社		
			公開	非公開	合名会社	合資会社	合同会社
出資者	名称		○株主	○株主	○社員	○社員	○社員
	責任		○出資の義務にとどまり会社の債権者に対しては責任を負わない	○出資の義務にとどまり会社の債権者に対しては責任を負わない	○会社の債権者に直接無限の責任を負う	○無限責任社員－会社の債権者に直接無限の責任を負う ○有限責任社員－出資額を限度として直接責任を負う	○出資額を限度として責任を負う
	員数		○1名以上	○1名以上	○1名以上	○無限責任社員と有限責任社員各1名以上	○1名以上
	譲渡制限		○原則譲渡自由	○譲渡につき会社の承認が必要	○他の社員全員の承諾が必要	○無限責任社員－他の社員全員の承諾が必要 ○有限責任社員－無限責任社員の承諾が必要	○他の社員全員の承諾が必要
運営	意思決定	最高	株主総会	株主総会	総社員の同意	総社員の同意	総社員の同意
		重要な業務	取締役会	取締役	総社員の過半数 ［ただし業務執行社員を定めたときはその者の過半数］	無限責任社員の過半数 ［ただし業務執行社員を定めたときはその者の過半数］	総社員の過半数 ［ただし業務執行社員を定めたときはその者の過半数］
		業務遂行	代表取締役*1	取締役（取締役会設置は任意）			
	取締役数		○取締役－3名以上 ○代表取締役*1－1名以上	○取締役－1または2名以上（代表取締役設置は任意）	機関は不要（組合的規律）		
	任期		○2年以内*2	○10年以内			
	監査役		○1名以上*3	○任意			

＊1　委員会設置会社では代表執行役
＊2　委員会設置会社では任期1年
＊3　委員会設置会社にはなし。代わりに監査委員会がある。
（出所）　岸田雅雄［2006］50頁を筆者が一部修正。

第1章 経営学の意義

⇒〈政治と経営の分離〉⇒4) 自主公企業（米国のTVA，フランスのルノー公団，わが国のJR・日本郵政など）⇒〈マルチ・ステークホルダー〉，という発展段階を踏む。

③ 公私企業システムの接近：私企業システムの中の制度的私企業（例えば，新日本製鉄・トヨタ自動車）と，公企業システムの中の自主公企業（例えば，ＪＲ・日本郵政）は，「公私企業接近の原理」によって，多くの局面において，極めて近似した様相を有するようになる。例えば，両者ともにマルチ・ステークホルダーが存在する。ましてJRや日本郵政のように，株式を上場すると，公企業の特性を有する私企業となり，私企業でありながら公益に貢献する公（的）企業となる。

上で，企業システムの発展について概観したが，企業システムの中で，私企業システムが中心になることはいうまでもない。したがって，図表1-3に示されるように[7]，人的私企業（持分会社）である合名会社・合資会社・合同会社と，資本的私企業である株式会社（公開・非公開）について，もう少し詳しくみておこう。出資者（責任・員数・譲渡制限），運営（意思決定・取締役数・任期・監査役）の2点だけを比較しても，会社の種類別にそれぞれ特徴があることが一目瞭然である。

2 経営学の目的

❶ 社会科学としての経営学

自然現象を対象とした科学的認識，すなわち自然科学の成立に対して，根本的な疑義をもつ人は少ないと思われる。自然現象を対象とした場合，自然現象の中に因果関係（原因－結果）を見出すことは比較的容易であるし，自然現象に関する計測可能性も存在する場合が多いからである。

ところが，人間の営みに他ならない社会現象を対象とした科学的認識，すなわち社会科学の成立に対して，自然科学の場合と同じように，厳密な意味で科

7

学的認識が可能なのかについては，疑義をもつ人が少なくない。なぜならば，人間の営みの主体である人間自体，意志の自由をもつので，その行為は非合理的なものを含み，かつ計測不可能性が付随することになる。また，人間の営みに非合理性と計測不可能性が含まれるので，因果関係（原因－結果）を把握することはなかなか困難であるといわざるをえない。

経営学は，社会科学の１分野であることはいうまでもない。社会科学は，社会における諸現象（政治，経済，法律，組織など）を研究対象とする。社会科学が科学として確立するためには，社会の諸現象を体系的に説明できることが必要不可欠である。

経営学は，他の社会科学と同様に，厳密な意味で科学として存在するには多くの困難性を有している。すなわち，企業の構造および行動を客観的に観察・認識し，諸現象の因果関係（原因－結果）を発見・検証し，「一般的な法則性」として体系的に説明することは容易なことではない。科学的認識が容易ではないということを前提として，それでも後述するウェーバーが，目的手段関係（目的－手段）を因果関係（原因－結果）に置き換えて考察したように，「一般的な法則性」の確立に注力しなければならない。

❷ 経営現象の理解

経営学の目的は，企業の構造および行動を客観的に観察・認識し，諸現象の因果関係（原因－結果）を発見・検証し，「一般的な法則性」として体系的に説明することである。これは容易なことではないので，様々な工夫が必要なことはすでに述べた。なお，様々な工夫については，該当箇所でその都度述べることにする。経営現象に関する科学的認識のためには，様々な経営現象に関して，分析枠組み（フレームワーク），概念，理論など，学問としての基盤をまず構築しなければならない。分析枠組み（フレームワーク），概念，理論がないと，経営現象を「一般的な法則性」として体系的に説明することは到底できない。

例えば，分析枠組み（フレームワーク）についてみてみよう。第４章で考察する経営組織論の分析枠組み（フレームワーク）は，図表1-4に示されるように[8]，①合理性の追求を目指す古典的組織論，②人間性の追求を目指す新古典

第1章 経営学の意義

図表1-4 経営組織論の生成・発展過程

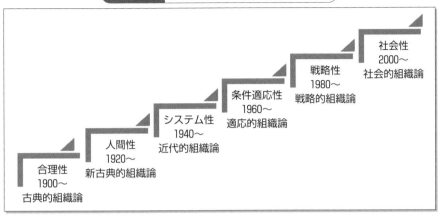

(出所) 岸川善光編 [2015b] 30頁。

的組織論, ③システム性の追求を目指す近代的組織論, ④条件適応性の追求を目指す適応的組織論, ⑤戦略性の追求を目指す戦略的組織論, ⑥社会性の追求を目指す社会的組織論, の6つのプロセスによって生成・発展している。

　合理性の追求を目指す古典的組織論（テイラー，ファヨール，ウェーバーなど）をテーゼ（正）とし，人間性の追求を目指す新古典的組織論（メイヨー＝レスリスバーガー，リッカート，マグレガー，ハーズバーグ，マズローなど）をアンチテーゼ（反）とすれば，システム性の追求を目指す統合理論としての近代的組織論（バーナード，サイモン，サイアート＝マーチなど）がジンテーゼ（合）として要請されることは，弁証法的にもごく自然の成り行きである。

　一般的に，どの研究分野においても，理論がより洗練化され精緻化されるにつれて，一般性や普遍性よりも条件適応性や相対性が強調されるので，統合理論である近代的組織論の他に，環境（条件）を明示的に研究テーマとして取り込んだ適応的組織論が台頭した。適応的組織論は，さらに環境を外的要因として拡大解釈した戦略的組織論に進展し，環境がさらに拡大した社会的組織論へと進展しつつある。

　この分析枠組み（フレームワーク）を提示することによって，経営組織の構造および行動を客観的に観察・認識し，諸現象の因果関係（原因−結果）を発

見・検証することが以前よりも飛躍的に容易になった。そして，この分析枠組み（フレームワーク）で用いられる概念や理論とセットで，組織現象に関する「一般的な法則性」として体系的な説明が可能になりつつある。

経営現象の理解が進むと，経営教育が進展する。すなわち，経営学の存在理由の1つとして経営教育があげられる。経営学は，後述するように，総合性，実践性，デザイン性などの特徴を色濃く有する実学（実践科学）としての特質をもつ。このような経営学の教育において，「知識と経験」「原理と実践」「理論と実践」の統一・融合は欠かせない。

経営教育の方法として，①講義法，②討議法，③ケースメソッド，などがあげられる。どの教育方法においても，濃淡の差こそあれ，「知識と経験」「原理と実践」「理論と実践」の統一・融合は必要不可欠である。近年，米国ハーバード・ビジネススクールなど世界中のビジネススクールにおいて，ケーススタディ（事例研究）を軸としたケースメソッドが経営教育において効果があるとされているが，ケースメソッドにおいても，経営現象の理解は必要不可欠である。すなわち，無から有は生まれないのである。

この経営教育は，第5章（経営管理）で考察する専門経営者の育成に欠かせない。近年，専門経営者は，医師・弁護士・税理士などのテクノクラートの一種として位置づけられ始めた。医師・弁護士・税理士などがテクノクラートとして認められるのは，1)学問に基づいた知識と高度な技術，2)ライセンス，3)専門職業団体，4)自己統制・自律性など，プロフェッションとしての要件を充たしているからである。専門経営者のプロフェッション化については，現段階では，まだいくつかの留保条件がつくことは避けられない。その留保条件の1つとして，経営学に基づいた経営現象に関する知識および技術の水準が，適切であるかどうかということがあげられる。知識・原理・理論が十分な水準に達していないと，経験・実践ばかりが強調される。果たして，経営学は「知識と経験」「原理と実践」「理論と実践」の統一・融合を実現しているだろうか。

❸ 有効な経営行動の提示

上で，経営学の目的として，経営現象の理解という知識・原理・理論面につ

いて考察した。次に，有効な経営行動の提示という経験・実践面についてみてみよう。

従来，世界の優良企業では，ほぼ例外なく，有効な経営行動が提示されてきた。例えば，フォードは，フォードの経営理念であるフォーディズム（低価格・高賃金）に基づく経営行動によって，T型フォードをはじめとする自動車が飛躍的に普及した。武田薬品では，経営理念の基礎となっている規（のり）に基づいて，国家社会への貢献を経営行動として促している。現実に，医薬品分野をはじめとして，国家社会に大きく貢献している。松下電器（現パナソニック）では，産業報国の精神に基づく経営行動によって，長年エクセレント・カンパニーを維持している。トヨタは，環境問題に貢献するという「戦略的社会性」に基づいて，プリウスの開発によって，マクロ的には環境保護，ミクロ的には売上・利益の増大により，世界一の自動車メーカーを実現し維持している。

上で，経営学の中の経営理念の分野を取り上げて，フォード，武田薬品，松下電器（現パナソニック），トヨタの経営理念にみられるように，優れた経営理念は，有効な経営行動に必要不可欠であることを概観した。

もう1つ，ネットワーク社会における情報空間の拡大に関連して，有効な経営行動が提示されている事例をみてみよう。第10章で考察するように，情報空間（infosphere）とは，情報（information）と球・空間（sphere）の混成語であり，物理空間とは別の独自の秩序を，比喩的に表現した用語である。シェパードの情報空間－物理空間，ギブスンのサイバースペース（仮想空間）－リアルスペース（実体空間）など，物理空間とは別の独自の秩序を表した類似の概念は，情報と実体を「二元論的」「二項対立的」に捉えていることが多い。

ところが，ワイザーのユビキタス・コンピューティング，わが国の総務省のu-Japanなどが提唱している「ユビキタスネットワーク社会」では，情報空間はもはや物理空間の単なる「写像」ではない。「写像」であったはずの情報空間が，「実体的で先端的な空間」として意識され，現実に，実体的で先端的なビジネスモデル，ビジネスシステムが続々と生まれている。例えば，アマゾンなど「実体的で先端的な空間」を活用して，時間的制約，空間的制約，組織的制約など，制約をほとんど意識しない新たなビジネスモデル，ビジネスシステ

ムを実現した企業が続出している。その影響で，イギリスの有名デパートの倒
産が伝えられるなど，制約をどのように認識し，機会と脅威を把握するか，世
界中のeビジネスの動向から目が離せない。この場合，アマゾンは，制約をめ
ぐって，極めて有効な経営行動を提示したといえよう。

　有効な経営行動の事例として，経営学の中の経営理念，eビジネスの事例を
概観したが，まさに，この2つの事例は「知識と経験」「原理と実践」「理論と
実践」の統一・融合であり，問題解決（ソリューション）の手本であり，イノ
ベーションの手本でもある。このように，経営学の目的の1つとして，有効な
経営行動の提示は，極めて重要な課題といえよう。

3 経営学の特質

❶ ドイツ経営学の特徴

　わが国の経営学は，明治以来，ドイツ経営学にその多くを学んできた。経営
学の特質を考察するにあたり，まず，ドイツ経営学の特徴についてみてみよう。
　ドイツ経営学の歴史は，18世紀の官房学にまで遡ることができるとされてい
る。当時の官房学は，各地の領主にとって統治の裏づけとなる学問，現在でい
う経済政策・産業学・財政学を包含するものであった。いわば領主の経営学で
あったといえよう。
　もう1つの源流として，商業学があげられる。この商業学は，例えば，国民
経済学と比較すると，学問性が低く，その科学化が求められていた。19世紀末
頃，具体的には1989年に，ドイツではライプチヒに初めて商科大学が設立され
た。商科大学で基盤とする学問は，この商業学であった。もちろん，商科大学
の基盤科目として問題点が多かったので，その後，商業経営学⇒私経済学⇒経
営経済学と呼び名も変えながら，その内容が大きく進展した。いわば，商科大
学の設立は，ドイツ経営学の確立期でもあった。
　ドイツ経営学は，経営経済学，経営社会学の2つの分野，または，経営経済

第1章 経営学の意義

学，経営社会学，経営科学の３つの分野から構成されるという見方が一般的である。ここでは，紙幅の制約もあるので，経営経済学のみを取り上げる。経営経済学は，国民経済学とは別個の立場に立ち，1921年頃の有名な私経済学方法論争を経て，様々な学派が生まれた。

経営経済学は，藻利重隆［1967a］によれば，①理論的経営経済学，②規範的経営経済学，③技術論的経営経済学，の３つの学派に分類される[9]。

高柳暁=飯野春樹編［1992］によれば，方法論の相違によって，①規範論学派，②技術論学派，③理論学派，の３つの学派に分類される[10]。順序と呼び名は異なるものの，内容は藻利重隆［1967a］も高柳暁=飯野春樹編［1992］もほぼ同じである。

規範論学派（規範的経営経済学）では，経営共同体理論で有名なニックリッシュ（Nicklisch, H.）が，技術論学派（技術論的経営経済学）では，動的貸借対照表論のシュマーレンバッハ（Schumalenbach, E.）が，理論学派（理論的経営経済学）では，企業と国民経済との緊密な連関を重視したシュミット（Schmidt, F.）が，代表的な経営経済学者とされている。ちなみに，第二次大戦後以降は，第３次方法論争を経て，グーテンベルク（Gutenberg, E.）が西独を代表する経営経済学者になった。

ドイツ経営学は，アメリカ経営学のように，生産現場における実践的な問題解決という要請ではなく，純粋な学問的関心によって発展してきた。そのために，後述する方法論に関する興味や，没価値的な理論形成が重視されてきた。しかし，最近では，ドイツ経営学はアメリカ経営学の影響を受けて大きく変質しつつある。

❷ アメリカ経営学の特徴

戦後，アメリカ経営学は，わが国の経営学に対して多大なインパクトを及ぼしてきた。アメリカ経営学は，大学教授を中心として発展したドイツ経営学とは異なり，テイラーの科学的管理に代表されるように，主として生産現場の実務家や能率技師（現在の経営コンサルタント）によって発展してきた。

アメリカ経営学は，藻利重隆［1967b］によれば，①管理論的経営学，②制

度論的経営学，③経済学的経営学，の３つの学派に分類される[11]。藻利重隆 [1967b] のいう管理論的経営学は，経営管理論または経営管理学と呼ばれることがある。制度論的経営学は，株式会社の性格や行動などを研究の中心的課題とする。経済学的経営学は，近代経済学の分析手法を現代の企業活動の研究に導入したものである。

　アメリカ経営学の特徴は，いくつかあげられるが，図表1-5に示されるように[12]，すぐれて実践的性格が強く，経営学の研究方法や教育方法においても，事例研究（ケーススタディ）を軸としたケースメソッドに重点が置かれるなど，実践科学として位置づけられている。

　米国では，経営学が成立する時点で株式会社が広く普及していた。株式会社の普及によってもたらされた企業規模の拡大は，次第に経営管理（マネジメント）の問題を，作業現場における能率技師の職能にとどまらず，経営者の職能として認識させることになった。ここにアメリカ経営学が経営者経営学といわれる背景がある。経営者経営学の目的は，いうまでもなく経営者に必要な知識・

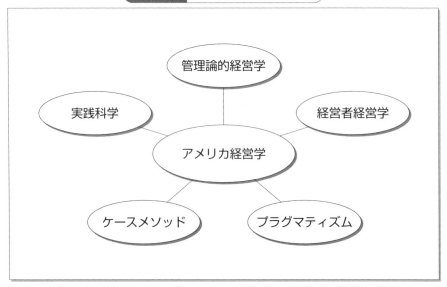

図表1-5　アメリカ経営学の特徴

（出所）　岸川善光 [2009b] 15頁を筆者が一部修正。

技能を体系的に蓄積し説明することである。そのため，管理論的経営学といわれることもある。

アメリカ経営学は，極めて実践性が強く，プラグマティズムの哲学的バックボーンのもと，実証的研究が重視される。プラグマティズム（pragmatism）とは，進化論の影響を受けた19世紀の後半に，アメリカで生まれ発展した独自の哲学思想のことである。プラグマティズムは，実用主義または実際主義と訳されることもある。

プラグマティズムでは，行動の結果が思考よりも優先される。すなわち，実際的な効用によって人間の思考や概念を評価するという極めて技術的思考に偏重した立場をとる。プラグマティズムはその後，道具主義としてさらに進展した。現在では，技術的思考に基づく世界観・人生観として拡大されたプラグマティズムは，次第に分析哲学に主流を奪われ変化しつつある。

❸ 総合性・実践性・デザイン性

経営学の特質について，高柳暁=飯野春樹編［1992］は，図表1-6に示されるように[13]，①総合性，②実践性，③デザイン性，の３つをあげている。

①　総合性：総合性とは，換言すれば，学際的であるということに他ならない。経営学の対象である企業活動は，その構成要素である人間の行動が多面的であることから，経営学の課題を解明するためには，関連諸科学・隣接諸科学の知識を活用する学際的アプローチ（interdisciplinary approach）が必要不可欠である。学際的アプローチとは，共通の研究対象・研究テーマが大きく，かつ多様性を有している場合，複数の学問領域・研究者が協力して問題解決にあたることをいう。例えば，経営工学，経営心理学，経営情報学などは，学際的アプローチの産物そのものといえる。

②　実践性：アメリカ経営学が，能率増進運動の中でテイラーを始めとする能率技師によって確立したように，経営学はもともと実践性を色濃く有している。高柳暁=飯野春樹編［1992］によれば，「実践性とは，すぐに役立つということを意味しているが，しかしそのことは経営学が技術論，政策論であり，ハウツー（浅薄な実践方法）を教えるものであることを意味しない。高度に

図表1-6 経営学の特質

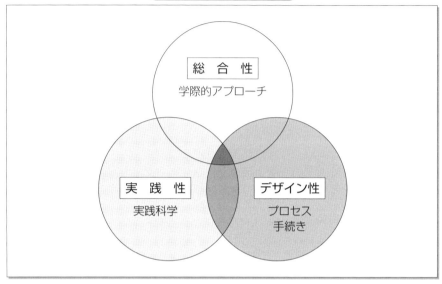

（出所）髙柳暁=飯野春樹編［1992］6-10頁に基づいて筆者が図表化。

抽象的な因果関係ではなく，背景に一般的法則を含みつつも，それをさらに具体的に現実の状況に照らして展開し分析された具体的な因果関係を把握することが，ここでいう実践的理論の意味である」と述べている[14]。また，「目的に対する手段は，目的を結果としてその原因を探すという因果関係に置き換えられて，はじめて，論理的に合目的的な手段を選択することが可能になる」と述べている[15]。ここで髙柳暁=飯野春樹編［1992］がいう「目的－手段関係」と「原因－結果関係」の置き換えと，ウェーバーの「目的－手段関係」と「原因－結果関係」の置き換えは，同じ主旨なのか，あるいはウェーバーとは，原因と結果が真逆なのか，この短い記述だけでは明確に理解し難いが，手段を重視する実践性の考察において極めて興味深い。

③ デザイン性：髙柳暁=飯野春樹編［1992］は，デザインの科学と呼んでいるが，デザイン性とは，経営学がデザイン，プロセス，手続きを重視するということである。社会科学の中における経営学の性格を説明する場合，自然科学の中における工学という比喩がよく用いられるように，経営学は，経営管理プ

第1章 経営学の意義

ロセス（管理過程）や意思決定プロセスなどのデザインを否応なしに要求される。このように，経営学では研究対象の内容はもちろん重要ではあるものの，内容を盛る器のデザインについても併せて重視されるという特徴がある。

4 経営学の方法論

❶ マルクスとウェーバーの方法論

自然現象を対象とした自然科学であれ，社会現象を対象とした社会科学であれ，それが科学であるためには，固有の研究対象と研究方法を有していなければならない。経営学も社会科学の1分野であるので，経営学に固有の研究対象と研究方法をもたねばならない。

先述したように，経営学の目的は，企業の構造および行動を客観的に観察・認識し，諸現象の因果関係（原因−結果）を発見・検証し，「一般的な法則性」として体系的に説明することである。また，「一般的な法則性」として体系的に説明するプロセスにおいて，有効な経営行動を提示しなければならない。これが，経営学の理論面と実践面の目的であり，さらに「知識と経験」「原理と実践」「理論と実践」の統一・融合が図られなければならない。

しかし，人間の営み（行動）の主体である人間そのものが，意志の自由をもつので，非合理性と計測不可能性を本質的にもつことになる。したがって，経営現象について「一般的な法則性」として因果関係（原因−結果）を把握することは容易なことではない。これはすでに述べた通りである。

社会科学において，「一般的な法則性」として因果関係（原因−結果）を把握することに挑戦したのは，経済学におけるマルクス（Marx, K.）と，社会学におけるウェーバー（Weber, M.）の2人の天才である。もちろん，すぐに真似ができるような容易なことではないが，大塚久雄［1966］と難波田春夫［1969a］／［1969b］に基づいて，マルクスとウェーバーの社会科学方法論について概観する[16]。

マルクスの経済学の場合，方法論の創意・工夫として，自然成長的（自然発

17

生的）分業による疎外，唯物史観などがあげられる。本来，「社会をなして生産しつつある人間諸個人（マルクスの用語）」の力に他ならない生産諸力の総和，すなわち，社会の生産力は，その基礎を制約する分業関係が自然成長的な場合（計画的でない場合），あたかも自然と同じように，人間に対して彼らの意志および行動から独立した，むしろこれを指揮する一連の諸様相および発展諸段階という姿をとって，つまり自然史的過程として現れることになる。

こうして，人間の労働生産物が商品という形をとる場合，それは人間労働の社会的な諸性格を，労働生産物の自然的諸属性であるかのように人間の目に反映させる。したがって，人と人の社会的関係（生産関係）が，物と物との関係として現れることになる。そして，このゆえにこそ，人間の営みである経済現象にも，自然科学と同じ理論的方法の適用が可能とされるのである。

ウェーバーの社会学の場合，方法論の創意・工夫として，科学的認識の二途（2通り），動機の意味解明による理解，目的論的連関の因果連関への組み換え（目的−手段関係の原因−結果関係への組み換え）などがあげられる。①普遍的に妥当する法則の追求と，②法則的知識を手段として行われる普遍的な意義を有する個体の追求は，自然科学と社会科学の双方においてみられるが，双方とも等しく因果性（因果関係）の範疇を用いつつも，社会科学においては，②法則的知識を手段として行われる普遍的な意義を有する個体の追求が優位を占める。対象が人間の営みである社会現象だからである。

人間の個性的な行為は，その動機の意味解明による理解（具体的には，動機・目的の解明）によって，合理的で具体的な因果連関を追求することができる。すなわち，目的論的連関の因果連関への組み換え（目的−手段関係の原因−結果関係への組み換え）によって，社会現象に対する科学的認識が可能になるとされているのである。

❷ ドイツ経営学方法論争

社会科学における分野は異なるものの，上述した2人の天才（マルクスとウェーバー）は，奇しくも同じくドイツ人である。経営学においても，方法論に最も注力してきたのは，ドイツ経営学である。ドイツ経営学では，図表1-7に

第1章 経営学の意義

図表1-7 方法論争

論　争	論争の主なテーマ	関連する主な学者
第1次論争	私経済学方法論争（国民経済学と経営学との関係，経営学の科学的性格など）	ワイヤーマン=シューニッツ（Weyermann, M.R.=Schönitz, H.），ブレンターノ（Brentano, L.J.）
第2次論争	経営学の科学的性格（リーガーの没価値的理論と経営経済学との関係など）	リーガー（Rieger, W.），ニックリッシュ（Nicklisch, H.），シュマーレンバッハ（Schmalenbach, E.）
第3次論争	科学と実践との関係（数学的手法の導入の可否，費用理論など）	メレロヴィッツ（Mellerowicz, K.），グーテンベルク（Gutenberg, E.）
第4次論争	価値判断的経営経済学の提唱（グーテンベルク経営学に対する批判）	グーテンベルク（Gutenberg, E.）

（出所）　岸川善光［2009b］13頁を筆者が一部修正。

示されるように[17]，今までに第1次論争から第3次論争，場合によっては第4次論争に至るまで，大きな方法論争があった。ドイツ経営学では，方法論について常に大きな学問的関心をもってきたのである。

　第1次論争は，私経済学方法論争とも呼ばれており，国民経済学に奉仕するための私経済学，すなわちドイツ経営学の体系を認めるか否かというのが論争の中心的課題であった。1921年頃のことであり，この私経済学方法論争を踏まえて，ドイツ経営学は誕生した。

　第2次論争は，経営学の科学的性格をめぐる論争であった。純粋な没価値的理論と経営経済学は，その科学的性格が真っ向から対立するからである。ちなみに，ドイツ経営学において，この経営学の科学的性格に関する2つの流れは，名称や濃淡の違いはあるものの，いつの時代にも常に存在している。

　第3次論争は，経営学の特質・方法・体系など，根本的な諸問題に関する大論争であった。方法論争と費用論争という2つの課題がその中心的課題であった。例えば，総費用曲線がS字カーブを描くという伝統的な費用理論の妥当性に関する問題が真剣に議論された。

　ちなみに，第4次論争は，当時ドイツ経営学における権威とされてきたグーテンベルクに対する新規範主義と呼ばれる価値判断的経営経済学の提唱がその

契機であった。しかし，第4次論争は，すべての研究者によって承認されている訳ではない。

❸ 本書における方法論

上で，社会科学における方法論の創意・工夫として，マルクスの経済学，ウェーバーの社会学における方法論について概観した。また，ドイツ経営学の方法論争についても概観した。

もう1つ，本書における方法論を考察する準備として，一般的な経営学の方法について一覧化してみよう。森本三男［1978］は，経営学の方法を，①純粋因果科学（原因－結果関係に普遍妥当な一義的法則を発見し体系化を図る），②歴史科学（過去の事象に貫流する高度の蓋然性・傾向性・可能性を究明する），③経験実証科学・記述科学（経験的資料に基づいて事象の傾向，関係，法則，特定の命題を導く），④規範科学（所与の経営目的に対する手段や方法の適合

図表1-8　本書における方法論

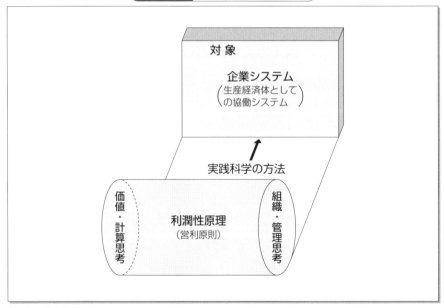

(出所)　筆者作成。

第1章　経営学の意義

性を分析し規範的原理を設定する），⑤応用科学（目的を達成するための諸手段を提供する），⑥実践科学（実践とは，主体（企業）と客体（経営行動）の動的統合であり，主体の立場に立って主体の行動に内在する原理を追求する），の6つに分類している[18]。そして，森本三男［1978］は，上述した経営学の方法の中で，⑥実践科学としての経営学の立場をとると述べている。

　本書では，図表1-8に示されるように[19]，①生産経済体としての協働システムである企業システム（経営システム）を研究対象とする，②研究方法は，実践科学の方法を主眼とし，他の研究方法も必要に応じて適宜採用する，③利潤性原理（営利原則）を中心に据える，の3点を基本として考察する。

5　経営学の体系

❶ 体系に関する諸説

　経営学が社会科学における1分野として確立されるためには，科学的な研究が不可欠である。すなわち，研究対象の生産経済体としての協働システムである企業システム（経営システム）に対して，明確な概念規定に基づいて客観的に観察・認識し，論理的な思考を繰り返すことが必須要件といえる。

　経営学の体系とは，このような科学的な研究の成果を蓄積するためのいわば枠組みのことである。知識の体系化を図るためには，この体系化に必要な枠組みの設定が欠かせない。従来，経営学の体系を構築するために，多くの研究者によって，次のような分類基準があげられている（順不同）。

①　職能（機能）による体系：人的資源管理，財務管理，情報管理，法務管理，研究開発，調達，生産，マーケティング，ロジスティクスなど，企業活動に必要な職能（機能）に基づいて，体系的な知識を蓄積する。

②　管理過程による体系：計画策定，組織化，動機づけ，統制など，管理過程（マネジメント・プロセス）に基づいて，体系的な知識を蓄積する。

③　協働システムの種類による体系：企業経営学，学校経営学，病院経営学な

21

ど，協働システムの種類に基づいて，体系的な知識を蓄積する。

④　組織階層による体系：トップ・マネジメント，ミドル・マネジメント，ロ
　　ワー・マネジメントなど，組織階層に基づいて，体系的な知識を蓄積する。

⑤　経営システムによる体系：狭義の経営システム，経営管理システム，業務
　　システムなど，経営システムに基づいて，体系的な知識を蓄積する。

⑥　意思決定プロセスによる体系：情報活動，設計活動，選択活動，検討活動
　　など，意思決定プロセスに基づいて，体系的な知識を蓄積する。

⑦　国による体系：アメリカ経営学，ドイツ経営学など，国に基づいて，体系
　　的な知識を蓄積する。

　現実的には，これらの分類基準の中から複数の分類基準を選択し，また，複
数の分類基準を適宜組み合わせて，経営学の体系が構築される。経営学部のカ
リキュラム，科目一覧表は，経営学の体系を示した身近な事例である。

❷ 経営学の関連領域と隣接科学

　わが国においても，米国においても，経営学は単一の科目ではなく，図表1-9
に示されるように[20]，複数の関連領域（科目群）によって構成される。また，
経営学には，学際的アプローチに備えて，複数の隣接科学が存在する。

　まず，経営学の関連領域（科目群）からみてみよう。全国の大学の経営学部・
商学部などのカリキュラム，科目一覧表を収集し一覧化すると，図表1-9で明
らかなように，①経営学入門／経営学総論，②経営管理論，③経営組織論，④
経営戦略論，⑤経営情報論，⑥グローバル経営論，⑦イノベーション論，⑧経
営環境論，⑨経営診断論，などが経営学の関連領域（科目群）といえよう。

①　経営学入門／経営学総論：ほぼ例外なく１年次に配置される経営学の基礎
　　科目／入門科目であり，経営学の全体像をバランスよく理解することに主眼
　　が置かれる。２単位ではなく４単位の場合，基礎科目／入門科目とはいいな
　　がら，かなり高度な内容にまで踏み込む場合がある。

②　経営管理論：米国では，経営管理論のことをマネジメント・セオリーとい
　　い経営学の中核と捉えることが多い。日本では，２年次に配置される経営学
　　の専門科目の１つと位置づけられることが多く，経営者の職能などを学ぶ。

第1章 経営学の意義

図表1-9　経営学の関連領域と隣接科学

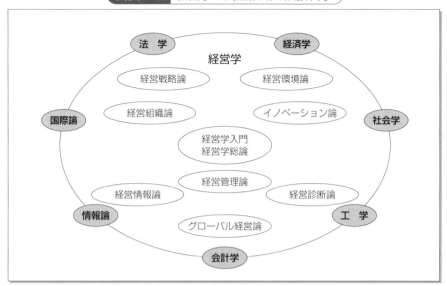

（出所）　岸川善光［2009b］16-19頁に基づいて筆者作成。

③　経営組織論：通常，2年次に配置される経営学の専門科目の1つで，かつ経営学の中核科目の1つとして位置づけられる。組織形態，組織文化，組織間関係などのマクロ組織論の他に，組織行動論（ミクロ組織論）が含まれる。

④　経営戦略論：2年次，または3年次に配置される経営学の専門科目の1つで，かつ経営学の中核科目の1つとして位置づけられる。製品・市場戦略，競争戦略などについて学ぶ。

⑤　経営情報論：2年次，または3年次に配置される経営学の専門科目の1つで，経営情報学部などでは1年次に配置され，中核科目として位置づけられる。経営情報システムやeビジネスなどが主な内容である。

⑥　グローバル経営論：2年次，または3年次に配置される経営学の専門科目の1つで，多国籍企業，異文化マネジメントなどについて学ぶ。なお，国際経営学部では，1年次，または2年次に配置される経営学の中核科目である。

⑦　イノベーション論：2年次，または3年次に配置される経営学の専門科目の1つで，技術革新，知識創造などが主な内容である。近年，設置する大学

が増加しつつあり，実務家出身の教員が担当することが多い。

⑧ 経営環境論：2年次，または3年次に配置される経営学の専門科目の1つ
で，近年，設置する大学が増加しつつある。単に環境論としてではなく，経
営と環境との関係性に主眼が置かれる。

⑨ 経営診断論：2年次，または3年次に配置される経営学の専門科目の1つ
で，経営の効率性・効率性を判断する目を養う。中小企業診断士など国家試
験対策として位置づけられることもある。

また，経営学には，図表1-9に示されるように，①経済学，②社会学，③工
学，④会計学，⑤情報論，⑥法学，⑦国際論，の7つの隣接科学がある。経営
学とこれらの隣接科学との関係性についてみてみよう。

① 経営学と経済学：経営学の研究対象である企業活動は，マクロ的な経済の
動向，セミマクロ的な産業の動向などに大きな影響を受ける。したがって，
マクロ的な経済に関する経済学およびセミマクロ的な産業に関する産業組織
論など，経済学・産業組織論の知識が必要不可欠である。

② 経営学と社会学：社会学は，社会の諸現象を観察・認識し，諸現象の因果
関係を発見・検証し，一般的な法則性を見出すことを目的としている社会科
学の1分野である。この社会学から経営学に応用できる事柄は多い。

③ 経営学と工学：テイラーの科学的管理法以来，経営学と工学との関係性に
は長い歴史がある。近年，ICTの進展など情報通信工学との関係性が注目を
浴びている。ビジネスモデルなど新たな領域に関して考察する場合，情報通
信工学など工学の知識は必要不可欠である。

④ 経営学と会計学：会計学は，企業の経営成績（損益計算書）と財政状態（貸
借対照表）に関して，体系的な知識を蓄積している。例えば，経営戦略を策
定する場合，企業活動を計数的に把握することは必須事項であり，そうした
意味からも経営学と会計学は極めて深い関係性を有している。

⑤ 経営学と情報論：情報システムや情報ネットワークの進展に伴って，経営
情報論という学問分野がすでに確立しており，企業活動と情報との関連性に
関して学際的なアプローチが採用されている。

⑥ 経営学と法学：企業は真空に存在しているのではなく，民法，商法などの

法律に準拠しつつ企業活動を行っている。民法、商法などに留まらず、ビジネスモデル特許など極めて経営に密着した分野が台頭しており、経営学と法学との関係性は従来にも増して密接なものになりつつある。

⑦ 経営学と国際論：今後のわが国の企業活動は、東アジアなど国外にその重点をシフトすることが予測されており、東アジアなどの歴史、文化、言語に関する理解が欠かせない。したがって、アジア論をはじめとした国際関係論の知識が経営学にも必要不可欠なものとなりつつある。

❸ 「要論シリーズ」の体系

上で、経営学の関連領域と隣接科学について考察した。次に、「要論シリーズ」における経営学の体系についてみてみよう。「要論シリーズ」における経営学の体系は、図表1-10に示されるように[21]、(A)環境対応（第2章：経営環境−第3章：経営戦略−第4章：経営組織）、(B)マネジメント（第5章：経営管理−第6章：経営情報）、(C)発展（第7章：イノベーション−第8章：グローバル経営）、(D)チェック（第9章：経営診断）、の4つのセクションによって構成さ

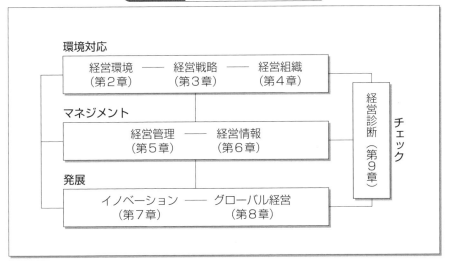

図表1-10 「要論シリーズ」の体系

（出所）　筆者作成。

れている。

(A)環境対応のセクションでは，環境－経営戦略－組織の適合が，生き物である企業の存続基盤そのものとして，極めて重視されている。

(B)マネジメントのセクションは，環境－経営戦略－組織の適合を実現するための主体的な行為であり，主体（企業）と客体（経営行動）の動的統合である実践（経営管理，経営情報）の内容が記述されている。

(C)発展は，質的・量的な発展として，質的発展としてイノベーション，質的発展・量的発展としてグローバル経営が位置づけられている。

(D)チェックは，上述した(A)環境対応，(B)マネジメント，(C)発展のすべてについて，効果性・効率性・社会性などをチェックすることの重要性が述べられている。

1）古川栄一 [1967] 3-12頁を筆者が要約。
2）藤芳誠一編 [1972] 3頁。
3）森本三男 [1995] 5頁。
4）同上書6-7頁。
5）同上書28頁。
6）同上書8-28頁を筆者が要約。
7）岸田雅雄 [2006] 50頁を筆者が一部修正。
8）岸川善光編 [2015b] 30頁。
9）藻利重隆 [1967a] 34-35頁。
10）高柳暁=飯野春樹編 [1992] 39-47頁。
11）藻利重隆 [1967b] 39頁。
12）岸川善光 [2009b] 15頁を筆者が一部修正。
13）高柳暁=飯野春樹編 [1992] 6-10頁に基づいて筆者が図表化。
14）同上書7頁。
15）同上書8頁。
16）大塚久雄 [1966] 1-95頁のエッセンスを筆者が要約。併せて，筆者の学生時代の必須科目の1つであった「社会科学方法論」（難波田春夫教授）の授業ノートおよび難波田春夫 [1969a]／[1969b] を参照した。
17）岸川善光 [2009b] 13頁を筆者が一部修正。
18）森本三男 [1978] 6-9頁。
19）筆者作成。
20）岸川善光 [2009b] 16-19頁に基づいて筆者作成。
21）筆者作成。

第2章 経営環境

本章では，経営環境について考察する。経営環境は，環境－経営戦略－組織の適合について考察する出発点として位置づけることができる。

第一に，経営環境の意義について考察する。まず，企業を取り巻く環境，次に，経営環境論の生成と発展，さらに，経営環境の体系について言及する。

第二に，経済環境について考察する。経済環境の意義，経済環境と経営の関係性，経済環境に関する取組みと課題について理解を深める。

第三に，政治環境について考察する。まず，政治環境の意義，次に，政治環境と経営の関係性，さらに，政治環境に対する取組みと課題について言及する。

第四に，社会環境について考察する。社会環境の意義，社会環境と経営の関係性，社会環境に対する取組みと課題について理解を深める。

第五に，自然環境について考察する。まず，自然環境の意義，次に，自然環境と経営の関係性，さらに，自然環境に対する取組みと課題について言及する。

第六に，技術環境について考察する。技術環境の意義，技術環境と経営の関係性，技術環境に対する取組みと課題について理解を深める。

第七に，市場環境について考察する。まず，市場環境の意義，次に，市場環境と経営の関係性，さらに，市場環境に対する取組みと課題について言及する。

第八に，競争環境について考察する。競争環境の意義，競争環境と経営の関係性，競争環境に対する取組みと課題について理解を深める。

1 経営環境の意義

❶ 企業を取り巻く環境

　企業は，真空状態ではなく，環境の中に生きる生き物である。企業は，環境の変化に対応することによって，存続・発展が可能になる。また，企業は，単独で存在することはできない。すべての資源や情報を単独の企業で保有することはほとんど不可能であるからである。すなわち，企業は，環境の1つの構成要素である他の企業に対して，資源や情報を依存している。他の企業に資源や情報を依存しようとすれば，企業はオープン・システムにならざるを得ない。

　企業と環境は，相互に影響しあう関係にある。環境とは，企業あるいは組織体の経営行動に何らかの影響を及ぼす諸要因の相互関連的総体である[1]。具体的にいえば，環境とは，企業の経営活動に対して，その活動を制約したり促進

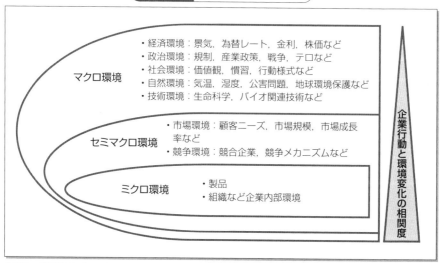

図表2-1　企業を取り巻く環境

(出所)　岸川善光 [2006] 3頁，斎藤毅憲編 [2011] 75-77頁に基づいて筆者作成。

したりする外的要因のことであり，①経済環境，②政治環境，③社会環境，④自然環境，⑤技術環境，⑥市場環境，⑦競争環境，の7つの環境要因に分類できる（☞『戦略』3頁）。

これらの7つの環境要因は，図表2-1に示されるように[2]，①マクロ環境（経済環境，政治環境，社会環境，自然環境，技術環境），②セミマクロ環境（市場環境，競争環境），③ミクロ環境（企業の内部環境），に大別される。

企業は，生き物として環境の変化に対応する必要がある。環境の変化に対応するパターンとして，①環境適応，②環境創造，の2つがあげられる（☞『環境』13-14頁）。環境適応も，環境創造も，環境の変化に対応する有効なパターンではあるものの，企業と環境の相互作用に基づく新たな関係づくりこそが，今後の環境対応の鍵概念であるといえよう。単なる環境論ではなく，経営環境論では，環境−経営戦略−組織の関係性を効果的に構築することが重要である。

❷ 経営環境論の生成と発展

経営環境論の生成と発展について考察する場合，前提として，環境問題の系譜を概観しておくことが不可欠である。環境問題の時代区分として，①産業公害問題の時代（1960年代），②資源・エネルギー枯渇の時代／国際化の時代（1970年代〜1980年代），③複雑化の時代（1990年代），の3つのフェーズに区分することができる（☞『環境』28-32頁）。

これらの環境問題の系譜の中で，経営環境論の生成と発展を牽引する1つ目の主体として，企業があげられる。企業が継続的に事業活動を行う上で，環境問題をどのように位置づけ，適応してきたか。端的にいえば，環境問題に対して後ろ向きであった時代から，次第に事業活動の根幹に結びつくようになりつつある。具体的には，①公害対策・環境対応の時代（1960年代〜1980年代），②環境保全・CSRの時代（1990年代），③環境戦略・サスティナビリティの時代（2000年以降），の3つのフェーズに区分することができる（☞『環境』32-37頁）。

経営環境論の生成と発展を牽引した2つ目の主体として，消費者があげられる。消費者は，グリーンコンシューマーとして，あるいは環境団体としての役

割も有し，企業を取り巻く経営環境の変化をもたらした。消費者がどのように環境問題に向き合ってきたかを考察することは，経営環境論の生成と発展にとって重要な観点である。具体的には，①被害者の時代（1960年代），②傍観者の時代（1970年代〜1990年代前半），③参画・協働の時代（1990年代後半以降），の3つのフェーズに区分することができる（☞『環境』37-41頁）。

経営環境論の生成と発展を牽引した3つ目の主体として，政府・自治体があげられる。政府や自治体は，法規制や補助金，あるいは民間企業への委託事業によって，経営環境の変化をもたらしてきた歴史をもつ。具体的には，①国内法整備の時代（1960年代〜1970年代），②国際的な法整備の時代（1980年代〜1990年代），③提携・支援強化の時代（2000年代以降），の3つのフェーズに区分することができる（☞『環境』41-45頁）。

経営環境論の生成と発展を考察する最後の観点として，国際社会の動向があげられる。今日の環境問題はグローバル化・複雑化しているため，国際社会が共通の認識をもち，歩調を合わせながら対策を講じることが必要不可欠となっている。具体的には，①先進国による認識の時代（1970年代まで），②先進国主導の時代（1980年代〜1990年代前半），③国際的な合意形成の時代（1990年代後半以降），の3つのフェーズに区分することができる（☞『環境』45-51頁）。

経営環境論の発展のためには，上述した環境問題の時代区分，環境主体としての企業，消費者，政府・自治体に関する3つのフェーズ区分，国際社会の動向を考察するための3つのフェーズ区分に基づいて，各種の観点から学際的アプローチを採用することが必要不可欠である。

❸ 経営環境の体系

経営環境の体系を考察する場合，経営環境の対象領域をどのように認識するかが重要である。本書では前述したように，①マクロ環境（経済環境，政治環境，社会環境，自然環境，技術環境），②セミマクロ環境（市場環境，競争環境），③ミクロ環境（企業の内部環境），に大別して考察する（☞『環境』54-59頁）。

本書では，紙幅の制約上すべてを記述することはできないが，経営環境論の論点として，①各環境要因の意義，②各環境要因の現状分析，③経営と各環境

要因の関係性，④環境要因ごとの取組み，⑤環境要因ごとの課題，の5点が必要不可欠である。

経営環境論は，近年，先端的な大学の経営学部・商学部・経済学部などにおいて，正規のカリキュラムとして設置されつつある。大学院やビジネス・スクールにおいては，図表2-2に示されるように[3]，日本（慶應義塾大学，早稲田大学など）でも，米国（コロンビア大学，スタンフォード大学，ハーバード大学，ペンシルベニア大学など）でも，経営環境関連科目が急速に充実しつつある。

図表2-2　日本・米国におけるカリキュラム比較

国名	学校名	カリキュラム	授業/コース例
日本	慶應義塾大学大学院経営管理研究科	・環境問題と経営，外部環境変化と経営，社会問題，マクロ経済 ・外部経営環境に対する企業と組織の対応 ・資源配分の効率化	・修士課程 　経済・社会・企業，経営環境特殊講義（Seminar in Business Environment），経営環境演習 ・博士課程 　経営環境特論（Advanced Study in Business Environment），経営環境特別実習
日本	早稲田大学ビジネス・スクール	・日常的に「世界」と接することのできる環境を構築	専門科目の経営環境系 ①経営と経済・社会，②意思決定の経済性分析，③マネジリアル・エコノミクス，④質的研究方法，⑤ビジネス研究法の基礎，⑥サービス・マネジメント
米国	コロンビア・ビジネス・スクール	・様々なショック，政治の動きが経済全体に与える影響	グローバル経済環境Ⅰ&Ⅱ
米国	スタンフォード大学　地球科学科	・社会を支えるエネルギーと資源ベース，地質災害に影響を与える人口増加，気候変動，環境および持続可能性への挑戦	エネルギー資源工学，環境地球システム科学，地質学・環境科学，地球物理学，環境資源のエメット学際プログラムなど
米国	ハーバード・ビジネス・スクール	・環境変化のリスクと機会 ・環境問題に関する戦略を理解	企業と環境，企業と政府・国際経済，持続可能な環境戦略とオペレーション，企業・エネルギー・環境のイノベーション
米国	ウォートン・ビジネス・スクール	・地球と環境科学 ・環境問題研究	リスクコミュニケーションと環境，環境学研究セミナー，環境会計とシステム分析のテクニック，都市環境など

（出所）　各大学HPに基づいて筆者作成。

2 経済環境

❶ 経済環境の意義

　従来，バイリッヒ゠クーンツ（Weihrich, H.゠Koontz, H.）[1993]，奥村憲一 [1997]，栗林世゠谷口洋志 [2007] など，多くの研究者によって，各種の経済環境要因が考察されてきた（☞『環境』80-81頁）。本書では，それらの経済環境要因を参考にしつつ，経済環境を，「経済主体，すなわち，消費者，原材料供給企業，競合企業などの行動変化が，企業の経営活動を制約したり促進したりすること」と定義して議論を進めることにする。

　経済環境の根底には，景気循環があげられる。景気循環は，国の経済状態を判断する最も重要な基礎指標である。景気は，実体経済の状態に加え，企業や家計の経済活動に対するマインド（意識，受止め方）を表している。景気循環とは，景気の動きが全体として循環的に変動する現象を指す。日本において，景気の判断および景気循環の判定は，内閣府が行い公表している。

　景気循環の局面は，図表2-3(A)に示されるように[4]，谷から山への拡張期と山から谷への後退期に区分される。また，景気局面は，正常な経済活動を基準として，上回る期間を好況期，下回る期間を不況期に分類される。わが国の戦後の景気循環は，図表2-3(B)に示されるように[5]，景気拡張期と後退期が循環的に発生している。

　経済環境には，この景気循環を根底として，為替レート，株価，物価，失業率など様々な要因が含まれている。ここでは，このような経済環境要因の中から，①為替レート，②金利，③株価，に焦点を絞って考察する。

① 為替レート：為替レートは，自国と外国の通貨の交換比率のことである。
　例えば，日本の通貨円と米国の通貨ドルの間で，1ドルが何円で交換されるか（1円が何ドルで交換されるか）という交換比率を円とドルの為替レートという。円の価値がドルに対して上昇した状況を円高（あるいはドル安），

第2章 経営環境

図表2-3 景気循環

(A) 景気局面の概念図

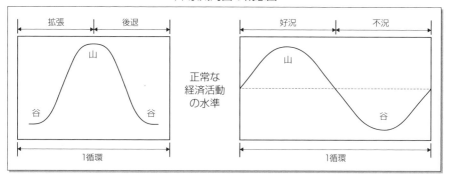

(B) 戦後日本の景気循環

	景気拡張期				後退期			全循環期間(ヵ月)
	好況の名前	谷	山	期間(ヵ月)	不況の名前	谷	期間(ヵ月)	
第1循環	朝鮮戦争ブーム		1951年06月	27	朝鮮戦争の反動	1951年10月	4	
第2循環	投資・消費景気	1951年10月	1954年01月	31	昭和29年不況	1954年11月	10	37
第3循環	神武景気	1954年11月	1957年06月	42	なべ底不況	1958年06月	12	43
第4循環	岩戸景気	1958年06月	1961年12月	24	昭和37年不況	1962年10月	10	52
第5循環	オリンピック景気	1962年10月	1964年10月	57	昭和40年不況	1965年10月	12	36
第6循環	いざなぎ景気	1965年10月	1970年07月	23	昭和46年不況	1971年12月	17	74
第7循環	列島改造景気	1971年12月	1973年11月	22	第1次石油危機	1975年03月	16	39
第8循環		1975年03月	1977年01月	28		1977年10月	9	31
第9循環		1977年10月	1980年02月	28	第2次石油危機	1983年02月	36	64
第10循環	ハイテク景気	1983年02月	1985年06月	51	円高不況	1986年11月	17	45
第11循環	平成景気	1986年11月	1991年02月	43	第1次平成不況	1993年10月	32	83
第12循環	さざ波景気	1993年10月	1997年05月	22	第2次平成不況	1999年01月	20	63
第13循環	IT景気	1999年01月	2000年11月	33	第3次平成不況	2002年01月	14	36
第14循環	いざなみ景気	2002年01月	2008年02月	73	世界同時不況	2009年03月	13	86
平均				36			16	53

(出所) 金森久雄=土志田征一編 [1991] 18頁,景気循環学会=金森久雄編 [2002] 77頁,福田慎一=照山博司 [2011] 23-24頁,内閣府経済社会総合研究所 [2011a] に基づいて筆者作成。

円の価値がドルに対して下落した状況を円安(あるいはドル高)という。
② 金利:金利は,資金を貸し借りする際の費用のことであり,金利が上昇すると,資金の貸し手には得,借り手には損になる。金利(資金コスト)は,経済活動を継続するか否かの最大の判断基準でもある。

③　株価：株価は，景気あるいは企業業績の実態を映し出す鏡である。企業業績に重点を置くと，株価は，株式を発行している企業の価値に対する株式市場の評価を反映したものであるといえる。

❷　経済環境と経営の関係性

　経営環境論は，各環境要因と経営との関係性について考察しなければならない。各環境要因の考察だけでは，単なる環境論になってしまう。ここでは，上述した為替レート，金利，株価と経営の関係性について概観する。

①　為替レート：例えば，円／ドルレートが円高に推移すると，輸出産業の価格競争力が低下し，輸出減少の要因となる。逆に，輸入品価格は下落し，輸入増大の要因になる。このように，特に輸出と輸入を中心として，為替レートは経営に対して多大なインパクトを及ぼす（☞『環境』89-90頁）。

②　金利：例えば，金利が低下すると，在庫投資・設備投資などを行うための資金調達が容易になる。逆に，金利が上昇すると，資金調達が困難になる。このように，金利は資金調達に直接的なインパクトを及ぼすので，金利予測は経営において重要な課題である。特に，金融の自由化の進展に伴い，金利対応の良否は企業業績を大きく左右する（☞『環境』90-92頁）。

③　株価：例えば，利潤が高い優良企業は，一般的に株価は高くなる。株価が高いと，在庫投資・設備投資などを増加させて生産を拡大しやすくなる。逆に，株価が低いと生産を縮小せざるを得なくなることが多い（☞『環境』92頁）。

❸　経済環境に関する取組みと課題

　経済環境に関して取り組まねばならない課題は山積している。ここでは，①新興国の台頭，②経済のグローバル化，③需要創造，の3つに絞って考察する。

①　新興国の台頭：IMF（International Monetary Fund：国際通貨基金）の経済見通しによれば，購買力平価基準を用いた新興国のGDPが，2013年に先進国のGDPを初めて上回った。例えば，新興国の間でも，BRICs（ブラジル，ロシア，インド，中国）の経済発展は今後も続くことが予想される。インドにおける日本企業の自動車生産の急増など，新興国市場に対する取組みは喫

第2章 経営環境

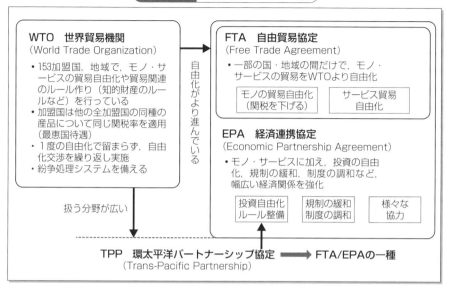

(出所) 日本関税協会［2012］19頁を筆者が一部修正。

緊の経営課題といえよう（☞『環境』98-99頁）。

② 経済のグローバル化：経済のグローバル化の進展に伴い，経済連携の重要性が高まっている。現在，図表2-4に示されるように[6]，FTA（Free Trade Agreement：自由貿易協定）やEPA（Economic Partnership Agreement：経済連携協定）が急速に広まりつつある。日本経済のグローバル化は，世界的にみると著しく遅れており，日本経済の活性化のためにも，経済のグローバル化は極めて重要な課題である（☞『環境』99-101頁）。

③ 需要創造：20世紀末から21世紀初めにかけて，日本では長期間デフレが続いてきた。デフレの主な要因として，1)需要要因（需要が供給を下回る），2)供給要因（技術革新や安価な輸入品の流入による安価な供給），3)金融要因（総需要量に対する貨幣供給量の不足），などがあげられる。景気の低迷⇒物価の下落（デフレ）⇒景気の低迷⇒物価の下落（デフレ）⇒というスパイラルな悪循環を防止するためには，需要創造型のイノベーションが必要不可欠である（☞『環境』101-102頁）。

3 政治環境

❶ 政治環境の意義

　従来，イーストン（Easton, D.）［1965］など多くの研究者によって，各種の政治環境要因が考察されてきた（☞『環境』106-107頁）。これらの先行研究を踏まえて，岸川善光［2006］は，「政治環境とは，主として立法府および行政府が企業の経営活動に対して及ぼす影響のことである[7]」と定義した。本書では，この定義に基づいて議論を進める。

　早稲田大学の政治経済学部にみられるように，もともと政治と経済は，相互関連的な関係がみられてきたが，今日では，政治と経済はますます相互関連的な社会現象になりつつある（☞『環境』107-108頁）。

　政府は，民間部門において供給されない公共財の生産を行っている。また，外部性をもたらすような財・サービスの生産や消費を，奨励したり抑制したりするために，関係する経済主体に補助金を与えたり税を課したりする。さらに，民間部門の生産や消費を禁止するために，規則やルールを定め，民間部門の行動を禁止することもある。政府には，上述した機能の他にも，資源配分機能，所得再配分機能，経済の安定化機能，将来世代への配慮など，多くの機能が存在する（☞『環境』109-110頁）。

　政治環境には，政府の機能だけでなく，国際公共政策（FTA，EPAなど），グローバル公共政策（WTO，BIS，OECDなど），グローバル・ガバナンス（世界銀行，国連児童基金など）なども含まれる（☞『環境』110-115頁）。

❷ 政治環境と経営の関係性

　政治環境と経営の関係性について，考察すべき課題は枚挙にいとまがないが，ここでは，①産業政策と経営の関係性，②規制と経営の関係性，③戦争と経営の関係性，の3つに絞って概観する。

① 産業政策と経営の関係性：産業政策は，「市場の失敗」を防止するために，政府が産業部門間の資源配分，または個別産業内の産業組織に介入し，経済全体の厚生水準を高めようとする政策のことである。従来，自動車，コンピュータ，半導体など，多くの産業分野において，産業政策が重視されてきた。日本，韓国，台湾など今まで「開発主義」を採用したことがある国において，財閥企業を典型とする経営は，政府の産業政策との関係が密着しており，ややもすると癒着さえみられた。しかし，「開発主義」は，自動車，コンピュ

図表2-5　経済的規制と社会的規制

公的規制の分類	規制法の具体例
経済的規制	• 需要調整の観点から行われる参入規制（石油業法，電気事業法，ガス事業法など） • 設備等の新増設規制（石油業法，製糸業法など） • 輸入規制（輸入数量制限，国家貿易品目など） • 価格規制（食糧管理法，電気通信事業法，電気事業法，ガス事業法，道路運送法，鉄道事業法など） • 金融・証券・保健業関係の主な規制（銀行法，損害保険料率算出団体法など） • その他の事業活動の規制（熱供給事業法，漁業法，倉庫業など）
社会的規制	• 保健・衛生（伝染病予防法，食品衛生法，薬事法，水道法，クリーニング法など） • 公害・廃棄物・環境保全（大気汚染防止法，騒音防止法，廃棄物処理・清掃法など） • 危険物・防災・保全（消防法，高圧ガス取締法など） • 国土・土地・建築物（国土利用計画法，道路法，都市計画法，建築基準法など） • 雇用・労働（労働基準法，労働派遣法など） • 交通（道路交通法，道路運送車両法など） • サービス・品質・取引の適正化（計量法，旅行業法，有線テレビジョン放送など） • 特定業務に係わる資格制度 • 各種団体の設立・運営（消費生活協同組合法，中小企業団体組織法，農業共同組合法など） • その他，社会秩序維持法等（覚醒剤取締法，暴力団体法など）

（出所）　植草益=井手秀樹=竹中康治=堀江明子=菅久修一［2002］238頁，242頁。

ータ，半導体などの産業において，ある発展段階までは驚異的な成功をもたらしたともいえよう（☞『環境』115-117頁）。

② 規制と経営の関係性：政府や地方公共団体は，様々な目的を達成するために，企業や国民の活動に対して規制を行っている。規制は，図表2-5に示されるように[8]，経済的規制と社会的規制に大別される（☞『環境』117-118頁）。ちなみに，近年，多くの国で規制緩和が推進されているが，規制緩和とは，これらの経済的規制および社会的規制を緩和することである。規制にも規制緩和にも，経営戦略上の機会と脅威が発生することはいうまでもない。

③ 戦争と経営の関係性：政治学によれば，戦争は，政治・外交の一側面であるともいわれる。石油などのエネルギー分野において，第4次中東戦争の際に，戦争という政治環境の激変によって，原油価格の急騰などの現象が発生した。戦争と経営の関係性の現実的な事例である（☞『環境』119-120頁）。

❸ 政治環境に対する取組みと課題

政治環境に対する取組みとしては，①産業政策に対する取組み（産業育成政策，公的供給，規制政策，独占禁止法など）（☞『環境』120-121頁），②インセンティブ規制に対する取組み（ヤードスティック規制，プライスキャップ規制など）（☞『環境』121-122頁），③省エネルギー化に対する取組み（エネルギー・コストの低減，代替エネルギーへの転換など）（☞『環境』122-124頁），が重要な課題としてあげられる。

また，政治環境に関する今後の課題として，①東アジア共同体構想の推進（☞『環境』124-126頁），②グローバル・ガバナンスの構築（☞『環境』126-128頁），③日米FTA・EPA構想の推進（☞『環境』128-129頁），の3つは極めて重要な課題である。政治環境は，マクロ環境要因の1つであるが，近年，経営に対するインパクトがますます重要視されるようになってきた。

4 社会環境

第2章 経営環境

❶ 社会環境の意義

　従来，占部都美［1991］，奥村惠一［1997］，小椋康宏編［1998, 2001］，岸川善光［2006］，斎藤毅憲編［2011］など，多くの研究者によって，各種の社会環境要因が考察されてきた（☞『環境』132-133頁）。本書では，それらの社会環境要因を参考にしつつ，社会環境を，「価値観，人口動態，文化などが企業活動に及ぼす影響のことである」と定義して議論を進めることにする。

① 　価値観：価値観とは，人間が何に価値を置くかという根本的な考え方・態度・信念のことである。近年，人々の価値観は個性化・多様化しており，モノの豊かさから心の豊かさを志向するなど，以前の価値観とは大きく変化しつつある（☞『環境』133-134頁）。

② 　人口動態：人口動態とは，人口変動の状態をいい，人口の大きさの変動と人口の構造の変動が含まれる。世界の総人口は，図表2-6(A)に示されるように，増加する傾向にあるが，わが国では，図表2-6(B)に示されるように，少子・高齢化と人口減少が併行して進展しつつある[9]。少子・高齢化の進展は，消費需要の減退による経済規模の縮小，労働力人口の減少，税・社会保障負担の増大，地方の過疎化の進行など，様々な分野において複雑かつ深刻な影響を及ぼし始めた（☞『環境』134頁）。

③ 　文化：文化とは，人々の間で共有化された価値観，規範，信念のセット（集合体）であり，組織文化（企業，行政体，病院，学校，宗教団体などの文化），上位文化（国の文化，民族の文化，社会文化など），下位文化（グループ，部門などのサブカルチャー）など，いくつかの階層がある。社会環境でいう文化では，組織文化と国の文化が重要な要因となる。ちなみに，本書では，組織文化を，「組織構成員によって共有化された基本的仮定，価値観，規範，信念のセット（集合体）である」と定義して議論を進める（☞『組織』172-177頁）。

❷ 社会環境と経営の関係性

　上で，社会環境の主な要因として，①価値観，②人口動態，③文化，の３つを取り上げた。社会環境と経営の関係を考察するために，価値観の中からライ

図表2-6 世界における人口動態

(A) 世界人口の動向

	1950	2005	2050
総人口(千人)	2,529,346	6,512,276	9,149,984
65歳以上人口(千人)	130,543	472,589	1,486,861
先進地域(千人)	63,927	186,347	334,153
開発途上地域(千人)	66,616	286,242	1,152,708
65歳以上人口比率(%)	5.2	7.3	16.2
先進地域(%)	7.9	15.3	26.2
開発途上地域(%)	3.9	5.4	14.6
平均寿命(男性)(年)	45.2	64.2	73.3
平均寿命(女性)(年)	48	68.6	77.9
合計特殊出生率(%)	5	2.7	2

(B) 世界主要国における高齢化率

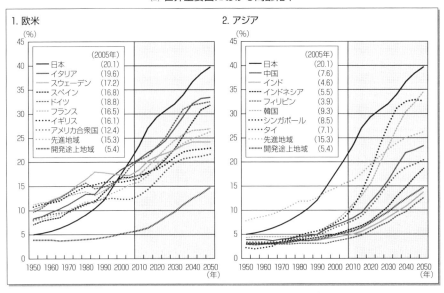

(注) ①先進地域は，北米，日本，ヨーロッパ，オーストラリア，ニュージーランドからなる。
②開発途上地域は，アフリカ，アジア（日本を除く），中南米，ノラネシア，ミクロネシア，ポリネシアからなる。
(出所) 内閣府編［2011b］11頁。

フスタイルを，人口動態の中から少子・高齢化を，文化の中から異文化マネジメントを取り上げて概観する。

① ライフスタイルと経営の関係性：ライフスタイルは，個人の価値観とパーソナリティを明示する具体的な行動であり，ライフスタイルが購買・消費行動に与える影響は計り知れない。ライフスタイルの変化は，具体的には，1）新たな需要の生成とそれに対応するビジネスの形成，2）差別化の進展に伴う多種少量生産体制の構築，3）製品・市場の多様化と経営のスピード化，4）需要と供給の時間差の調整，5）ライフスタイルの変化に対応するタイミング，など経営に大きなインパクトを及ぼす（☞『環境』141-143頁）。

② 少子・高齢化と経営の関係性：上述したように，少子・高齢化に伴って，消費需要の減退による経済規模の縮小，若年労働力を中心とした労働力人口の減少，税・社会保障負担の増大，地方の過疎化の進行など，社会的に大きな問題が顕在化しつつある。人口動態は，経済予測の中では最も正確な部類に属する。誰もが1年に2回歳をとることはないからである。少子・高齢化の進展を踏まえて，設備投資のあり方，情報通信技術（ICT）の活用など，考慮すべき課題が山積している（☞『環境』143-144頁）。

③ 文化と経営の関係性：文化と経営の関係性の中で，異文化シナジー，異文化コミュニケーションなどを含む異文化マネジメントは，グローバル経営において極めて重要な経営課題である。異文化マネジメントについては，第8章（グローバル経営）で詳しく考察する（☞『グローバル』257-286頁）。わが国は島国という制約があり，異文化マネジメントには極めて不慣れである。

❸ 社会環境に対する取組みと課題

ライフスタイルなど価値観の変化，少子・高齢化など人口動態の変化，異文化マネジメントなど文化と経営の関係性の変化など，社会環境の変化に対して取り組むべき課題は多い。

ライフスタイルの変化に対して，ワーク・ライフ・バランス（WLB）が重視され始めた。ワーク・ライフ・バランスとは，仕事と生活の調和を図り，相互に良い影響を与えあうことを目的とする考え方である。ワーク・ライフ・バランスによって，1）生産性の向上，2）優秀な人材の確保，3）多様性に富む従業員の確保，4）従業員のモティベーションの向上，5）企業イメージの向上など，

企業と従業員の双方にメリットをもたらすことが期待されている（☞『環境』153-154頁）。

　少子・高齢化など人口動態の変化に対して，例えば，欧米諸国の中で，一度下がった出生率を克服して，出生率向上に成功したフランスにみられるように，児童手当の充実，保育所の設置，妊娠・出産の支援などの少子化対策を着実に推進することが重要な課題である（☞『環境』145-146頁）。

　異文化マネジメントについて，詳しくは第8章（グローバル経営）で考察するが，多民族，多国籍，多言語，多文化の人々が構成する組織について様々な観点からまずは正しく理解することが肝要である（☞『グローバル』257-286頁）。

5 自然環境

❶ 自然環境の意義

　従来，井熊均編［2003］，岸川善光［2006］，前田章［2010］，除本理史＝大島堅一＝上園昌武［2010］など，多くの研究者によって，各種の自然環境要因が考察されてきた（☞『環境』158-159頁）。本書では，それらの自然環境要因を参考にしつつ，自然環境を，「気温・湿度・日射量・日照時間・緯度・経度などの気候地理的要因，公害問題，地球環境問題などが，企業の経営活動に及ぼす影響のことである」と定義して議論を進めることにする。

　自然環境要因は，上の定義で示したように各種の要因が存在するが，ここでは，自然環境要因の中から主な構成要因として，①大気，②土壌，③水，の3つを取り上げて，それぞれの概略についてみてみよう。

① 大気：近年，温室効果ガスによる地球温暖化の問題が注目されつつある。温室効果ガスとは，CO_2，水蒸気，メタン，亜酸化窒素などであり，地球の温室効果に対する70％以上の原因はCO_2であるといわれている。図表2-7に示されるように[10]，地球温暖化による被害は広範囲にわたる（☞『環境』159-160頁）。

第2章 経営環境

図表2-7 地球温暖化による世界各地の被害予想

地域	影響
アフリカ	• 2020年までに，7,500万～2億5,000万人の人々が気候変動に伴う水ストレスの増大に曝されると予測される。 • 2020年までに，いくつかの国では，天水農業における収量は，最大50%まで減少し得る。
アジア	• 2050年代までに，中央アジア，南アジア，東アジアおよび東南アジアにおける淡水利用可能量は，特に大河川の流域において減少すると予測される。 • 風土病の罹患率や主に洪水および干ばつに伴う下痢性疾患による死亡者数は，水循環に予測される変化によって，東アジア，南アジアおよび東南アジアで上昇すると予想される。
オーストラリアおよびニュージーランド	• 2020年までに，グレートバリアリーフやクイーンズランド湿潤熱帯地域を含む，いくつかの生態学的に豊かな場所で，生物多様性の著しい喪失が起こると予測される。 • 2030年までに，オーストラリア南部および東部，ニュージーランドのノースランドと東部地域の一部で，水の安全保障問題が強まると予測される。
ヨーロッパ	• 気候変動は，ヨーロッパの自然資源と資産の地域格差を拡大すると予想される。 • 山岳地帯では，氷河の後退，雪被覆と冬季観光の減少，および大規模な生物種の喪失（高排出シナリオの下では，いくつかの地域では2080年までに最大60%の喪失）に直面する。
ラテンアメリカ	• 今世紀半ばまでに，気温の上昇とそれに伴う土壌水分量の減少により，アマゾン東部地域の熱帯雨林がサバンナに徐々に取って代わられると予測される。
北アメリカ	• 西部山岳地帯における温暖化は，積雪の減少，冬季洪水の増加および夏季河川流量の減少をもたらし，過度に割り当てられた水資源をめぐる競争を激化させると予測される。 • 沿岸のコミュニティと居住は，開発や汚染と相互作用する気候変動の影響によりストレスが増加する。
極域	• 予測される生物物理学的影響の主なものは，氷河，氷床および海氷の厚さと面積の減少と，渡り鳥，哺乳動物および高次捕食者を含む多くの生物に悪影響を及ぼす自然生態系の変化であると予測される。
小島嶼	• 気温上昇に伴い，特に中・高緯度の小島嶼において，非在来種の侵入が増加すると予想される。

（注）　IPCC（Intergovernmental Panel on Climate Change：気候変動に関する政府間パネル）。
（出所）　IPCC［2007］訳書11-12頁を筆者が一部抜粋。

② 　土壌：木村眞人編［1997］によれば[11]，「岩石圏・水圏・大気圏の接点にあって，生物の棲息する圏域を広く生物圏と呼ぶならば，土壌はまさに生物圏の要に位置し，生物の生存を支えながら，生物圏のホメオスタシスを確保す

43

る上で重要な機能を果たしている」。この土壌が，森林伐採，過放牧，過耕作，塩害，土壌汚染などによって，近年悪化の一途をたどっている。土壌悪化の原因は，産業活動，廃棄物および旧軍事活動に由来したものが多い（☞『環境』159-161頁）。

③　水：水は，水素結合などの理化学的性質が，生命の発生と進化に深く関わっており，極めて重要な存在であることはいうまでもない。世界で使われている水のおよそ7割が農業用，2割が工業用，1割が家庭用として利用されている。現在，「水ストレス」の状態にいる人，さらに，「水不足」の状態にある人が，次第に増加しつつある。今後，人口増加，地球温暖化，新興国の成長による工業用水需要の増大などによって，「水ストレス」「水不足」の状態がさらに悪化することが指摘されている（☞『環境』161頁）。

❷ 自然環境と経営の関係性

上述した大気汚染，土壌汚染，水質汚濁など自然環境の破壊は，マクロ環境の破壊そのものであるが，企業の経営に対しても，その活動を制約したり促進したりするなど重要な影響を及ぼすことはいうまでもない。ここでは，自然環境と経営の関係性として，①サスティナビリティと企業の競争優位，②自然環境とビジネスチャンス，③環境金融，の3つを取り上げて概観する。

①　サスティナビリティと企業の競争優位：サスティナビリィ（sustainability：持続可能性）という概念は，1987年の「環境と開発に関する世界委員会（ブルントラント委員会）」が発表した報告書（Our Common Future）において，初めて使用されたものである。ハート（Hart, S.L.）［1997］，丹下博文［2005］，サビッツ゠ウェーバー（Savitz, W.゠Weber, K）［2006］など，多くの研究者によって，この持続可能性という概念は，理論的にも実務的にも研究が進められている。企業の競争優位を獲得するためには，持続可能性を実現するためのビジョンおよびポートフォリオ戦略の重要性が強調されている（☞『環境』166-168頁）。

②　自然環境とビジネスチャンス：大気に関しては，地球温暖化の解決に向けて，省エネルギー，非化石エネルギー，新エネルギーなど，エネルギー関連のビジネスチャンスがすでに現実化しつつある。土壌についても，2003年の

土壌汚染対策法の施行に伴って，土壌汚染対策ビジネス市場が拡大しつつある。水については，世界の水ビジネス市場が2025年に100兆円規模になることが見込まれており，水インフラ投資も急激に拡大しつつある。このように，自然環境とビジネスチャンスは密接な関係性を有するといえよう（☞『環境』168-169頁）。

③ 環境金融：環境問題の深刻化に伴って，個人や機関投資家の投資基準として，SRI（社会的責任投資）が叫ばれるようになった。また，エコファンド，グリーン・バンキングなど，自然環境と金融との関係性が急激に強まりつつある。企業経営において，環境対応などの社会性の追求が，世間的に認識されつつある証左の1つといえよう（☞『環境』169-171頁）。

❸ 自然環境に対する取組みと課題

　自然環境に対する取組みとして，①環境適合設計の導入（製品の製造だけでなく，その開発・設計の段階から環境に配慮すること）（☞『環境』171-172頁），②消費に関わる環境政策（グリーン家電，エコカー，環境ラベルなど，消費に直接的に関わる環境政策の実施）（☞『環境』172-174頁），③エネルギー政策（省エネルギー，再生可能エネルギーの推進など地球温暖化防止と持続可能な社会の実現を目指したエネルギー政策）（☞『環境』174-175頁），の3点は，極めて重要であるといえよう。

　また，自然環境問題に対する課題として，①再生可能エネルギー（水力発電・地熱発電など），新エネルギー（太陽光発電・風力発電・バイオマス発電など）の普及（☞『環境』176-177頁），②ソフトサービス系環境ビジネス（環境コンサルティング，環境影響評価，環境金融など）の拡大（☞『環境』178-179頁），③廃棄物・リサイクル関連ビジネス（廃棄物の適正処理，廃棄物のリサイクル，拡大生産者責任など）の拡大（☞『環境』179-181頁），などがあげられる。

6 技術環境

❶ 技術環境の意義

　岸川善光［2006］は，「技術環境とは，科学技術の進歩が企業の経営活動に対して及ぼす影響のことである。具体的には，生命科学，バイオ関連技術，先端情報通信技術などの科学技術の進歩が，新製品，新事業，新素材，新生産方式などの開発に及ぼす影響のことである[12]」と定義している。本節では，この定義に基づいて議論を進める。

　技術環境要因は，定義で示したように，極めて多面的な要因が数多く存在する。ここでは，①ICT分野，②ロボット分野，③ライフサイエンス分野，の3つを取り上げて，それぞれの概略についてみてみよう。

①　ICT分野：近年，ICT（情報通信技術）の進展が著しい。ICT分野は，主として，ハードウェア，ソフトウェア，データベース技術，ネットワーク技術，マルチメディア技術，の5つの技術分野に大別され，いずれの分野においても，日進月歩というよりは秒進分歩のスピードで進展している（☞『情報』121-150頁）。ICTについては，詳しくは第6章（経営情報）で考察するが，ネットワーク技術の進展によって，近年，わが国ではユビキタスネットワーク社会に突入しつつある。ユビキタスネットワーク社会では，eビジネスなど経営の様相そのものが従来とは一変しつつある（☞『情報』207-240頁）。

②　ロボット分野：日本は，世界一のロボット生産国・使用国であり，世界のロボット生産台数の約7割を占めている。自動車産業・電子産業など多くの産業分野において，溶接・塗装・組立て・搬送・成形・部品ハンドリングなど，いわゆる産業用ロボットが主流を占めている。近年，ロボットがロボットをつくる事例にみられるように，単なる内蔵プログラムに基づいて作業を行うだけでなく，図表2-8に示されるように[13]，人間と共存し，協力して働く第二世代，第三世代のロボットが増加するであろう（☞『環境』186頁）。

③　ライフサイエンス分野：ライフサイエンスは，生物が営む生命現象の複雑かつ精緻なメカニズムを解明する科学であり，このライフサイエンス分野において，近年，幹細胞（ES細胞，iPS細胞），脳科学，ヒトゲノム，微生物・動植物ゲノム，遺伝子，ヒト胚などに関する研究が脚光を浴びている。これ

第2章 経営環境

図表2-8 ロボットの発展

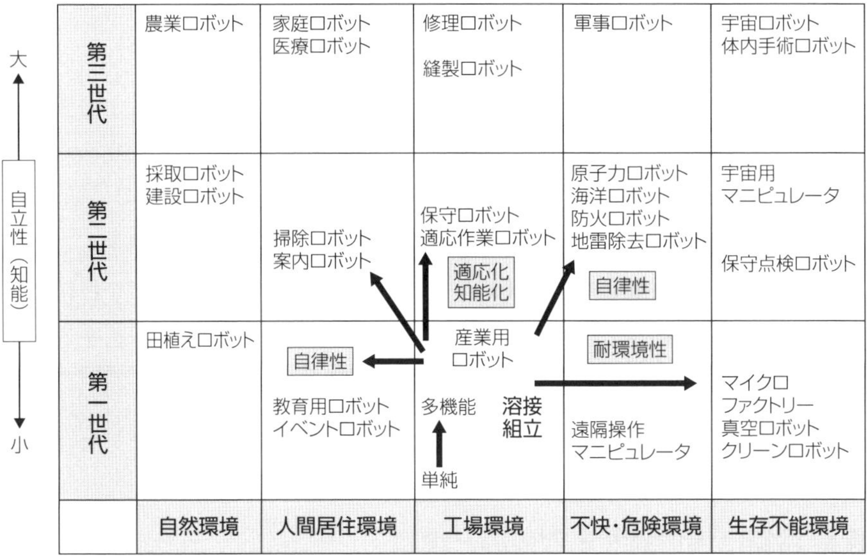

自立性（知能） 大↑↓小		自然環境	人間居住環境	工場環境	不快・危険環境	生存不能環境
	第三世代	農業ロボット	家庭ロボット 医療ロボット	修理ロボット 縫製ロボット	軍事ロボット	宇宙ロボット 体内手術ロボット
	第二世代	採取ロボット 建設ロボット	掃除ロボット 案内ロボット	保守ロボット 適応作業ロボット 適応化 知能化	原子力ロボット 海洋ロボット 防火ロボット 地雷除去ロボット 自律性	宇宙用 マニピュレータ 保守点検ロボット
	第一世代	田植えロボット 自律性 教育用ロボット イベントロボット		産業用ロボット 多機能 溶接組立 単純	耐環境性 遠隔操作 マニピュレータ	マイクロ ファクトリー 真空ロボット クリーンロボット

（出所） 楠田喜宏［2005］48頁。

らのライフサイエンスの研究成果は，医療の飛躍的な発展，食料・環境問題の解決などに大きく寄与することが期待されている（☞『環境』188頁）。

❷ 技術環境と経営の関係性

技術環境と経営の関係性を考察するために，ここでは，①MOTの意義，②MOTとイノベーション，③技術戦略と経営，の3つを取り上げて，それぞれの概略についてみてみよう。

① MOTの意義：近年，MOT（Management of Technology：技術経営）に対する関心が高まっている。MOTは，1970～1980年代の第一世代のMOT（生産プロセスの改良，品質管理，コストダウン，短納期対応など），1990年代の第二世代のMOT（新製品開発，プロダクト・イノベーションなど），2000年代の第三世代のMOT（ニーズの把握，付加価値の創造など）に区分される。特に，第三世代のMOTでは，環境変化を踏まえた非技術要素への着目が重視されている（☞『環境』193-195頁）。

② MOTとイノベーション：イノベーションについては，第7章で詳しく考察するが，MOTの本質は，知識創造によるイノベーションにあるといっても過言ではない。イノベーションのタイプは，プロダクト・イノベーションとプロセス・イノベーションに大別されるが，いずれも知識創造が必要不可欠であり，イノベーションの専有可能性（利益を獲得する力）を高めることがMOTの使命であるといえよう（☞『環境』195-196頁）。

③ 技術戦略と経営：技術戦略の目的は，技術上の競争優位を獲得することであるといえる。技術戦略は，研究開発，技術供与，技術導入など，技術に関する様々な機能の遂行において欠かせない。戦後，米国の先端技術を導入することによって，日本企業は高度成長を実現してきたが，もはや技術の「フリーライダー」は許されない。独自の技術戦略を構築し，経営戦略との整合性を保持し，利益の増大を実現しなければならない（☞『環境』196-198頁）

❸ 技術環境に対する取組みと課題

上述した技術環境にどのように取り組むか，どのような課題があるか，ここでは，①研究開発の効果的・効率的推進，②産官学連携の強化，③グローバル・ネットワークの構築，の3つに絞って考察する。

① 研究開発の効果的・効率的推進：独自の技術戦略に基づいて，イノベーションの専有可能性（利益を獲得する力）を高めるために，具体的には，研究開発の効果的・効率的推進を実現しなければならない（☞『環境』201-202頁）。その前提として，技術リスクマネジメントが欠かせない（☞『環境』198-199頁）。倫理・安全問題への取組みも必須課題である（☞『環境』199-201頁）。

② 産官学連携の強化：ICT分野，ロボット分野，ライフサイエンス分野など激変する技術環境に対応するために，産官学連携の強化は重要な課題である。例えば，TLO（Technology Licensing Organization：技術移転機関）による大学から産業界への技術移転は，まだ成功事例は少ないものの，極めて重要な課題となるであろう（☞『環境』204-205頁）。

③ グローバル・ネットワークの構築：ICT分野，ロボット分野，ライフサイエンス分野などの技術環境において，「自前主義」に基づくクローズド・シ

第2章 経営環境

ステムによる技術戦略では，ほとんど成功の見込みがないと思われる。近年
のユビキタスネットワーク社会では，技術のネットワーク化が必要不可欠で
ある（☞『環境』203-204頁）。特に，欧米だけでなく，アジア，アフリカなど
の諸外国と協力し，研究者・技術者の交流を含むグローバル・ネットワーク
を構築することが喫緊の課題といえよう（☞『環境』205-206頁）。

7 市場環境

❶ 市場環境の意義

　岸川善光［2006］は，「市場環境とは，顧客ニーズの変化，市場規模の変化，
市場成長率の変化など，市場の変化が企業の経営活動に対して及ぼす影響のこ
とである[14]」と定義している。本書では，この定義に基づいて議論を進める。
　先述した経済環境，政治環境，社会環境，自然環境，技術環境は，主として
マクロ環境要因であるが，この市場環境は，セミマクロ環境要因・ミクロ環境
要因の1つである。
　企業の基本活動は，経営資源の調達市場からヒト（人的資源），モノ（物的
資源），カネ（資金的資源），情報（情報的資源）をインプットして，価値（経
済的効用）を生産し，販売市場において価値としての財（有形財・無形財）を
アウトプット（産出）することである。
　調達市場においても，販売市場においても，ニーズの変化，市場規模の変化，
市場成長率の変化など，どの市場環境の変化もダイレクトに企業の経営活動を
制約したり促進したりするので，市場環境は，極めて重要な環境要因であると
いえよう。

❷ 市場環境と経営の関係性

　市場環境は，上述したように，経営資源の調達市場と，財（有形財・無形財）
の販売市場に大別される。ここでは，市場環境と経営の関係性として，①調達

49

市場と経営，②販売市場と経営，③セグメンテーション（細分化），の３つを取り上げて概観する。

① 調達市場と経営：製造業においても，流通業においても，調達は極めて重要な機能である。なぜ調達が重視されるのであろうか。モノ（物的資源）に限定して考察してみよう。

調達が重視される第一の理由は，製造業においても，流通業においても，調達コストの売上高および原価に占める構成比率が極めて高いからである。製造業の場合，調達コストの低減は，営業利益の増大と直結している。流通業の場合も，仕入原価などの低減は売上総利益の増大にダイレクトにつながるので，どの流通業も仕入原価の低減に注力してきた（☞『管理』172-173頁）。

調達を重視してきた第二の理由は，初期工程である調達でトラブルが発生すると，業務システム（価値の生産システム）の円滑な運用に支障をきたすからである。業務システムのトラブルは，不良率の増加，納期遅延の発生，製造原価の増大，の原因になることは明白である（☞『管理』173頁）。

調達を重視してきた第三の理由は，原材料，部品，仕入商品などいわゆる棚卸資産には，運転資金需要および金利負担が発生する。運転資金需要および金利負担の低減のため，トヨタのJIT（ジャスト・イン・タイム）方式が大きく寄与していることはすでに周知の事実である（☞『管理』173頁）。

② 販売市場と経営：販売市場は，企業にとって顧客の集合体である。販売市場における顧客ニーズの変化，市場規模の変化，市場成長率の変化に対して，能動的に対応することは，企業の存続・発展のための出発点である。従来，販売市場という場合，製品を基軸とした製品別市場（業種，業界）がメインであった。ところが，近年では顧客ニーズの多様化，製品のシステム化に伴って，製品別市場だけではなく，用途別市場や機能別市場が形成され始めた。また，顕在化された製品別市場だけでなく，潜在的な市場の発見が企業の存続・発展に欠かせなくなってきた。

③ セグメンテーション（細分化）：従来，販売市場では，不特定多数の顧客をターゲットにして，同一製品の大量販売を目指したマス・マーケティングが主流であった。ところが，近年では，企業は徐々に細分化されたレベル（セ

グメント，ニッチ，地域，個人）に目を向けるようになった。すなわち，消費者の動向やライフスタイルが多様化したため，価値をそれぞれのセグメントにカスタマイズして提供することが必要になってきたからである。販売市場の細分化を究極まで求め，販売市場の変化に能動的に対応するためのマーケティング手法として，ワントゥワンマーケティング，リレーションシップ（関係性）・マーケティングなどがあげられる。

❸ 市場環境に対する取組みと課題

上述した市場環境に対して今後どのように取り組むか，どのような課題があるか，ここでは，①BOPビジネスの推進，②マーケティング・ミックスの洗練化，③マーケティング情報システムの再構築，の3つに絞って概観する。

① BOPビジネスの推進：近年，BOP（Base of Pyramid）ビジネスに関する関心が高まりつつある。BOPとは，開発途上国において，購買力平価換算による1人当たり年間所得が3,000ドル未満の人を指す。BOPビジネスは，

図表2-9　世界経済ピラミッド

（注）①TOP：Top of Pyramid，高所得層
　　　②MOP：Middle of Pyramid，中間層
　　　③BOP：Base of Pyramid，BOP層
（出所）経済産業省=厚生労働省=文部科学省編［2009］111頁，小林慎和=高田広太郎=山下達郎=伊部和晃［2011］51頁に基づいて筆者作成。

BOP層を対象として商品・サービスを提供するビジネスをいう。図表2-9に示されるように[15]，BOP層はすでに40億人を超えている。BOP層が多い国として，インド，インドネシア，バングラデシュ，ナイジェリアなどがあげられる。BOPは，大きな消費市場に成長するポテンシャルを秘めており，手頃な価格，製品・サービスへのアクセス，入手のしやすさ，などに配慮したビジネスが望まれる（☞『環境』228-230頁）。

② マーケティング・ミックスの洗練化：マーケティング・ミックスの概念は，今まで多くの研究者によって提唱されてきたが，マッカーシー（McCarthy, E.J.）［1996］による 4 P =（1)Product：製品，2)price：価格，3)place：流通チャネル，4)promotion：販売促進）が，ネーミングの良さもあって圧倒的な支持を得てきた。また，ローターボーン（Lawterborn, R.）［1990］による顧客志向のマーケティング・ミックスとして，4 C =（1)costomer solution：顧客ソリューション，2)customer cost：顧客コスト，3)convenience：利便性，4)communication：コミュニケーション）が提唱されるなど，供給サイドのマーケティング・ミックスから顧客サイドのマーケティング・ミックスへと洗練化されつつある（☞『管理』178-179頁）。

③ マーケティング情報システムの再構築：コトラー（Kotler, P.）［1984］によれば，マーケティング情報システムは，1)内部報告システム，2)マーケティング・インテリジェンス・システム，3)マーケティング調査システム，4)マーケティング分析システム，の4つのサブシステムによって構成される[16]。

わが国のマーケティング情報システムは，顧客別・製品別の売上・利益の集計がメインになっており，市場環境情報，市場分析情報，市場に関する意思決定情報などが極端に不足・欠落しているという問題点を抱えている。市場環境の変化に対応するために，マーケティング情報システムの最構築が望まれる（☞『診断』194頁）。

8 競争環境

第2章 経営環境

❶ 競争環境の意義

岸川善光［2015a］によれば，「競争環境とは，競合企業（competitor），競争メカニズム，新規参入の可能性などが，企業の経営活動に及ぼす影響のことである[17]」。具体的には，競合企業の数，それらの競争力の強弱，あるいは競合企業と競争する場合の競争力の源泉，持続的な競争優位の可否，新規参入の可能性などがあげられる。本書では，この定義に基づいて議論を進める。

競争戦略は，この競争環境を見極め，効果的に対応することに他ならない。すなわち，競争戦略とは，「特定の事業分野，製品・市場分野において，競合企業に対して，持続可能な競争優位（sustainable competitive advantage）を獲得するために，環境適応のパターンを将来志向的に示す構想であり，組織構成員の意思決定の指針となるものである[18]」。

競争戦略では，「競合企業に対して，いかに持続可能な競争優位を獲得するか」ということが最も重要である。そのためには，①競合企業の選択，②競争力の源泉，③競争力の活用，④競争力の構築，の4点について，強み・弱み，機会・脅威を体系的に把握しなければならない。ちなみに，強み・弱み，機会・脅威を体系的に分析することをSWOT分析という（☞『診断』113-114頁）。

❷ 競争環境と経営の関係性

競争環境と経営の関係性を考察するために，ここでは，①価値連鎖と経営，②マーケット・ライフサイクルと経営，③ポジショニングと経営，の3つを取り上げて，それぞれの概略についてみてみよう。

① 価値連鎖と経営：企業を全体としてまるごと捉えても，競争優位を獲得することはできない。競争優位は，企業における研究開発・調達・生産・マーケティング・ロジスティクスなど，企業のすべての機能（活動）の中から生まれる。具体的には，それぞれの機能（活動）のコスト・ビヘイビア，差別化などによって，競争優位を獲得することができる。そのためのフレームワーク（分析枠組み）として，ポーター（Porter, M.E.）［1985］が提唱したのが価値連鎖（value chain）である。価値連鎖を用いて，それぞれの機能（活動）の

53

強み・弱み，機会・脅威を体系的に把握する必要がある（☞『戦略』169-171頁）。

② マーケット・ライフサイクルと経営：市場には，製品（プロダクト）と同様に，ライフサイクルが存在する。市場のライフサイクルをマーケット・ライフサイクルという。マーケット・ライフサイクルは，1)導入期，2)成長期，3)成熟期，4)衰退期，の4つの段階に区分されることが多い。市場の競争環境は，決して不変のものではなく常に変化する。例えば，導入期における競争要因は，製品認知と市場拡大に重点が置かれるが，成長期における競争要因は，市場浸透およびブランド化に重点が置かれる。このように，マーケット・ライフサイクルごとに競争要因が異なるので，マーケット・ライフサイクルと経営の関係性を正しく把握した上で，効果的な競争戦略を策定しなければならない（☞『管理』169-171頁）。

③ ポジショニングと経営：嶋口充輝［1986］は，コトラー（Kotler, P.）［1980］に準拠しつつも，図表2-10に示されるように[19]，経営資源の質量という基準によって，市場のポジショニングを，1)リーダー，2)チャレンジャー，3)ニッチャー，4)フォロワー，という4つに類型化した。例えば，リーダー企業

図表2-10 経営資源パラダイムによる競争戦略の定石

相対的経営資源の位置		量			
		大		小	
質	高	リーダー		ニッチャー	
		市場目標	戦略方針	市場目標	戦略方針
		最大シェア 最大利潤 名声イメージ	全方位化	利潤 名声イメージ	集中化
	低	チャレンジャー		フォロワー	
		市場目標	戦略方針	市場目標	戦略方針
		市場シェア	差別化	生存利潤	模倣化

（出所）嶋口充輝［1986］101頁。

第2章 経営環境

は，全方位化という戦略方針に基づいて，市場目標として最大シェアを目指すが，ニッチャー企業は，集中化という戦略方針によって，市場目標として利潤や名声イメージを目指す。実際に，わが国の自動車産業をみてみると，リーダー企業であるトヨタは，全方位化のフルライン戦略によって，自動車市場における最大シェアを目指している（☞『戦略』182-183頁）。

❸ 競争環境に対する取組みと課題

上述した競争環境に対して今後どのように取り組むか，どのような課題があるか，ここでは，①デファクト・スタンダード，②戦略的提携，③模倣困難性，の３つに絞って概観する。

① デファクト・スタンダード：家庭用VTR，パソコンのOSなどの製品分野において，「規格戦争」ともいえる激しい競争が繰り広げられ，デファクト・スタンダード（事実上の業界標準）を獲得し，さらにファミリー形成を実現した勝者は劇的な勝利を得て，敗者は致命的かつ壊滅的ともいえるダメージを被るということが繰り返されてきた。デファクト・スタンダードは，特定の標準化機関によって定められた標準ではなく，市場における競争を通じて標準が決まるという特徴がある。デファクト・スタンダードが経済的な意義を有するのは，製品市場に「ネットワーク外部性」が働く場合である。今日，製品が多機能化・システム化することによって，１人で開発することはもちろんのこと，１社で開発することも次第に困難になりつつある。デファクト・スタンダードの獲得のためには，組織間関係の構築・再構築が重要な必要条件となるであろう（☞『グローバル』228-229頁）。

② 戦略的提携：1980年代の後半以降，石油，化学，繊維，鉄鋼などの業界において，戦略的提携が急速に拡大している。戦略的提携の目的として，1)経営資源の獲得，2)市場アクセス（新市場開拓，新地域開拓など）の獲得，3)規模やスピードの獲得，4)リスクの分散，5)競争のコントロール，などがあげられる。パートナー同士の独立性を保持しながら，お互いに競争優位を築くために，従来の同業種内戦略的提携だけでなく，電気自動車用ニッケル水素蓄電池にみられるように，異業種間戦略的提携の事例も増えつつある（☞

55

『グローバル』233-234頁）。

③　模倣困難性：近年，多くの産業の多くの企業における経営戦略の構成要素の内，従来の経営戦略の主力であった製品・市場戦略からビジネス・システム戦略に重点が移りつつある。ビジネス・システムの評価基準として，1)有効性，2)効率性，3)模倣困難性，4)持続可能性，5)発展可能性，の５つがあげられるが，製品・市場戦略では，有効性，効率性，模倣困難性，持続可能性，発展可能性のいずれにおいても，限界が生じやすい。宅急便，コンビニエンスストアなど，ビジネス・システム戦略による模倣困難性は，今後，競争優位の獲得のためにも欠かせない（☞『戦略』195-196頁）。

1）岸川善光他［2003］6頁。
2）岸川善光［2006］3頁，斎藤毅憲編［2011］75-77頁に基づいて筆者作成。
3）各大学のHPに基づいて筆者作成。
4）金森久雄＝土志田征一編［1991］18頁，景気循環学会＝金森久雄編［2002］77頁，福田慎一＝照山博司［2011］23-24頁，内閣府経済社会総合研究所［2011a］に基づいて筆者作成。
5）同上。
6）日本関税協会［2012］19頁を筆者が一部修正。
7）岸川善光［2006］4頁。
8）植草益＝井手秀樹＝竹中康治＝堀江明子＝菅久修一［2002］238頁，242頁。
9）内閣府編［2011b］11頁。
10）IPCC［2007］訳書11-12頁を筆者が一部抜粋。
11）木村眞人編［1997］3頁。
12）岸川善光［2006］6頁。
13）楠田喜宏［2005］48頁。
14）岸川善光［2006］5頁。
15）経済産業省＝厚生労働省＝文部科学省編［2009］111頁，小林慎和＝高田広太郎＝山下達郎＝伊部和晃［2011］51頁に基づいて筆者作成。
16）Kotler, P.［1984］p.189.
17）岸川善光［2015a］12頁。
18）同上書113頁。
19）嶋口充輝［1986］101頁。

第3章 経営戦略

本章では，経営戦略について考察する。環境対応および環境－経営戦略－組織の適合は，企業の存続・発展の生命線ともいえる。

第一に，経営戦略の意義について考察する。まず，経営戦略の定義について理解する。次に，経営戦略論の生成と発展について理解を深める。さらに，本書で採用する経営戦略の体系について言及する。

第二に，ドメインについて考察する。まず，ドメインの意義について理解する。次いで，ドメイン定義の要件について言及する。さらに，ドメインの再定義について理解を深める。

第三に，製品・市場戦略について考察する。まず，ドメインを具体化する製品・市場戦略の意義について理解する。次に，製品・市場戦略の中核的位置づけを占める多角化について理解を深める。さらに，製品差別化と市場細分化について言及する。

第四に，経営資源の蓄積・配分について考察する。まず，経営資源の意義について理解する。次いで，経営資源の蓄積・配分について理解を深める。さらに，経営資源と経営戦略の関係性について言及する。

第五に，競争戦略について考察する。まず，競争戦略の意義について理解する。次に，競争戦略の基盤となる競争の基本戦略について言及する。さらに，競争環境のダイナミズムについて理解を深める。

第六に，ビジネスシステム戦略について考察する。まず，ビジネスシステム戦略の意義について理解する。次いで，供給連鎖（サプライチェーン）について理解を深める。さらに，垂直的統合と水平的統合について言及する。

1 経営戦略の意義

❶ 経営戦略の定義

　経営戦略の定義について，チャンドラー（Chandler, A.D.Jr.）［1962］，アンゾフ（Ansoff, H.I.）［1965］，ホッファー゠シェンデル（Hofer, C.W.゠Shendel, D.E.）［1978］，石井淳蔵゠奥村昭博゠加護野忠男゠野中郁次郎［1996］，大滝精一゠金井一頼゠山田英夫゠岩田智［1997］，野中郁次郎［2002a］など，多くの研究者による先行研究が，すでに数多く蓄積されている。

　これらの経営戦略の定義には，多種多様な概念が混在しているが，岸川善光［2006］は，これらの共通項を整理して，「経営戦略とは，企業と環境との関わり方を将来志向的に示す構想であり，組織構成員の意思決定の指針となるものである[1]」と定義している。本書では，この定義に基づいて議論を進める。

　経営戦略に関する本書の定義には，①企業と環境との関わり方（☞『戦略』12-16頁），②将来志向的な構想（☞『戦略』17-21頁），③意思決定の指針（☞『戦略』22-28頁），という３つのポイントが含まれている。

　経営戦略において，環境－経営戦略－組織の適合（fit）は，生命線の１つといえよう。企業と環境との関わり方は，第２章（経営環境）で考察した経営環境と企業の経営活動との関係性に他ならない。第２章で述べたように，企業と環境の関係は，一般に相互に影響しあう関係にある。企業は「生き物」として環境の変化に対応しなければならない。ところで，この環境の変化に対応するパターンとして，図表3-1に示されるように[2]，①環境適応，②環境創造，の２つがあげられる。

① 　環境適応：環境の変化を受けて，企業がその行動を事後的に変えることである。そこでは，環境の変化を認識し，環境変化への対応策を策定し，具体的に環境変化に対応するという手順が踏まれる。従来，環境対応という場合，この環境適応のことをさすことが多かった。

第3章 経営戦略

図表3-1 環境対応（環境適応と環境創造）

（出所）岸川善光［2002］43頁，岸川善光［2006］7頁。

② 環境創造：環境創造とは，企業が環境そのものを主体的に創造することである。例えば，リサイクル技術を開発し，リサイクルの重要性を広く社会に提案して，リサイクル・ビジネスを創出した企業の事例はこの環境創造に該当する。

上述したように，企業と環境との相互作用に基づく新たな関係づくりのパターンが，時と場合によって，環境適応であったり環境創造であったりする。経営戦略は，企業と環境の関わり方を規定するので，環境－経営戦略の適合は，経営の根幹にかかわる極めて重要な課題であるといえよう。

❷ 経営戦略論の生成と発展

経営戦略論は，①経営戦略論の生成（1960年代），②分析型経営戦略論（1970年代），③プロセス型経営戦略論（1980年代），④情報創造型経営戦略論（1990年代），⑤社会調和型経営戦略論（2000年代），という発展過程を経て，今も重層的に発展している。経営戦略論は，生成以来まだ半世紀ほどの若い学問分野であるが，すでに経営学における中核分野の1つとして位置づけられている。

① 経営戦略論の生成（1960年代）：1960年代の米国企業は，既存事業の成長率の低下という環境変化に直面し，事業分野の多角化が急速に進展した時代である。1960年代の経営戦略論の生成期において，経営戦略の中心的な課題は多角化の問題であった。チャンドラー（Chandler, A.D.Jr.）［1962］の経営戦

略と組織構造の関係，アンゾフ（Ansoff, H.I.）［1965］の意思決定の種類，スタイナー（Steiner, G.A.）［1969］の長期経営計画，などが生成期における代表的な業績である。しかし，これらの生成期における経営戦略論は，理論的にはまだ科学的・実証的な検証を受けたものではなく，初期の概念化の段階に留まっている（☞『戦略』30-33頁）。

② 分析型経営戦略論（1970年代）：1970年代に入り，多角化戦略によって多様化した事業分野に対して，経営資源を有効に配分するための指針が求められた。それらに対応するために，経験曲線，PPM（プロダクト・ポートフォリオ・マネジメント），PIMS（Profit Impact of Market Strategy）などの分析型経営戦略論が進展した。分析型経営戦略論には，1）合理性の追求，2）操作性の追求，の2つの特徴がある。分析型経営戦略論には，分析マヒ症候群と揶揄されるような様々な限界も数多く指摘されている（☞『戦略』33-38頁）。

③ プロセス型経営戦略論（1980年代）：1970年代の後半から1980年代にかけて，企業と環境との相互作用，企業内部のダイナミックな相互作用のプロセスを通じて，創発的に形成されるプロセス型経営戦略論が台頭した。プロセス型経営戦略論の契機として，ピーターズ=ウォーターマン（Peters, T.J.=Waterman, R.H.）［1982］の『エクセレント・カンパニー』があげられる。さらに，ハメル=プラハラード（Hamel, P.=Prahalad, C.K.）［1994］の『コア・コンピタンス経営』，コリンズ=ポラス（Colins, J.=Porras, J.）［1994］の『ビジョナリー・カンパニー』など，能力ベース経営（competence-based management）といわれる一連の研究へと継承された。プロセス型経営戦略論には，経営戦略と組織との相互浸透モデル，戦略的経営なども含まれる（☞『戦略』39-44頁）。

④ 情報創造型経営戦略論（1990年代）：1980年代後半から1990年代にかけて，「情報創造」と「自己組織化」の2つの鍵概念を用いて，イノベーションを経営戦略論に明示的に取り入れた情報創造型経営戦略論が進展した。情報創造型経営戦略論では，情報創造パラダイムや知識創造パラダイムが重視された。また，野中郁次郎［1986］（今井賢一編［1986］，所収）による組織的情報創造プロセスなど，知識創造プロセスが多角的に研究された。情報創造型経営戦略論は，価値ある情報を創造すること（イノベーション）によって，企

業の生命（存続・発展）を維持することに主眼がおかれた（☞『戦略』44-52頁）。

⑤　社会調和型経営戦略論（2000年代）：2000年代以降，経営戦略に「戦略的社会性」という観点が実務的にも理論的にも「時代の要請」として取り入れられ始めた。この背景には，社会貢献，社会満足，企業倫理，社徳など，社会調和型経営戦略論で重視する「戦略的社会性」の追求が，実は「市場性」「営利性」の追求と矛盾しないという現実がある。社会調和型経営戦略論では，企業の社会的責任が積極的に研究された。また，「企業と社会」の両立についても多面的に研究されている（☞『戦略』53-59頁）。

❸ 経営戦略の体系

本項では，経営戦略の体系について，①全体戦略と個別戦略，②経営戦略の構成要素，③経営戦略の策定と実行，④経営戦略の構成要素の適合性，⑤経営戦略論の位置づけ，という5つの観点から考察する。

全体戦略と個別戦略では，全体戦略（ドメイン，事業ポートフォリオ戦略）と個別戦略（事業戦略，機能別戦略）の関連性が，理論的にも実務的にも重要な課題となる（☞『戦略』62-66頁）。

経営戦略の構成要素では，図表3-2に示されるように[3]，アンゾフ［1965］，ホッファー=シェンデル［1978］，石井淳蔵=奥村昭博=加護野忠男=野中郁次郎［1996］，大滝精一=金井一頼=山田英夫=岩田智［1997］など，すでに多くの研究者による先行研究が，数多く蓄積されている。

蓄積された先行研究の異同点分析に基づいて，本書では，経営戦略の構成要素として，①ドメイン，②製品・市場戦略，③経営資源の蓄積・配分，④競争戦略，⑤ビジネスシステム戦略，の5つの要素を選択する。

①　ドメイン：自社の事業領域は何か，自社の事業は何か，自社の事業の再構築をいかに行うか，など（☞『戦略』87-112頁）。

②　製品・市場戦略：どのような製品・市場分野を選択するか，どのようなセグメンテーション（具体的には，製品差別化，市場細分化）を行うか，新製品開発，新市場開拓をいかに行うか，など（☞『戦略』113-138頁）。

③　経営資源の蓄積・配分：必要な経営資源をどのように蓄積するか，限られ

図表3-2	経営戦略の構成要素				
	アンゾフ [1965]	ホッファー= シェンデル [1978]	石井淳蔵他 [1996]	大滝精一他 [1997]	岸川善光 [2006]
①ドメイン	―	○	○	○	○
②製品・市場戦略	○	―	―	―	○
③経営資源の 　業績・配分	―	○	○	○	○
④競争戦略	○	○	○	○	○
⑤ビジネス 　システム戦略	―	―	○	―	○
⑥その他				創造性 社会性	創造性 革新性 社会性

(出所)　岸川善光［2006］69頁。

た資源を何にどのように配分するか，独自の資源展開によってどのようなコア・コンピタンスを形成するか，など（☞『戦略』139-162頁）。

④　競争戦略：誰を競合企業とするか，何を競争力の源泉として戦うか，競争力をどのように利用するか，競争力をいかに効率的につくるか，など（☞『戦略』163-188頁）。

⑤　ビジネスシステム戦略：ビジネスシステムをいかに構築するか，組織間（企業間）関係をどのように構築するか，など（☞『戦略』189-223頁）。

　経営戦略の策定と実行では，経営戦略の策定プロセス，経営戦略の策定，経営戦略の実行，が重要な研究課題となる（☞『戦略』72-77頁）。

　経営戦略の構成要素の適合性では，戦略的適合（strategic fit）の意義，戦略要素の適合，不均衡ダイナミズム，が重要な課題である（☞『戦略』77-82頁）。

　経営戦略論の位置づけとしては，経営学における経営戦略論の位置づけ，経営戦略論の隣接諸科学，ビジネス・スクールにおける経営戦略論の位置づけ，が研究課題として取り上げられる（☞『戦略』82-86頁）。

第3章 経営戦略

2 ドメイン

❶ ドメインの意義

　上述したように，ドメインの課題は，自社の事業領域は何か，自社の事業は何か，自社の事業の再構築をいかに行うか，などである。少し詳しくみてみよう。ドメイン（domain）とは，一般的には，領土・範囲・領域など，地理的な概念を表す言葉である。生物でいえば，生活空間，生存空間などを意味する。企業の場合，榊原清則［1992］は，「組織体がやりとりをする特定の環境部分のことをドメインという[4]」と定義している。すなわち，その企業の活動領域，存在領域，事業領域，事業分野のことをドメインという（☞『戦略』88頁）。

　オープン・システムである企業の場合，環境との関わりを通じてのみ，その存続・発展が可能になるので，特定の環境部分すなわちドメインを主体的に設定することは，企業の存続・発展にとって極めて重要なことである。

　ドメインを設定することによる効果として，①その企業に関するアイデンティテイ（同一性）の規定，②組織構成員の努力やエネルギーの方向づけ，③企業が事業を推進する上で，必要とされる経営資源に関する指針の提示，などがあげられる（☞『戦略』88-89頁）。

　ドメインの概念は，様々な分析レベルで適用される。具体的には，対象とするレベルが企業の場合，企業ドメイン（corporate domain）といい，その企業の活動領域，存在領域，事業領域，事業分野を指す。また，対象とするレベルが事業の場合，事業ドメイン（business domain）といい，事業レベルの活動領域，存在領域，事業領域，事業分野を指す（☞『戦略』89-92頁）。

　企業ドメインとは，その企業の特定の環境部分を主体的に設定することであり，企業の目的・使命に関する基本的な答を出すことである。すなわち，その企業の将来のあるべき姿，その目指すべき方向に関する基本的な考え方といえよう。また，最も典型的な事業ドメインは，①誰に，②何を，③どのように提

63

供するか，という3つの要素に基づいて定義されることが多い。エーベル（Abell, D.F.）［1980］は，①企業が対応すべき顧客層，②企業が充足すべき顧客ニーズ（顧客機能），③企業が保有する技術，の3次元モデルを提示した[5]。

❷ ドメイン定義の要件

レビット（Levitt, T.）［1960］は，「マーケティングの近視眼（marketing myopia）」という有名な論文の中で，ドメインの定義が企業の成長にとって決定的な役割を果たしているという事例を紹介している。レビット［1960］によれば，企業の成長が停滞する要因として，市場の飽和よりもむしろ経営者によるドメイン定義の失敗に起因することが多いという。

レビット［1960］は，米国の鉄道会社が凋落した原因は，旅客や貨物輸送の需要が減少したからではなく，鉄道だけでは輸送需要が充たされなくなった結果として生じたものである，と述べている。

すなわち，鉄道会社の斜陽化した原因は，鉄道会社が自らの事業を輸送事業と定義せずに，鉄道事業と定義したために，自社の顧客をむざむざ航空機，乗用車，トラック，船舶など他の輸送会社に奪われたのである（☞『戦略』93頁）。

ドメインの定義は，①物理的定義，②機能的定義，の2つの方法に大別される。望ましいドメイン定義を考える場合，この2つの方法の特徴について熟知しておく必要がある（☞『戦略』92-94頁）。

物理的定義とは，既存の製品に基づいて，しかもその物理的実体に着目したドメイン定義のことである。図表3-3に示されるように[6]，1/4インチのドリル，

図表3-3　物理的定義と機能的定義

物理的定義	1/4インチの ドリル	鉄道会社	映画会社	バレンタイン・ チョコレート
機能的定義	1/4インチの穴	輸　送	娯　楽	愛

（出所）Levitt, T. ［1960］などを参考にして筆者作成。

鉄道会社，映画会社，バレンタイン・チョコレートなどがその事例である。物理的定義は，カバーする事業の領域や範囲が空間的にみても限定的で狭く，時間的にみても限定的で，変化や発展の方向性を示すことが困難な，いわゆる「マーケティングの近視眼」的な定義の方法である。

機能的定義とは，製品や技術そのものではなく，製品や技術がどのような機能を顧客に提供するかという顧客志向の視点にたって，ドメインを定義する方法である。図表3-3に示されるように，1/4インチの穴，輸送，娯楽，愛が，顧客の視点からみた機能，ニーズ，価値であり，このような視点からドメインを定義することを機能的定義という。

上述したレビット［1960］の鉄道会社の事例に焦点を絞ると，鉄道（railroad）は，物理的定義の典型であり，輸送（transportation）は，機能的定義の典型である。このように，レビット［1960］は，物理的定義よりも機能的定義を推奨し，製品よりも顧客機能を重視すべきことを主張した。

❸ ドメインの再定義

上述したエーベル［1980］の三次元モデル（①顧客層，②顧客機能，③技術）も，あるいは，榊原清則［1992］の三次元モデル（①空間の広がり，②時間の広がり，③意味の広がり）も，ドメイン定義の要件は，企業の成長に伴って変化する。企業の長期的な存続・発展を考えると，ドメイン定義の要件は，変化することこそ常態であるともいえよう（☞『戦略』94-97頁）。

近年，わが国では，ほとんどの産業において，ドメインの変化として，①ハードからソフトへ，②川上化から川下化へ，③マス化からファイン化へ，という潮流が観察される。

日本企業の事例をみてみよう。富士写真フィルムは，フィルム製造・販売からI＆I（イメージング＆インフォメーション）へ，日本電気（NEC）は，通信機器製造・販売からC＆Cへ，東芝は，重電機器製造・販売からE＆Eへと，ドメインの再定義を行っている。いずれの企業においても，物理的定義から機能的定義に転換していることが読み取れる。ただし，すべてが成功しているわけではない（☞『戦略』100-101頁）。

米国企業の事例をみてみよう。IBMは，コンピュータ製造・販売から問題解決（problem solving）へ，Wal-Martは，ディスカウントストアから顧客の生活に貢献へ，Walt Disneyは，娯楽提供から創造性と夢へと，ドメインの再定義を行っている。米国企業においても，物理的定義から機能的定義に転換しつつあることが読み取れる（☞『戦略』101-102頁）。

3 製品・市場戦略

❶ 製品・市場戦略の意義

企業活動の基本は，特定の製品（サービスを含む）を，特定の市場に提供して，その対価を得ることであるといえる。現在の製品・市場が企業に安定した利益をもたらしていても，環境の変化によって，いつ売上・利益が減少するとも限らない。そのような事態に備えて，将来どのような事業分野において，どのような製品を，どのような市場に提供するか，を決定するのが製品・市場戦略（product-market strategy）である。具体的には，製品分野と市場分野との組合せを決定し，製品・市場構造そのものを決定する（☞『戦略』114頁）。

製品・市場戦略を策定する上で，現在の製品・市場を基点にして，将来の方向を検討するスタイナー（Steiner, G.A.）[1979] の製品・市場マトリックスは，極めて有用なツールである。製品・市場マトリックスは，製品および市場について，①現在，②関連あり，③関連なし，の３つに区分される[7]。現在の製品・市場分野では，共通する経営資源を利用できるのでリスクは低いが，関連のない製品・市場分野でのリスクは極めて高い。

ここで，リスクについて簡潔にレビューする。リスクには，①企業発展の機会という側面，②企業存続にとって脅威，という２つの側面がある。この製品・市場マトリックスは，まさにリスクを機会とみるか脅威とみるかのツールである。スタイナー [1979] の製品・市場マトリックスでいえば，現在および関連する分野において比較的リスクが低いのは，共通の経営資源（共有経営要素）

を効果的に利用できるからに他ならない。

アンゾフ［1965］は，このような共通の経営資源（共有経営要素）を有機的に結合することによって生まれる効果をシナジー（synergy）と呼んだ。シナジーとは，いわば相乗効果のことである。シナジーは，通常，次の４つに区分される[8]。

① 販売シナジー：新事業分野（製品・市場）に進出するにあたって，現在の流通経路，販売組織，広告・宣伝，販売促進，ブランド・イメージなどの利用によって生まれる相乗効果。

② 生産シナジー：新事業分野（製品・市場）に進出するにあたって，現在の生産設備（工場，機械，工具など），原材料，技術ノウハウになどの利用によって生まれる相乗効果。

③ 投資シナジー：新事業分野（製品・市場）に進出するにあたって，現在の工場，機械・設備などの利用によって生まれる相乗効果。

④ 経営管理シナジー：新事業分野（製品・市場）に進出するにあたって，現在の経営管理者が現在の事業で身につけた経営管理ノウハウ，スキルなどの利用によって生まれる相乗効果。

製品・市場戦略では，どの製品分野，どの市場分野に進出するかの決定は極めて重要である。アンゾフ［1965］は，図表3-4に示されるように[9]，製品と市場をそれぞれ現有分野と新規分野に分け，その組合せによって，①市場浸透戦略，②市場開発戦略，③製品開発戦略，④多角化戦略，の４つの製品・市場分野をあげている。アンゾフ［1965］は，これを成長ベクトルと呼んだ。成長ベ

図表3-4　成長ベクトル

市場＼製品	現	新
現	市場浸透	製品開発
新	市場開発	多 角 化

（出所）　Ansoff, H.I.［1965］訳書137頁。

クトルは，現在の製品・市場分野との関連を踏まえて，企業がどの方向に進む
かを決定するツールである。

① 市場浸透戦略（market penetration strategy）：現有の製品・市場にとどまり，
　　売上を伸ばし，シェア（市場占有率）を高めていく戦略のことである。

② 市場開発戦略（market development strategy）：現有の製品で新たな市場を
　　開拓して，成長の機会を見出していく戦略のことである。

③ 製品開発戦略（product development strategy）：現有の市場に対して新製品
　　を投入して，売上の増大を図る戦略のことである。

④ 多角化戦略（diversification strategy）：製品，市場ともに新たな分野に進出
　　し，そこに成長の機会を求める戦略のことである。具体的には，技術開発，
　　業務提携，M＆A（合併・買収）などがあげられる。

❷ 多角化戦略

多角化戦略とは，上述したように，製品，市場ともに新たな分野に進出し，
そこに成長の機会を求める戦略のことである。

多角化は，共通の経営資源（共有経営要素）をもたない分野に進出するので
リスクも大きい。多角化の動機は企業ごとに異なるものの，一般的に，次の3
つに集約することができよう。

① 製品のライフサイクル：製品にはライフサイクルがあるので，主力の単一
　　製品だけに依存していると，その製品が衰退期に近づき需要が減退するに伴
　　って，企業の存続そのものが危うくなる。

② 利益の安定：業界内での競争の激化，代替品の出現による需要減退など様々
　　な競争要因によって，安定的に利益を確保することは極めて困難である。そ
　　こで，安定的な利益の確保を目指して，異なる業界や異なる分野の製品・市
　　場分野に進出する。

③ 余剰資源の活用：企業活動を通じて，どの企業にも未利用経営資源が蓄積
　　される。具体的には，経営ノウハウ，ブランド，顧客の評判などが未利用経
　　営資源の例としてあげられる。

このように，多角化の動機を考察すると，多角化は企業成長の機会だけでは

なく，企業存続の脅威に対するリスクヘッジ（危険分散）としての役割も大きいことが分かる。

多角化戦略には，いくつかのタイプがある。アンゾフ［1965］は，多角化のタイプとして，①水平型多角化（例えば，自動車メーカーがオートバイやクルーザーに進出する多角化など），②垂直型多角化（例えば，素材メーカーが完成品の分野に進出する多角化など），③集中型多角化（例えば，洋酒メーカーが醸造技術を応用してバイオ関連の薬品分野に進出する多角化など），④集成型＝コングロマリット型多角化（例えば，鉄鋼メーカーが水産養殖業に進出する多角化など），の４つに分類している[10]（☞『戦略』119-122頁）。

多角化を本業と新事業との関連で分類すると，「関連型多角化」と「非関連型多角化」の２つに大別される。関連型多角化（related diversification）とは，既存事業と新事業との間に，製品の用途，生産技術，流通チャネル，マネジメント・ノウハウなどを共有し，シナジーの実現を目指す多角化のことである。他方，非関連型多角化（unrelated diversification）とは，外部の経営資源をM＆Aなどの手段によって獲得する事例にみられるように，既存事業と新事業のシナジーを特に考慮することなく推進する多角化のことである。

関連型多角化と非関連型多角化のパフォーマンスの実態について，ルメルト（Rumelt, R.P.）［1974］や吉原英樹＝佐久間昭光＝伊丹敬之＝加護野忠男［1981］などの実証研究によれば，一般的に，「関連型多角化」のほうが，「非関連型多角化」よりもパフォーマンスが高いことが分かる（☞『戦略』121頁）。

❸ 製品差別化と市場細分化

製品・市場戦略において，コトラー（Kotler, P.）［1989b］，コトラー＝アームストロング（Kotler, P.＝Armstrong, G.）［2001］，アーカー（Aaker, D.A.）［1984］らの指摘を待つまでもなく，製品一般，市場一般を対象とした漠然とした戦略では，製品・市場戦略の所期の効果を実現することはほとんど期待できない。特定の顧客ニーズ，標的市場，標的業界を絞り込むことが不可欠である。製品・市場戦略を効果的ならしめるためには，製品，市場，業界について，複数のセグメント（segment）に分割することがその前提となる。すなわち，製品・市

場戦略には，①製品差別化，②市場細分化，の２つが必要不可欠である（☞『戦略』123-128頁）。

製品差別化（product differentiation）とは，製品の品質，性能，包装，販売経路，サービスなど，製品の特性を基準として，他社の製品と差異をつけて，顧客に異なる製品であることを認識させることである。最近では，差別化という用語の他に，区別化，差異化などの類似用語が用いられることもある。製品差別化は，企業すなわち供給側の多様性と異質性を認識することによって，競合企業に対する製品面における差別優位性を実現しようとする戦略的概念である（☞『戦略』125頁）。

市場細分化（market segmentation）とは，市場全体を複数のセグメントに分類することである。市場細分化は，市場すなわち需要側における多様性と異質性を認識することによって，コトラー［1989b］が指摘するように，様々な細分化＝セグメンテーション（segmentation）の基準に基づいて，市場をいくつかの顧客別のセグメント（部分集合）に分割することである。市場細分化に必要な要素としては，①規模（広がり），②類似性，③測定可能性，④接近可能性，⑤防御可能性などがあげられる。

市場細分化を行う場合，どのような細分化の基準を選択するか，が最も重要な課題である。細分化の基準としては，顧客のタイプ，顧客に求められる機能・性能，価格に対する敏感さ（センシティビティ），用途，ブランド・ロイヤルティ，ブランド知覚などがあげられる。さらに，人口統計的なデータに基づいた顧客の一般的な分類基準として，地域，所得水準，規模，業種，年齢，性別，職業などが考えられる（☞『戦略』125-127頁）。

4 経営資源の蓄積・配分

❶ 経営資源の意義

経営資源とは，企業活動を行う上で必要な資源や能力のことである。経営資

源は，一般的に，①ヒト，②モノ，③カネ，④情報，の４つに区分される。近年では，経営資源における情報（ブランド，技術，ノウハウ，企業イメージ，顧客の信用など）の重要性が急速に増大している。

また，経営資源は，外部からの調達が容易であるか否かによって，①可変的資源（ヒトでは未熟練工，モノでは原材料など，外部から比較的容易に調達できる資源），②固定的資源（ヒトでは熟練工，情報では組織風土・ブランドなど，外部から調達することが難しく自社で蓄積しなければならない資源），の２つに大別される（☞『戦略』140-141頁）。

この経営資源をどのように蓄積し，何にどのように配分するか，という経営資源に関する組合せは，経営戦略において極めて重要である。経営資源の蓄積・配分に関する組合せのことを経営資源ポートフォリオという（☞『戦略』141-142頁）。

企業は，ペンローズ（Penrose, E.T.）［1959, 1980］が指摘したように，ヒト（人的資源），モノ（物的資源），カネ（資金的資源），情報（情報的資源）という有形・無形の「経営資源の集合体」であるということができる。これらの経営資源の内，未利用資源の有効活用は，競争優位の源泉になることが多いので，経営戦略において重要な課題である（☞『戦略』143-144頁）。

❷ 経営資源の蓄積・配分

経営資源の蓄積・配分には，考慮すべき重要な基礎的条件がある。紙幅の制約上，①経験曲線効果，②プロダクト・ライフサイクル，③限界収穫，④PPM（プロダクト・ポートフォリオ・マネジメント），の４つに絞って概観する。

① 経験曲線効果：経験曲線とは，「製品の累積生産量（経験）が２倍になると，単位当たりコストが20〜30％低減する」という経験則のことである。なお，累積生産量（経験）が倍増することによって得られるコスト低減効果のことを「経験曲線効果」という。例えば，累積生産量が８倍になると，単位当たりコストはほぼ半分になるので，競合企業に対して圧倒的な競争優位を獲得することができる。経営資源の蓄積・配分において，経験曲線効果の実現を可能にする経営資源の蓄積・配分が欠かせない（☞『戦略』144-145頁）。

② プロダクト・ライフサイクル：製品には，人間と同じように寿命がある。製品の寿命，すなわち製品が開発されてから衰退するまでの一連のプロセスのことをプロダクト・ライフサイクルという。プロダクト・ライフサイクルは，図表3-5に示されるように[11]，1)開発期，2)導入期，3)成長期，4)成熟期，5)衰退期，の5つのフェーズ（段階）に区分される。

　プロダクト・ライフサイクルは，経営戦略上重要なキャッシュフローと密接な関係性を有する。キャッシュフローとは，文字通り現金の流れであり，現金流入の場合をキャッシュ・インフローと呼び，現金流出の場合をキャッシュ・アウトフローと呼ぶ。プロダクト・ライフサイクルの初期（開発期，導入期）では，開発費や広告宣伝費などのキャッシュ・アウトフローが発生し，キャッシュ・インフローはまだ多くない。衰退期では，キャッシュ・インフローが低下するものの，キャッシュ・アウトフローも大幅に低減する。

　このように，プロダクト・ライフサイクルとキャッシュフローとの間には極めて重要な関係性があるので，プロダクト・ライフサイクルのフェーズ（段階）ごとに，フェーズ（段階）の位置づけ・特性を踏まえたキャッシュフロー・マネジメントを行うことが必要不可欠である（☞『戦略』145-147頁）。

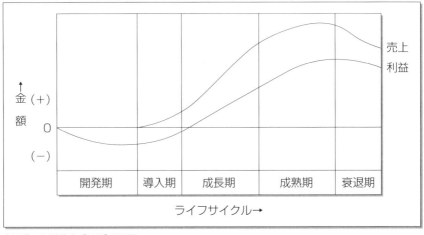

図表3-5　プロダクト・ライフサイクル

（出所）　岸川善光［1999］108頁。

③　限界収穫：限界収穫とは，限界産出量／限界投入量のことである。具体的には，生産要素の単位当たり投入量（限界投入量）を増大したとき，単位当たり産出量（限界産出量）が減少する場合，「限界収穫逓減」という。逆に，単位当たり産出量（限界産出量）が増大する場合，「限界収穫逓増」という。

　　従来，多くの企業が支配されてきたのは，「限界収穫逓減」の法則である。例えば，ヒト（人的資源）は，疲労などの理由によって，限界収穫が低減する。モノ（物的資源）は，故障などの理由によって，限界収穫が逓減する。カネ（資金的資源）は，模倣などの理由によって，限界収穫が逓減する。

　　しかし，情報（情報的資源）の場合，資源としての特性が，ヒト（人的資源），モノ（物的資源），カネ（資金的資源）とは異なるので，疲労，故障，模倣などの理由で，一義的に限界収穫が低減するとは限らない。むしろ，「限界収穫逓増」の事例が，情報産業をはじめとして多くの産業において観察されている（☞『戦略』145-147頁）。

④　PPM（プロダクト・ポートフォリオ・マネジメント）：PPM（プロダクト・ポートフォリオ・マネジメント）とは，多角化した事業，製品・市場分野に対する経営資源の配分を適正化する手法のことであり，一般に，PPMと略称される。具体的には，企業全体を事業，製品のポートフォリオ（製品一覧表）として捉え，各事業，各製品に投下される経営資源の必要度，優先度などを，ポートフォリオのマトリックスを用いて総合的に分析して，経営資源の選択と集中を図る。

　　PPMの主な目的は，経営資源の配分（特に，事業間の経営資源配分）を適正化することにある。上述した経験曲線効果とプロダクト・ライフサイクルを基礎的条件としていることはいうまでもない。

　　PPMの手法には，ボストン・コンサルティング・グループ，マッキンゼなど，開発したコンサルティング会社によって，いくつかの種類がある。例えば，ボストン・コンサルティング・グループのPPMは，図表3-6に示されるように[12]，横軸にシェア（市場占有率），縦軸に市場成長率をとり，それらを組み合わせて，1)花形製品，2)金のなる木，3)問題児，4)負け犬，という4つの象限に区分した。4つの象限は，それぞれ事業特性が異なるので，

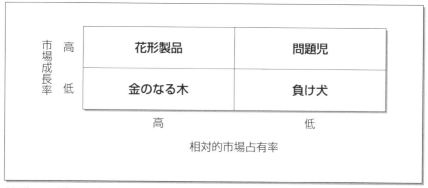

(出所) アベグレン=ボストン・コンサルティング・グループ編［1977］71頁。

キャッシュフロー・マネジメントのあり方も当然ながら異なる。PPMが大流行した分析型経営戦略論（1970年代）の全盛期に，PPMを製品・市場戦略そのものとみる誤解が一時広まったが，PPMは，製品・市場戦略そのものではなく，キャッシュフロー・マネジメントのツールであることを正しく認識すべきである（☞『戦略』35-37頁，『戦略』148-152頁）。

PPMで用いられる特定の事業，製品を中心とした戦略策定のための組織単位のことをSBU（Strategic Business Unit：戦略事業単位）という。SBUは，GE社でPPMを導入する際に導入されて以来，世界各国に普及した。SBUは，1)自己完結性，2)認識可能性，3)競合存在性，などいくつかの要件を充たす必要がある（☞『戦略』148頁）。

❸ 経営資源と経営戦略の関係性

企業活動のあらゆる局面において，経営資源の裏づけがなければ企業活動は成り立たない。特に，技術資源（固有技術，管理技術，情報通信技術など）は，企業活動において必要不可欠である。技術資源の裏づけがない経営戦略は，砂上の楼閣にすぎない。その意味で，技術資源と経営戦略は密接な関係性があるといえよう（☞『戦略』152-154頁）。

経営資源の内，伊丹敬之［2003］など多くの研究者が主張するように，技術

開発力，熟練，ノウハウ，特許，ブランド，顧客の信頼，顧客情報の蓄積，組織風土などの「見えざる資産」（情報的資源）は，経営戦略において，近年ますますその重要性が増大しつつある。見えざる資産は，競争優位の源泉，変化対応力の源泉，将来の事業基盤など，従来の経営資源とは大きく異なる特性を有している（☞『戦略』154-156頁）。経営戦略におけるブランドや特許の重要性もますます増大している。

　上述したように，近年，経営資源の観点から経営戦略について考察する機会が増大しつつある。このような観点を，リソース・ベースト・ビューという。ルメルト（Rumelt, R.P.）［1974］の「関連型多角化」「非関連型多角化」，ハメル=プラハラード（Hamel, P.=Prahalad, C.K.）［1994］の「コア・コンピタンス」，コリス=モンゴメリー（Collis, D.J.=Montgomery, C.A.）［1998］の「価値創造ゾーン」，などの経営資源と経営戦略に関連した研究が，バーニー（Barney, J.B.）［2002］の「リソース・ベースト・ビュー」として集大成されたといえよう。

5 競争戦略

❶ 競争戦略の意義

　競争戦略（competitive strategy）とは，岸川善光［2006］によれば[13]，「特定の事業分野，製品・市場分野において，競合企業に対して，持続可能な競争優位（sustainable competitive advantage）を獲得するために，環境対応のパターンを将来志向に示す構想であり，組織構成員の指針となるものである」。

　競争戦略では，「競合企業に対して，いかに持続可能な競争優位を獲得するか」ということが最も重要である。そのためには，下記の4点が課題となる（☞『戦略』164-165頁）。

① 競合企業の選択：競争戦略では，まず「誰を競合企業とするか」を選択しなければならない。近年では，競合企業は，同一製品・類似製品の生産者だけではなく，代替品の生産者，潜在的代替品の生産者など，その範囲が拡大

しつつある。

② 競争力の源泉：競争戦略において，「何を競争力の源泉として戦うか」ということは，極めて重要な課題である。競争力の源泉は，企業が顧客のために創り出す価値である。価値は，顧客が喜んで払ってくれる対価であり，基本的には，同等の便益を競合企業よりも安い価格で提供するか，あるいは競合企業の製品・サービスと比べて顧客にとって魅力のある特異性をもった便益を提供するか，の2つに大別される。

③ 競争力の活用：競争戦略において，「競争力をどのように活用するか」ということも重要である。競争の方法，場，タイミングを考慮しつつ，競争力を活用することによって，競争優位の獲得という所期の目的を実現することができる。

④ 競争力の構築：競争戦略において，「競争力をいかに効率的につくるか」ということは，競争戦略の根源的な課題である。競争力の源泉である価値は，製品，価格，ブランドなど製品に直接的に関連するもののみならず，近年では，ビジネスシステム，企業文化など，多くの要素が考えられる。

競争優位の獲得において，産業内における企業のポジショニングを重視する「ポジション・スクール」という学派が存在する。「現代の孫子」といわれ，経営戦略論の世界的権威で，かつ「ポジション・スクール」の代表ともいえるポーター（Porter, M.E.）[1980] によれば，業界の魅力度と業界内の競争的地位が収益性を規定するという。ポーター[1980] は，「業界の収益性を規定する5つの要因」として，①新規参入の脅威，②代替品（製品・サービス）の脅威，③買い手の交渉力，④売り手の交渉力，⑤業者間の敵対関係，の5つをあげている[14]。すなわち，業界の収益力は，業界内だけでなく，業界の外にある環境要因も大きく影響することを示している（☞『戦略』166-167頁）。

競争戦略では，持続可能な競争優位の獲得がその主眼となるが，そもそも持続可能な競争優位は，何によって獲得することができるのであろうか。ホッファー=シェンデル（Hofer, C.W.=Shendel, D.E.）[1978] は，①製品・市場のポジショニング，②独自の資源展開，の2つによって可能であると述べている[15]。サローナー=シェパード=ポドルニー（Saloner, G.=Shepard, A.=Podolny, J.）[2001]

第3章 経営戦略

は，持続可能な競争優位の獲得は，①ポジションを基盤とする優位性，②組織
能力を基盤とする優位性，の2つによって可能であると指摘している[16]。

　上述した①ポジションを基盤とする優位性，②組織能力を基盤とする優位性
は，相互に密接に関連しながら企業に競争優位性をもたらすことが多い。換言
すれば，ポジションだけでも，また組織能力だけでも，単独では持続可能な競
争優位の獲得はなかなか困難であろう（☞『戦略』167-169頁）。

　また，第2章の競争環境の節でも述べたが，企業をまるごと捉えても，競争
優位を獲得することはできない。競争優位は，企業におけるすべての個別的な
機能（活動）の中から生まれる。具体的には，それぞれの個別的な機能（活動）
のコスト・ビヘイビア，差別化などによって，競争優位を獲得することができ
る。そのためのフレームワーク（分析枠組み）として，ポーター［1985］が提
唱したのが価値連鎖（value chain）である（☞『戦略』169-171頁）。

　価値連鎖は，図表3-7に示されるように[17]，主活動（①購買物流，②製造，

図表3-7　価値連鎖の基本形

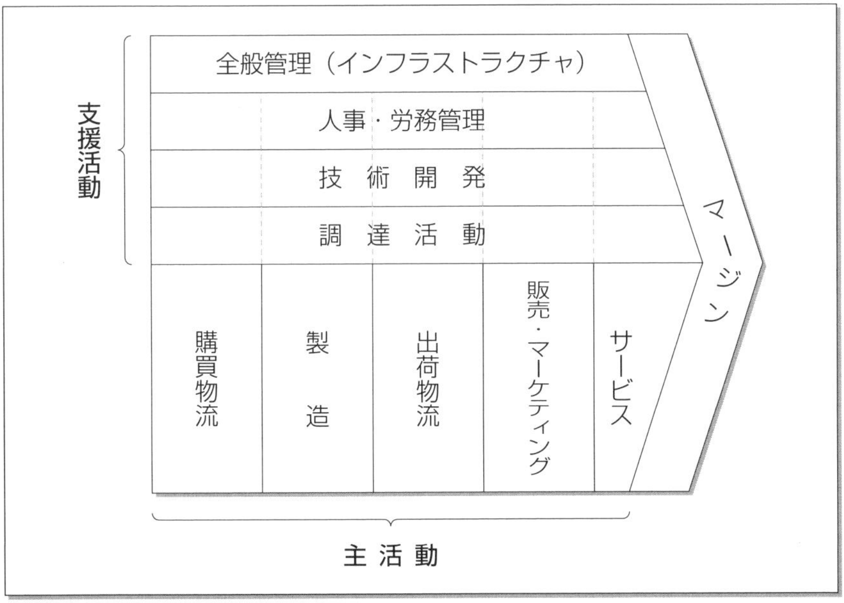

（出所）　Porter, M.E.［1985］訳書49頁。

③出荷物流，④販売・マーケティング，⑤サービス）と，支援活動（①全般管理，②人事・労務管理，③技術開発，④調達活動），の2つによって構成される。なお，ここで価値とは，「顧客が企業の提供するものに進んで支払ってくれる金額のことである[18]」。ちなみに，価値連鎖は，企業間価値連鎖である「価値システム」の1つのサブシステムとして位置づけられる（☞『戦略』171-172頁）。

❷ 競争の基本戦略

ポーター［1980］は，図表3-8に示されるように[19]，競争優位のタイプおよび顧客ターゲットの範囲という2つの観点を組み合わせて，競争の基本戦略として，①コスト・リーダーシップ戦略，②差別化戦略，③集中戦略，の3つをあげている。以下，3つの競争の基本戦略について概観する。

① コスト・リーダーシップ戦略（cost Leadership strategy）：同一製品・サービスを，競合企業と比較して低コストで生産し，コスト面で優位性を確保す

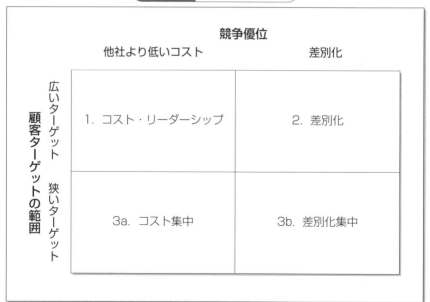

図表3-8　競争の基本戦略

（出所）　Porter, M.E.［1980］訳書61頁。

第3章 経営戦略

るという戦略である。この戦略は，主として「経験曲線効果」を活用することによって実現することができる（☞『戦略』175-177頁）。

② 差別化戦略（differentiation strategy）：自社の製品・サービスに何らかの独自性を出し，顧客の「ニーズの束」に対して競合企業との差異をつけることによって，相対的かつ持続的な優位性を保つための戦略である。差別化の手段として，1)製品そのもの（品質，性能，デザイン，ブランドなど）の特異性による差別化，2)販売促進（広告，セールスマンの数，見本市・展示会の開催頻度など）の特異性による差別化，3)流通システム（流通チャネル，取引形態，マージンなど）の特異性による差別化，など様々な差別化が行われている（☞『戦略』177-179頁）。

③ 集中戦略（focus strategy）：上述したコスト・リーダーシップ戦略と差別化戦略が，業界全体を対象としているのに対して，特定のセグメントに対して経営資源を集中する戦略である。集中戦略は，コスト集中戦略と差別化集中戦略に分けられる（☞『戦略』179頁）。

❸ 競争環境のダイナミズム

市場における競争環境は，常に変化している。例えば，産業構造の変化，新たな規制の出現や規制緩和の促進，社会的価値観の変化，技術革新の進展など，競争環境は，変化こそが常態であるともいえる。これらの競争環境の変化は，企業に多くのリスクをもたらす。企業はこのような環境変化のリスクに対応しつつ，競争に打ち勝つことによってのみ，存続し発展することができる。

ところで，競争環境は，マーケット・ライフサイクルによって大きく異なることが観察される。マーケット・ライフサイクルは，一般に，①導入期，②成長期，③成熟期，④衰退期，の4つのフェーズ（段階）に区分される（☞『戦略』179-181頁）。

① 導入期：製品が市場に導入され，その価値や効用が消費者（顧客）に徐々に認知されはじめる段階のことである。この段階では，売上はまだ小さく，導入のためのコスト（広告宣伝費など）が発生するので，利益もキャッシュフローもマイナスである場合が多い。

② 成長期：製品が市場に浸透し，需要が急速に伸びる段階のことである。売上・利益は急増する。競合企業は増え，市場浸透のためのコストも増大するが，キャッシュフローは，次第にプラスに転換する。

③ 成熟期：製品が市場に普及し，市場成長率が徐々に低下する段階のことである。この段階では，特徴のある競合企業が増加するが，資金需要は減少するので，キャッシュフローはプラスを維持する。

④ 衰退期：市場はほぼ飽和状態になり，需要は減退し，売上も利益も次第に減少する段階のことである。競合企業は減少し，キャッシュフローは，通常マイナスに転換する。

上述したマーケット・ライフサイクルに準拠して，ライフサイクルごとに，競争要因がどのように変化するかについて考察する（☞『戦略』181-183頁）。

① 導入期：導入期における競争要因は，製品認知および市場拡大に重点が置かれる。すなわち，いかに顧客のニーズを迅速かつ正確に理解するか，いかに顧客のニーズを技術的に実現するかなど，製品認知および市場拡大に関する競争要因は，顧客ニーズと技術との相互作用のあり方に関するものが多い。

② 成長期：成長期における競争要因は，市場浸透およびブランド化に重点が置かれる。市場浸透およびブランド化に最も効果的な競争要因は，「業界標準（デファクト・スタンダード）」を獲得することである。

③ 成熟期：成熟期における競争要因は，シェア（市場占有率）の維持とブランド・ロイヤルティに重点が置かれる。シェア（市場占有率）の維持は，経験曲線効果を取り込む対応でもあり，キッャシュフローの増加のためにも不可欠である。

④ 衰退期：衰退期における競争要因は，生産性の確保および選択的対応に重点が置かれる。競合企業が減少し，資金需要も減少するので，製品差別化と市場細分化への対応がうまくいけば，キャッシュフローの増加が見込めることもある。まさに選択的対応が欠かせない。

上述したマーケット・ライフサイクルに準拠した競争要因に加えて，競争戦略の定石の1つとして，コトラー［1980］や嶋口充輝［1986］にみられるように，市場におけるポジショニング（①リーダー，②チャレンジャー，③ニッチャ

ー，④フォロワー）に基づく自社の競争優位の獲得に関する研究があげられる（☞『戦略』184-186頁）。また，第2章で概観したように，経営資源パラダイムによる競争戦略の定石についても，積極的な研究が進められている（☞『戦略』186-187頁）。

6 ビジネスシステム戦略

❶ ビジネスシステム戦略の意義

　従来，「どのような顧客に，どのような製品（サービスを含む）を提供するか」という製品・市場戦略が経営戦略の中核とされてきた。近年では，顧客に価値を届けるための仕組み（ビジネスシステム）が，経営戦略において急激に重要性を増大しつつある。

　ビジネスシステム（business system）の概念は，比較的新しいので，まだ統一的な見解は存在しないといえよう。例えば，①ビジネスシステム，②ビジネスモデル，③ビジネスプロセス，④価値連鎖（バリューチェーン），⑤供給連鎖（サプライチェーン），⑥需要連鎖（ディマンドチェーン），⑦ロジスティクス，など多くの類似概念が存在し，概念間に相互に重複がみられ，混乱さえ生じている。そこで，まず類似概念を含めて，先行研究における主な定義について概観する（☞『戦略』190-193頁）。

　第一に，加護野忠男［1999］は，「顧客に価値を届けるために行われる諸活動を組織化し，それを制御するシステムをビジネスシステムという[20]」と定義している。

　第二に，國領二郎［1999］は，ビジネスモデルの定義を，「①誰にどんな価値を提供するか，②そのために経営資源をどのように組み合わせ，その経営資源をどのように調達し，③パートナーや顧客とのコミュニケーションをどのように行い，④いかなる流通経路と価格体系のもとで届けるか，というビジネスのデザインについての設計思想である[21]」と定義している。

第三に，ダベンポート（Davenport, T.H.）[1993] は，「ビジネスプロセスとは，特定の顧客に対して，特定のアウトプットを作り出すために，デザインされ構造化された評価可能な一連の活動のことである[22]」と定義している。

　第四に，価値連鎖（バリューチェーン）は，ポーター [1985] が提示した「価値活動の内部的な連結関係から競争優位の源泉を創出するためのフレームワーク（分析枠組み）のことである[23]」。価値連鎖は，企業間価値連鎖である「価値システム」の1つの構成要素であることはすでに述べた。

　第五に，供給連鎖（サプライチェーン）は，「生産者起点による製品の流れ，機能連鎖，情報連鎖のことである」。製造業の場合，①調達，②製造，③マーケティング，④物流，⑤顧客サービス，の5つの機能，または研究開発を含めて6つの機能によって構成されることが多い。

　第六に，需要連鎖（ディマンドチェーン）は，「消費者起点による製品の流れ，機能連鎖，情報連鎖のことである」。機能としては，供給連鎖と同一であるが，需要連鎖は，供給連鎖とは異なり，顧客ニーズ主導型のビジネスの構造である（☞『戦略』207頁）。

　第七に，米国ロジスティクス管理協議会 [1986] によれば，「ロジスティクスとは，顧客のニーズを満たすために，原材料，半製品，完成品およびそれらの関連情報の産出地点から消費地点に至るまでのフローとストックを効率的ならしめるように計画，実施，統制することである」。

　本書では，「ビジネスシステムとは，顧客に価値を届けるための機能，経営資源を組織化し，それを調整・制御するシステムのことである[24]」と定義して議論を進める。ちなみに，ビジネスシステム戦略は，このビジネスシステムを競争優位の源泉とする戦略のことである。

　ビジネスシステムは，インターネット・ユビキタスネットなどネットワーク社会の進展によって，近年，組織間（企業間）関係の再構築を伴いつつ，著しく進展している（☞『戦略』193-195頁）。経済性の概念も，規模の経済⇒範囲の経済⇒連結の経済へと大きく変化しつつある（☞『戦略』196-202頁）。

　ビジネスシステムの評価基準としては，①有効性，②効率性，③模倣困難性，④持続可能性，④発展可能性，の5つがあげられるが[25]，この5つの評価基

第3章 経営戦略

のすべてを満たすビジネスシステムは，現実的にはまだ非常に限られている。

❷ 供給連鎖（サプライチェーン）

近年，競争環境は激変しており，企業レベルにおける競争だけでなく，提携，連合，統合，事業基盤共有，合併など，「組織間（企業間）関係」の革新を伴う企業グループ間の競争も次第に熾烈さを増している。この熾烈な競争の背景には，供給連鎖（サプライチェーン）をめぐる主導権争いがある。

供給連鎖とは，前述したように，「生産者起点による製品の流れ，機能連鎖，情報連鎖のことである」。供給連鎖は，その性格上複数の企業にまたがるので，供給連鎖の組替えを図ると，必然的に連合，提携，統合，事業基盤の共有，合併など「組織間（企業間）関係」の革新を伴うことになる。

供給連鎖の概念は，図表3-9に示されるように[26]，①物流の時代（1980年代

図表3-9 SCM（サプライチェーン・マネジメント）の発展過程

	物 流	ロジスティクス	サプライチェーン・マネジメント
時期（日本）	1980年代中頃以前	1980年代中頃から	1990年代後半から
対 象	輸送，保管，包装，荷役	生産，物流，販売	サプライヤー，メーカー，卸売業者，小売業者，顧客
管理の範囲	物流機能・コスト	価値連鎖の管理	サプライチェーン全体の管理
目 的	物流部門内の効率化	社内の流通効率化	サプライチェーン全体の効率化
改善の視点	短期	短期・中期	中期・長期
手段・ツール	物流部門内システム機械化，自動化	企業内情報システムPOS，VAN，EDIなど	パートナーシップ，ERP，SCMソフト，企業間情報システム
テーマ	効率化（専門化，分業化）	コスト＋サービス多品種，少量，多頻度，定時物流	サプライチェーンの最適化消費者の視点からの価値情報技術の活用

（出所） SCM研究会［1999］15頁を筆者が一部修正。

中頃以前），②ロジスティクスの時代（1980年代中頃から），③SCM（サプライチェーン・マネジメント）の時代（1990年代後半から），という３つの段階を経て普及しつつある。

　近年では，物流の時代，ロジスティクスの時代を経て，SCM（サプライチェーン・マネジメント）の時代になり，組織間（企業間）情報ネットワークの構築によって，供給連鎖（サプライチェーン）全体の効率が飛躍的に向上しつつある。

❸ 垂直的統合と水平的統合

　次に，ビジネスシステムの内，供給連鎖，価値連鎖を基軸として，ビジネスシステムの形態について考察する。図表3-10に示されるように[27]，ビジネスシステムの革新は，①垂直的統合（vertical integration）と，②水平的統合（horizon integration），の２つによってなされることが多い。

① 　垂直的統合：垂直的統合とは，原材料の調達から製品の販売，顧客サービスに至る機能（活動，業務）を垂直的な流れとみて，２つ以上の機能（活動，業務）を１つの企業内にまとめることをいう。

　　垂直的統合には，２つの方向がある。原材料の調達から製品の販売に至る機能（活動，業務）の内，原材料調達に近いほうを川上，製品販売に近いほうを川下という。川下の方向に向かうものを前方統合（forward integration），川上にさかのぼるものを後方統合（backward integration）という。

　　例えば，素材メーカーが完成品の生産に進出したり，完成品メーカーが既存の流通チャネル（卸・小売）を回避して，直販を行うなどは前方統合の例であり，逆に，完成品メーカーが原材料の生産に乗り出したり，小売店が自社ブランドの製品を生産することなどは後方統合の例である。

② 　水平的統合：同種の事業分野，製品・市場分野に進出し，事業範囲を拡大することを水平的統合という。企業同士を結合することによって達成されることが多く，同種の事業分野における企業の合併を意味して使われる場合が多い。

　　水平的統合の目的は，主として，規模の経済の実現と競争優位の獲得であ

第3章 経営戦略

図表3-10 垂直統合型バリューチェーンと水平統合型バリューチェーン

（出所）森本博行［1998b］8頁（ダイヤモンド・ハーバードビジネス編集部編［1998b］，所収）。

る。国際競争力を高めるために大銀行同士が合併したり，類似製品を生産している メーカー同士が合併するケースがこれにあたる。

水平的統合は，研究開発，生産，マーケティングなど機能（活動，業務）を結合することによって，規模の経済の実現が可能になる他に，生産拠点の再配置，設備投資の重複の排除，管理組織の削減などの利益が得られる。

1）岸川善光［2006］10頁。
2）岸川善光［2002］，岸川善光［2006］7頁，43頁。
3）同上書69頁。
4）榊原清則［1992］6頁。
5）Abell, D.F.［1980］訳書230頁。
6）Levitt, T.［1960］などを参考にして筆者作成。
7）Steiner, G.A.［1979］p.180.
8）Ansoff, H.I.［1965］訳書100頁。
9）同上書137頁。
10）同上書165頁。
11）岸川善光［1999］108頁。
12）アベグレン=ボストン・コンサルティング・グループ編［1977］71頁。
13）岸川善光［2006］164頁。
14）Porter, M.E.［1980］訳書18頁。
15）Hofer, C.W.=Shendel, D.E.［1978］訳書32頁。
16）Saloner, G.=Shepard, A.=Podolny, J.［2001］訳書51-69頁。
17）Porter, M.E.［1985］訳書49頁。
18）同上書49頁。
19）Porter, M.E.［1980］61頁。
20）加護野忠男［1999］787頁（神戸大学大学院経営学研究室編［1999］，所収）。
21）國領二郎［1999］193頁。
22）Davenport, T.H.［1993］訳書14-15頁。
23）Porter, M.E.［1985］訳書49頁。
24）岸川善光［2006］193頁。
25）加護野忠男=井上達彦［2004］43-44頁。
26）SCM研究会［1999］15頁を筆者が一部修正。
27）森本博行［1998b］8頁（ダイヤモンド・ハーバードビジネス編集部編［1998b］，所収）。

第4章 経営組織

　組織の存続・発展のためには，環境－経営戦略－組織の適合が不可欠である。「組織の時代」といわれる今日，経営組織に関する正しい理解が欠かせない。

　第一に，経営組織の意義について考察する。まず，組織の概念について理解する。次に，経営組織論の生成と発展について，古典的組織論から社会的組織論まで，発展段階を踏まえて理解を深める。さらに，経営組織の体系について言及する。

　第二に，経営組織の基本形態と動態化について考察する。まず，組織構造の概念と組織デザインについて理解する。次いで，組織の基本形態について理解を深める。さらに，組織の動態化について具体的な事例を踏まえて言及する。

　第三に，組織における人間行動について考察する。まず，組織行動論（ミクロ組織論）の意義について理解する。次に，個人レベルの人間行動の内，モティベーションなど3つのテーマについて理解を深める。さらに，集団レベルの人間行動の内，リーダーシップなど2つのテーマについて言及する。

　第四に，組織文化と組織変革について考察する。まず，組織文化の定義，特性，機能と逆機能などについて理解する。次いで，組織変革について，疎外要因を中心に理解を深める。さらに，戦略的組織変革プロセスを中心に戦略的組織変革について言及する。

　第五に，組織間関係について考察する。まず，組織間関係の意義について理解する。次に，組織間関係の視座（パースペクティブ）について理解を深める。さらに，供給連鎖，需要連鎖など組織間関係の革新について言及する。

1 経営組織の意義

1 組織の概念

　現代は「組織の時代」といわれる。現実に，企業・行政体・病院・学校・宗教団体など，様々な組織によって社会活動が営まれている。図表4-1に示されるように[1]，これらの組織が存続し発展するためには，何らかの価値を提供し，その対価を受け取るという行為が必要不可欠である。まず組織の概念について考察する（☞『組織』3-4頁）。

　社会活動において価値を提供する場合，個人としての人間には，物的，生物的，社会的な諸局面において，多くの制約がある。このような支障や障害のことを，専門用語で，（個人）目的達成上の制約（constraint）という。この制約を克服するための基本的な代替案として，①目的の変更，②制約克服のための手段・方法の創出，の2つがあげられる（☞『組織』2-4頁）。

　例をあげてみてみよう。目的地へ行く一本道の上に，1人では動かせないほ

図表4-1　組織の提供物と対価

組　織	提　供　物	対　価
企　業	財およびサービス	利　益
行政体	公共サービス	税　収
病　院	医療サービス	医療収入
学　校	教育サービス	授　業　料
宗教団体	心のサービス	お　供　え

(出所)　岸川善光［2002］29頁。

どの大きな石があって，そのままでは通れない。このような状況で可能なこと
は，①目的地へ行くことを断念して新しい目的地を設定する（目的の変更）か，
②障害となっている石を除去する（制約克服の手段・方法の創出）か，のいず
れかである[2]。この制約克服の手段・方法の内，協働（cooperation）が最も有
効な方法とされているのである。協働もまた，物的，生物的，社会的な要素の
統合物である。このように，個人には目的があり，また制約がある。すなわち，
ある目的を達成する上で，物的，生物的，社会的な制約を克服するために協働
が生ずるといえよう。

　これらを踏まえて，バーナード（Barnard, C.I.）[1938] は，組織とは，「2人ま
たはそれ以上の人々の意識的に調整された活動や諸力のシステムである[3]」と
定義した。この場合，組織は極めて抽象的な概念であり，より包括的な協働シ
ステムにおけるサブシステムの1つとして位置づけられている（☞『組織』2頁）。

　すなわち，バーナード [1938] の組織は，単なる分業システムとしての職能
構造ではなく，仕事を通じた人間の組織である。それは，個性のある存在であ
る人間が，個人の力ではなし得ない目的を達成するために，その限界・制約を
克服するための人間の協働システムを意味する。ちなみに，バーナード [1938]
は，「協働システムとは，少なくとも1つの明確な目的のために，2人以上の人々
が協働することによって，特殊の体系的関係にある物的，生物的，個人的，社
会的構成要素の複合体である[4]」と定義した（☞『組織』4-5頁）。

　この協働システムにおいて，サイモン（Simon, H.A.）[1947] およびマーチ゠サ
イモン（March, J.G.= Simon, H.A.）[1958] が提唱した誘因（inducements/incen-
tives）と貢献（contributions）に関するいわゆる「組織均衡」の概念は，個人と
組織をつなぐ重要な鍵概念（キーコンセプト）の1つである（☞『組織』9-11頁）。

　誘因と貢献との均衡，すなわち「組織均衡」の概念は，なぜ極めて重要な概
念であろうか。具体的には，組織の成立・存続・発展のためには，組織が組織
構成員に提供する「誘因」の質量が，組織構成員が組織に対する「貢献」の質
量を，効用関数において上回らなければならない。すなわち，誘因≧貢献のと
きに組織は成立・存続・発展することができるのである。

　さらに，組織成立の基本的要素として，図表4-2に示されるように[5]，①共

図表4-2　組織の3要素

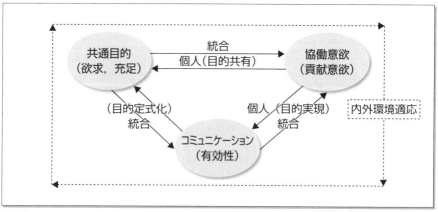

(出所)　Barnard, C.I. [1938] および各種解説文献に基づいて筆者作成。

通目的（a common purpose），②協働意欲（willingness to cooperate）[6]，③コミュニケーション（communication），の3つの要素が不可欠とされる。この組織の3要素は，相互に密接な関連性を有している（☞『組織』11-15頁）。

❷ 経営組織論の生成と発展

経営組織論は，①古典的組織論，②新古典的組織論，③近代的組織論，④適応的組織論，⑤戦略的組織論，⑥社会的組織論，の6つの発展段階を経て，多面的・重層的に発展しつつある。

① 古典的組織論：テイラー（Taylor, F.W.）の業績（課業，標準化，職能別職長組織，作業研究，時間研究，差別出来高制度），ファヨール（Fayol, H.）の業績（計画機能と管理機能，管理過程，管理原則），ウェーバー（Weber, M.）の業績（官僚制，支配，権限，規則，専門化），にみられるように，19世紀末から20世紀初頭における仕事の仕組みとしての組織構造や管理過程に焦点をあて，「合理性の追求」を目指した（☞『組織』30-37頁）。

② 新古典的組織論：上述した古典的組織論による合理性の追求によって，組織設計・組織運営の水準は飛躍的に向上した。一方，合理化された仕事の仕組みによって人間性が抑圧されるなど様々な歪みが発生した。新古典的組織

論では，メイヨー゠レスリスバーガー（Mayo, G.E.=Roethlisberger, F.J.）の業績（ホーソン実験，感情の論理，インフォーマル組織，社会人），リッカート（Likert, R.）の業績（リーダーシップ，連結ピン），マグレガー（McGregor, D.）の業績（X理論－Y理論，目標による管理），ハーズバーグ（Herzberg, F.）の業績（モティベーション，動機づけ要因－衛生要因），マズロー（Maslow, A.H.）の業績（動機づけ，欲求5段階説）にみられるように，人間行動の研究，「人間性の追求」を目指した（☞『組織』37-44頁）。

③　近代的組織論：現実の企業は，古典的組織論で強調された仕事のための合理的機構としての側面と，新古典的組織論で強調された仕事を行う人間主体としての側面をもつ複雑な統一体である。したがって，合理性の追求をテーゼ(正)，人間性の追求をアンチテーゼ(反)，システム性の追求をジンテーゼ(合)として，統合理論が要請されることはごく自然の成り行きといえる。近代的組織では，バーナード（Barnard, C.I.）の業績（バーナード革命，協働システム，組織の3要素，有効性と能率），サイモン（Simon, H.A.）の業績（意思決定プロセス，制約された合理性，経営人モデル，組織均衡，誘因と貢献），サイアート゠マーチ（Cyert, R.M.=March, J.G.）の業績（コンフリクト，シミュレーション・モデル）にみられるように，組織を意思決定のシステムとみなし，「システム性の追求」を目指した（☞『組織』44-49頁）。

④　適応的組織論：どの研究分野においても，一般に，理論がより洗練化され精緻化されるにしたがって，一般性や普遍性よりも，条件適応性や相対性が強調される傾向がある。経営組織論にもこのことはあてはまり，企業と環境の関係は，理論的にも現実的にも極めて重要な課題である。適応的組織論では，バーンズ゠ストーカー（Burns, T.=Stalker, G.M.）の業績（機械的システムと有機的システム），ウッドワード（Woodward, J.）の業績（技術と組織の関係性，技術が組織構造を規定する），ローレンス゠ローシュ（Lawrence, P.R.=Lorsch, J.W.）の業績（コンティンジェンシー・セオリー，分化と統合のパターン）にみられるように，あらゆる条件に普遍的に妥当する唯一最善の管理の方法や組織のあり方を否定し，「条件適応性の追求」を目指した（☞『組織』49-52頁）。

⑤　戦略的組織論：上述した適応的組織論は，環境（条件）というものの存在

を明示的に研究テーマに取り込み，経営組織論の領域を拡大した。この環境
（条件）という概念を不確実性や他組織に限定せず，広く企業活動を促進し
あるいは制約する外的要因と解釈し，外的要因との関わりの中で企業の将来
の発展の方向を構築することを重視するのが戦略的組織論である。戦略的組
織論では，チャンドラー（Chandler, A.D.Jr.）の業績（経営戦略と組織との関
係性，組織構造は戦略に従う），アンゾフ（Ansoff, H.I.）の業績（成長ベクト
ル，多角化のタイプ，シナジー），ポーター（Porter, M.E.）の業績（価値連
鎖，5つの競争要因，3つの競争の基本戦略）にみられるように，戦略的組
織論の中核は，経営戦略と組織の関係性に関する議論であり，「戦略性の追求」
を目指している（☞『組織』52-58頁）。

⑥　社会的組織論：近年，地球環境問題，企業倫理，マクロとミクロの両立な
ど，「企業と社会」がどのような関わり方をするのか，社会的ニーズをどの
ように取り込むかなど，「企業と社会」の関係が重要になりつつある。「企業
と社会」は，システム論的にいえば，サブシステムと全体システムとの関係
にある。2000年代以降，「戦略的社会性」という観点が理論的にも実践的に
も「時代の要請」として経営組織論に取り入れられ始めた。社会的組織論は，
「戦略的社会性」を中心とする「社会性の追求」を目指している（☞『組織』
58-62頁）。

❸ 経営組織の体系

本項では，経営組織の体系として，①経営組織の対象領域，②経営組織の階
層，③組織における意思決定，④組織における分業システム，⑤経営組織論の
位置づけ，の5つの観点から概観する。

①　経営組織の対象領域：経営組織論は，経営組織論の対象領域である「個人
－集団－組織」の分類に準拠して，個人－集団レベルを対象領域とするミク
ロ組織論（組織行動論）と，組織レベルを対象領域とするマクロ組織論（組
織論）に区分することができる。ミクロ組織論（組織行動論）の中で，個人
レベルでは，パーソナリティ，態度，モティベーション，学習（個人）など
が研究テーマとしてあげられる。集団レベルでは，コミュニケーション，リ

第4章 経営組織

ーダーシップ，学習（組織）などが研究テーマとしてあげられる。組織レベルを対象領域とするマクロ組織論（組織論）では，組織構造，組織文化，組織変革などが研究テーマとしてあげられる（☞『組織』66-71頁）。

② 経営組織の階層：経営管理者の階層は，トップ・マネジメント，ミドル・マネジメント，ロワー・マネジメント，の3つの階層に分類することができる。この3つの階層によって，職能，スキルなどが異なるので，経営組織の階層は，経営組織論のテーマの1つになる（☞『組織』71-74頁）。

③ 組織における意思決定：サイモン［1977］にみられるように，経営者の職能を意思決定とみる研究者は数多い。本書では，意思決定について第5章（経営管理）で取り上げるが，経営組織論においても，意思決定のプロセス（情報活動，設計活動，選択活動，検討活動），意思決定の種類（戦略的意思決定，管理的意思決定，業務的意思決定），意思決定の特性（定型的意思決定，非定型的意思決定）など，意思決定に関する課題は重要である（☞『組織』74-79頁）。

④ 組織における分業システム：古典的組織論にみられるように，組織を仕事の仕組みとみれば，分業システムは，スミス（Smith, A.）［1776/1950］の『諸国民の富』以来重視されてきたテーマである。近代的組織論の始祖であるバーナード［1938］も，分業と表裏一体の関係にある調整を極めて重視している。分業の形態として，水平的分業と垂直的分業がある（☞『組織』79-83頁）。

⑤ 経営組織論の位置づけ：経営学における経営組織論の位置づけ，経営組織論と経営戦略論の関連性，経営組織論と経営管理論の関連性など，経営組織論の関連領域および隣接科学における経営組織論の位置づけは，経営組織論の対象領域や特質に関する体系的な考察に欠かせない（☞『組織』83-87頁）。

2 経営組織の基本形態と動態化

❶ 組織構造の概念と組織デザイン

組織構造（organization structure）とは，組織構成員の諸活動に整合性を与え

る連結様式である[7]。具体的には，分業システムを基盤として，各活動に時間的・空間的な整合性を与えるためのコミュニケーション・システムが合成されたものである。組織構造は，まず類型（form, type, pattern）として把握され，次いで，各種組織構造の次元（dimension）を用いて分析されるようになった。

　類型としての組織構造を組織形態（organizational form）という。組織形態は，組織構造の静態的・形式的・解剖学的な表現であり，具体的な表現としては，組織図（organization chart）が用いられる。

　上述した組織構造の次元とは，組織構造の特質を表す要因のことである。各種の次元の組合せによって組織構造を分析し，その成果を活用してより効果的な組織構造のデザインに寄与することを目的としている。

　組織構造に関する体系的な研究は，1961年にイギリスのアストン大学の前身であるバーミンガム工科大学において実施された「アストン研究」が端緒とされている。アストン研究では，多変量因子分析によって，①専門化（組織の活動が，特殊化された役割に分割される程度），②標準化（標準的なルールおよび手続きによって作業が処理される程度），③公式化（命令や指示，手続きなどが，文書化される程度），④形態特性（組織の役割構造のあり方），⑤集権化（決定を行うための権限が，管理階層のトップに配置されている程度），の5つの構造次元が摘出された。

　このアストン研究以外にも，組織構造に関する研究として，マーチ＝サイモン（March, J.G.＝Simon, H.A.）［1958］やダフト（Daft, R.L.）［2001］など，多くの研究者によって多面的な知見が得られている（☞『組織』90-92頁）。

　組織デザインとは，環境要因を考慮に入れながら，特定の組織構造を選択することである。ロビンス（Robbins, S.P.）［2005］によれば，組織構造を設計するときに考慮すべき要素として，①職務専門化，②部門化，③指揮命令系統，④管理範囲，⑤集権化，⑥分権化，⑦公式化，の7つの要素を提示した[8]。

　また，ガルブレイス＝ネサンソン（Galbraith, J.R.＝Nathanson, D.A.）［1978］は，組織デザインの変数として，①組織構造（分業，部門化，形態，パワーの分布），②報酬システム（給与，昇進，リーダーのスタイル，職務設計），③人間（採用・選抜，異動・昇進，訓練・能力開発），④情報および意思決定スタイル

第4章 経営組織

(計画と統制,予算,統合メカニズム,業績尺度),⑤課業特性(不確実性,多様性,相互依存性),の5つの変数を提示している[9](☞『組織』92-93頁)。

組織デザインにおける設計原則は,一般に,組織設計原則といわれている。原則とは呼ばれるものの,組織設計に関する様々な経験則のことであり,①専門化の原則,②権限・責任一致の原則,③命令一元化の原則,④統制範囲の原則,の4つの原則が最もポピュラーである。この4つの組織設計原則について,例えば,専門化の原則と命令一元化の原則が矛盾するなど,多くの批判も存在する(☞『組織』92-94頁)。

組織形態の発展モデルは,今まで数多くの研究者によって提示されているが,図表4-3に示されるように[10],ガルブレイス=ネサンソン[1978]は,チャンドラー[1962]以来の3段階モデル(単一職能組織,職能部門制組織,事業部制組織)を踏まえつつ,組織形態の発展段階を提示している(☞『組織』94-96頁)。それらの内容については,次項以降において,順次考察する。

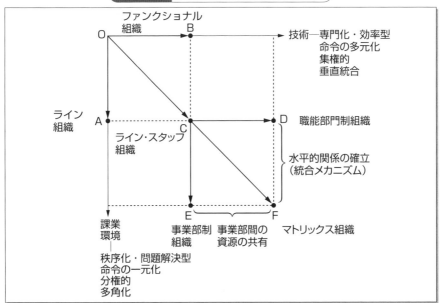

図表4-3 組織形態の発展段階モデル

(出所) Galbraith, J.R.=Nathanson,D.A. [1978] 訳書193頁(訳者あとがき),岸田民樹 [2006] 146頁。

❷ 組織の基本形態

組織の基本形態として，①ライン組織，②職能別組織（機能別組織），③ライン・アンド・スタッフ組織，④事業部制組織，の4つがあげられる。

① ライン組織：トップ・マネジメントから最下位者の作業者層まで，指揮命令系統が一貫している組織形態である。すべての組織構成員は，直属の上司の命令にのみ従い，その結果を命令した上司にのみ報告する。

ライン組織は，上述した組織設計原則の内，「命令一元化の原則」が厳密に適用されるので，上位者と下位者の関係は極めて明確である。このことから，ライン組織は別名，直系組織とか軍隊式組織といわれることもある。

ライン組織の利点として，ライン組織では，命令系統および権限・責任関係が明確であるため，上位者の意思が最下位者にまで容易に浸透する。したがって，トップ・マネジメントの強力なリーダーシップのもとに，全体統一的な行動を迅速にとることができる。しかし，組織規模の拡大に伴って，上位者は多種多様な経験と能力を要求されるようになり，その負担が過重となるため，結果として経営管理が十分に行えなくなることがある。また上下関係のみを重視するので，水平的な連携を必要とする職務の遂行に弊害を生じることが多い（☞『組織』100-104頁）。

② 職能別組織（機能別組織）：職能別（機能別）に分割された上位者が，それぞれの職能（機能）ごとに下位者を管理する組織形態である。古典的組織論のテイラーによって考案された職能別職長組織がベースになった組織形態である。

職能別組織（機能別組織）は，上述した組織設計原則の内，「専門化の原則」を適用した組織であるので，上位者は特定の職能（機能）についてのみ専門的に部下を指導すればよい。したがって，ライン組織と比較すると上位者の負荷は軽減する。他方，専門化を進めるにしたがって，上位者と下位者の関係が錯綜し，指揮命令系統の混乱，責任の所在の不明確さ，などの欠点が露呈することがある（☞『組織』104-108頁）。

③ ライン・アンド・スタッフ組織：上述したライン組織は「命令一元化の原

第4章 経営組織

則」に準拠することによって「専門化の原則」がおろそかになり，職能別組織（機能別組織）は「専門化の原則」に準拠することによって「命令一元化の原則」がおろそかになりやすい。ライン・アンド・スタッフ組織は，ライン組織と職能別組織（機能別組織）の欠点を克服し，両者の利点を活かすために考案された組織形態のことである（☞『組織』102-104頁）。

④ 事業部制組織：上述したライン組織，職能別組織（機能別組織），ライン・アンド・スタッフ組織，の3つの組織形態は，権限をトップ・マネジメントに集中した集権型組織である。集権型組織に対して，経営管理に関する権限を下位の階層に分散した組織を分権型組織という。

　事業部制組織は，分権型組織の典型である。すなわち，特定の事業を組織単位として，事業ごとに利益責任をもたせた組織のことである。今日では，大企業を中心に多くの企業が事業部制組織を採用している。なぜ，大企業を中心に多くの企業が事業部制組織を採用するのであろうか。様々な背景があ

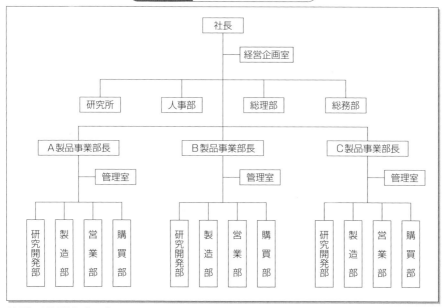

図表4-4　製品別事業部制組織

（出所）　岸川善光 [1999] 133頁。

るものの，①集権的な職能別組織（機能別組織）の弊害，②官僚制の弊害，
③製品の多様化，の3点が主な背景としてあげられる。

　事業部制組織は，特定の事業を組織単位とするので，特定の事業単位とし
て，製品，市場，地域のいずれを機軸として選択するかによって，①製品別
事業部，②市場別事業部，③地域別事業部，の3つに分類することができる。
例えば，製品別事業部は，図表4-4に示されるように[11]，製品を機軸として
組織が編成される。

　事業部制組織の主な利点として，①利益責任の明確化，②経営者の育成，
③経営資源の蓄積・配分，の3つがあげられる。他方，事業部制組織の主な
欠点として，①経営資源の重複，②意思決定の近視眼化，③全体的意思決定
との非整合性，の3つがあげられる（☞『組織』108-113頁）。

❸ 組織の動態化

　近年，多くの企業において，官僚制組織の弊害や大企業病の蔓延など，経営
組織に関する問題が多発しており，大きな経営問題になりつつある。

　官僚制組織とは，古典的組織論のウェーバー（Weber, M.）［1922］が描いた合
理的・理念的な組織モデルのことである。官僚制組織の特質として，①権限の
ヒエラルキー，②規則の体系化，③文書主義，④専門化，の4つがあげられる。
官僚制組織は，当時は先進的な組織モデルであったが，①機械モデル，②クロ
ーズド・システム，の特性が裏目にでて，非能率，形式主義，顧客軽視，事な
かれ主義，画一主義など多くの問題の原因になっている（☞『組織』34-36頁）。

　官僚制組織の弊害や大企業病の蔓延などの弊害を克服するために，①プロジ
ェクト組織，②マトリックス組織，③カンパニー制，④分社化，⑤ネットワー
ク型組織など，組織の動態化が進められている。

① 　プロジェクト組織：特定の課題を遂行するために，企業内の各部門から専
　門家を集めて，一定期間，臨時に編成される組織のことである。プロジェク
　ト組織は，本来，特定部門に属する専門家が，一定期間所属する部門を離れ
　てプロジェクトに専従するので，利害関係部門の代表者によって構成される
　委員会組織とはその目的が異なる。

第4章 経営組織

プロジェクト組織では，特定プロジェクトの遂行について，プロジェクト・マネジャーに大きな権限が与えられる。プロジェクト・マネジャーには，洞察力，創造力，決断力，調整力など，多くのスキルが要求される。

具体的なプロジェクト組織の事例として，新製品開発プロジェクト，事業提携プロジェクト，情報ネットワーク構築プロジェクトなどがあげられる。これらのプロジェクト組織を効果的かつ効率的に運営するために，米国NASAのアポロ計画，旧国鉄の新幹線建設プロジェクトなど，国家レベルのプロジェクトを推進するために開発された多くのノウハウが転用され，プロジェクト・マネジメントという経営管理の領域を形成している（☞『組織』116-120頁）。

② マトリックス組織：マトリックス（matrix）とは，数学でいう行列のことである。マトリックス組織は，この行列（横軸と縦軸）に2つの異なる部門をとり，それを井桁状にクロスさせた組織形態のことである。マトリックス組織は，通常，職能別組織（機能別組織）とプロジェクト組織を井桁状にクロスさせることが多い。職能別組織（機能別組織）は，職能を専門分化して，命令系統を一貫させる縦割り組織であり，一方のプロジェクト組織は，特定の課題を解決するために複数の部門にまたがる横割り組織として編成される。このように，マトリックス組織は，縦割り（職能別）と横割り（目的別）という2つの組織編成基準をもつ複合組織であるといえよう。マトリックス組織は，航空宇宙産業，エンジニアリング産業，シンクタンク産業などで多数採用されている。マトリックス組織の実際の運営面では，ツーボス・システム（二人上司）が必然的に存在するので，それに伴うコンフリクトが発生する（☞『組織』121-125頁）。

③ カンパニー制：事業部制組織と分社化の中間に位置づけられる分権型の組織形態の1つで，疑似分社化あるいは社内分社化ということができよう。近年，カンパニー制の導入が増加している背景として，事業部制組織が本来の分権型組織として十分に機能していないことがあげられる。事業部制組織では，総合経営管理に関する意思決定を除けば，事業部長に大半の権限が委譲されているにも関わらず，トップ・マネジメントに対する依存から抜けきれないことが多い。カンパニー制は，分権化を徹底し，市場変化への対応，意

思決定の迅速化を図るとともに，利益責任の明確化，さらに社内資本金制度の導入によって，資金責任の明確化にまで踏み込むケースが増えている（☞『組織』125-129頁）。

④　分社化：分権化を徹底するために，工場や支店，さらに事業部など事業単位の一部を分離独立させて，子会社として経営することである。今まで1つであった会社が，親会社を中心とする企業グループに生まれ変わる。子会社とはいえ独立会社であるので，経営管理に関する自由裁量権が生まれ，自己責任原則が厳密に適用される。持株会社の解禁によって分社化が進展した（☞『組織』130-134頁）。

⑤　ネットワーク型組織：ネットワークとは，本来，構成要素間の網状の連結様態をさす抽象概念である。ネットワークの基本構造は，1)メンバー（ネットワーク形成者，ネットワーク参加者），2)リンケージ（強結合，弱結合），3)バウンダリー（強バウンダリー，弱バウンダリー），の3つの要素を中心に構成される。ネットワークは「関係性の織物」であり，時間・空間の変化とともに，ネットワークの基本構造自体，他組織との関係を深めつつ進化し，組織間ネットワークを形成する。ネットワーク型組織は，組織のフラット化やオープン・ネットワーク経営，戦略的提携などのテーマと密接な関係性がある。また，ICT（情報通信技術）を活用して，物理的に離れたメンバーと共通目標を達成するために業務を遂行するという特性を持つ（☞『組織』134-139頁）。

3 組織における人間行動

❶ 組織行動論の意義

組織について考察するとき，個人レベル，集団レベル，組織レベル，の3つの対象領域に分類される。その中で，主として個人，集団を対象とした研究領域を組織行動論（ミクロ組織論）という。ここで組織行動とは，「組織における人間行動」あるいは「組織の中の人間行動」のことである。

第4章 経営組織

　個人レベルのテーマとしては，欲求，価値，パーソナリティ，態度，知覚，モティベーション，能力，学習，キャリアなどがあげられる。また，集団レベルのテーマとしては，集団力学，コミュニケーション，人間関係，リーダーシップ，オーソリティ，パワーなどがあげられる。

❷ 個人レベルの人間行動

　個人レベルのテーマの中から，①パーソナリティ，②モティベーション，③学習，の3つのテーマを取り上げて考察する。

① 　パーソナリティ：組織における人間行動を考察する上で，パーソナリティ（personality）に関する理解は欠かせない。なぜならば，パーソナリティは，「人間の行動全般に作用する総合的な特性」であるので，人間の行動を予測する際の有力な手がかりとなるからである。パーソナリティについて，1)パーソナリティの構造，2)パーソナリティの決定要因，3)パーソナリティの発達段階，4)パーソナリティの特性，5)キャリア形成など，すでに多面的な研究が蓄積されている（☞『組織』142-148頁）。

② 　モティベーション：モティベーション（動機づけ）とは，一般的に，「目標達成のために，人間行動をある一定の方向に継続的に推進させる意思ないしプロセス」と定義される。モティベーション理論（動機づけ理論）は，1)内容理論，2)プロセス理論，の2つに大別される。

　内容理論とは，「行動を動機づける特定の要因」の解明を重視する理論のことで，1)マズロー（Maslow, A.H.）［1954］の欲求5段階説（欲求階層理論），2)マグレガー（McGregor, D.）［1960］のX理論－Y理論，3)ハーズバーグ（Herzberg, F.）［1966］の動機づけ要因－衛生要因，4)マクレランド（McClelland, D.C.）［1961］の達成動機理論，6)アルダーファー（Alderfer, C.P.）［1972］のERG理論，などがあげられる（☞『組織』150-152頁）。

　内容理論は，個人の「行動を動機づける特定の要因」の解明を重視するが，その目的は，経営管理における実践的な指針を提供することである。図表4-5は，マズロー［1954］の欲求5段階説を図解したものであり，個人の行動を動機づける要因が，低次欲求の生理的欲求や安全欲求から次第に自尊欲求や

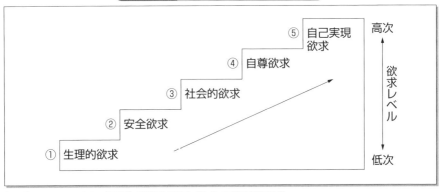

図表4-5 マズローの欲求5段階説

(出所) Maslow, A.H. [1970] 訳書56-72頁に基づいて筆者が図表化。

自己実現欲求などの高次欲求に移ることを示している[12]。

　プロセス理論とは,「モティベーションの心理的メカニズムおよびプロセス」の解明を重視する理論のことで, 1)アダムス (Adams, J.S.) [1965] の公平理論, 2)ブルーム (Vroom, V.H.) [1964] の期待理論, 3)ポーター＝ローラー (Porter, L.W.＝Lawler, E.E.) [1968] の期待理論, などがあげられる。これらのプロセス理論の内, ブルーム [1964] やポーター＝ローラー [1968] によって開発された期待理論は, 多くの実証研究によってその妥当性が実証されており, モティベーション理論の中で多くの支持がある。ブルーム [1964] によれば, 行動の強度＝期待 (expectancy) ×結果の誘意性 (valence) と定式化されている。期待理論では, 期待, 誘意性などを測定するスケール (尺度) が各種開発されている (☞『組織』152-154頁)。

③　学習：一般的に, 学習 (learning) とは, 新しい知識や技術を習得することである。しかし, 組織行動論の領域においては, 学習とは, 経験の結果,「主体の行動が永続的に変化する活動あるいはプロセス」を指す概念である。学習には, 学習する主体によって, 1)個人レベルの学習, 2)組織レベルの学習, の2つに大別することができる。通常は, 学習する主体 (行動を変化させる主体) は, 基本的に個々の人間であるが, 近年では, 個人レベルの学習だけでなく, 組織レベルの学習に注目が集まっている。組織レベルの学習は,

第4章 経営組織

組織学習（organizational learning）や学習する組織（learning organization）の問題として知られている（☞『組織』154-159頁）。

❸ 集団レベルの人間行動

　集団レベルのテーマの中から，①コミュニケーション，②リーダーシップ，の2つのテーマを選択して考察する。

①　コミュニケーション：人間は，組織の中で様々なコミュニケーションを行っている。個人行動の7割前後は，コミュニケーションに費やされているという調査結果さえある。コミュニケーションとは，一般的に，「情報を創造し，交換し，共有するプロセス」のことである。意思疎通，情報共有など，多くの類似概念がある（☞『組織』159-161頁）。

　コミュニケーションには，通常，1)送り手，2)受け手，3)メッセージ，4)チャネル，5)フィードバック，の5つの要素によって構成される。コミュニケーションには，垂直的（上方的，下方的）コミュニケーションか，水平的コミュニケーションかによって，その性格が大きく異なる。垂直的コミュニケーションは，命令・報告がその典型である。水平的コミュニケーションは，同じ階層にある自他部門のメンバーとの調整がその典型である。コミュニケーションは，フォーマルかインフォーマルかによっても，その性格が大きく異なる。上述した垂直的コミュニケーションは，概してフォーマル・コミュニケーションと相関関係が高く，インフォーマル・コミュニケーションは，概して水平的コミュニケーションとの相関関係が高いとされている。

　コミュニケーションは，「情報を創造し，交換し，共有するプロセス」であるので，送り手のメッセージが受け手に正しく届けられなければならない。そのためには，情報メディアあるいは情報チャネルの選択が極めて重要である。近年，情報メディアの選択において，メディア・リッチネス（media richness）の研究が進展しつつある。メディア・リッチネスの課題は，コミュニケーションにおける情報の不確実性（uncertainty）と多義性（equivocality）を軽減するために，どの情報メディアが適切かを検討することである（☞『組織』159-164頁）。

103

② リーダーシップ：一般的に，リーダーシップ（leadership）とは，「組織構成員が組織目標を達成するように方向づける際の影響力ないし影響プロセス」のことである。リーダーシップにおいて，リーダーとフォロワーとの関係性が重要な研究テーマとなる。リーダーシップ理論は，上述したモティベーション理論と並んで，組織行動論（ミクロ組織論）における中心的な研究テーマとして位置づけられており，1)特性理論（資質理論），2)行動理論，3)リーダーシップ条件適合理論，の3つに大別される（☞『組織』164-168頁）。

特性理論（資質理論）は，リーダーシップ理論の中で，最も古くから存在した。特性理論（資質理論）は，歴史的に偉大なリーダーを取り上げて，パーソナリティ特性，身体的特徴などの特性を分析しようとするものである。歴史小説などの読み物としては広く受け入れられているジャンルではあるが，科学的・理論的な研究とはなりにくいという限界がある。

行動理論は，リーダーの特性ではなく，その「行動特性」を抽出する方向に進展した。一連の行動理論（behavioral theory）がそれである。行動理論として，1)オハイオ研究，2)ミシガン研究，3)マネジリアル・グリッド，などがあげられる。

オハイオ研究では，リーダーに関する1,000以上の次元を，1)構造形成（initiating structure），2)人間配慮（consideration），という2つの次元に集約した。構造形成とは，リーダーが組織の中で果たすべき役割を明確に定義し，集団行動を組織化する次元であり，人間配慮とは，相互信頼尊重などの人間関係の次元のことである。オハイオ研究では，2つの次元とも高いリーダーのもとで，フォロワーの生産性，満足度が高くなる傾向があることが明らかになった。一方，2つの次元とも高いリーダーのもとで，欠勤率，退職率が高くなることもあり，2つの次元が高いことが常に望ましいとはいえないことも報告されている。

オハイオ研究とほぼ同時期に行われたミシガン大学の研究（ミシガン研究）では，リーダーシップを，1)生産志向（production oriented），2)従業員志向（employee oriented），という2つの次元で識別した。ミシガン研究では，多様な業種にわたり，従業員志向リーダーシップが生産性と正の相関関係，生

第4章 経営組織

図表4-6 2つのリーダーシップ研究の相違

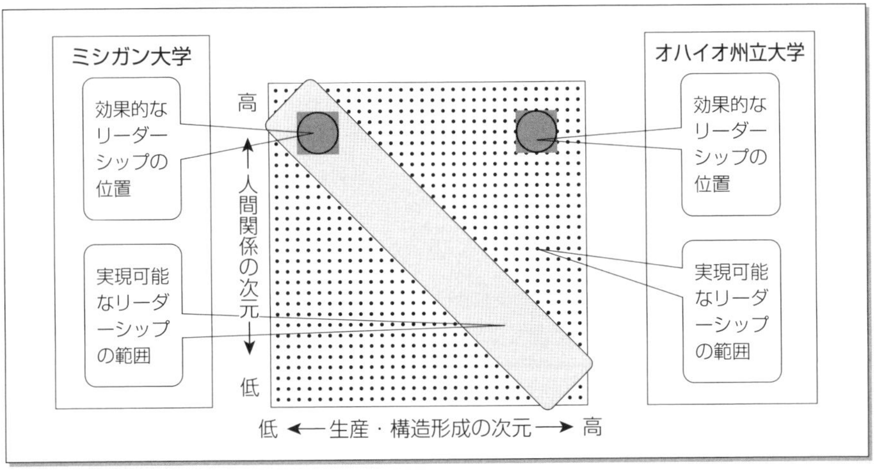

ミシガン大学

効果的な
リーダー
シップの
位置

実現可能
なリーダ
ーシップ
の範囲

高

人
間
関
係
の
次
元

低

低 ←─ 生産・構造形成の次元 ─→ 高

オハイオ州立大学

効果的な
リーダー
シップの
位置

実現可能
なリーダ
ーシップ
の範囲

(出所) 上田泰 [2003] 229頁。

産志向リーダーシップが生産性と負の相関関係にあることが明らかになった。

上田泰 [2003] は，図表4-6に示されるように[13]，オハイオ研究とミシガン研究を比較し，その異同点を図示している。図表4-6で明らかなように，類似した次元の研究枠組みでありながら，2つの大学の望ましいリーダーシップ像は大きく異なっている (☞『組織』165-166頁)。

マネジリアル・グリッドは，ブレーク=ムートン (Blake, R.R.=Mouton, J.S.) [1964, 1978] によって提示されたリーダーシップ行動モデルである。経営管理者の行動を，1)業績に関する関心，2)人間に関する関心，3)階層，の3つの次元に集約した。さらに，業績に関する関心と人間に関する関心を，それぞれ9段階に分けて，その行動を5・5型，9・1型，1・9型などにパターン化し，リーダーシップ・スタイルを考察している (☞『組織』166-168頁)。

リーダーシップ条件適合理論は，あらゆる条件に普遍的に妥当する唯一最善のリーダーシップの存在を否定したリーダーシップ理論であり，1)フィードラー (Fiedler, F.E.) [1967] の条件適合理論，2)ハーシー=ブランチャード (Hersey, P.=Blanchard, K.H.) [1996] の条件適合理論，などがあげられる。そこでは，リーダーとフォロワーの関係は常に変化する (☞『管理』143-144頁)。

105

4 組織文化と組織変革

❶ 組織文化

　組織文化（organizational culture）とは，一般的に，①「組織構成員の間に共有されている暗黙の了解・態度あるいは固有の観念」，②「組織メンバーによって共有されている価値・規範・信念の集合体」など，組織の目に見えない側面のことをいう。岸川善光［2015b］は，組織文化を，「組織構成員によって共有化された基本的仮定，価値観，規範，信念のセット（集合体）である[14]」と定義している。組織文化には，企業文化，経営文化，企業風土，経営風土，組織風土，社風など，多くの類似概念が存在する（☞『組織』172-174頁）。

　近年，組織文化は，組織の独自能力を構築する際の源泉として，経営管理に多大な影響を及ぼすことが明らかになりつつある。組織文化によって，イノベーション志向，成果志向，マーケティング志向など，組織の方向性が変わるからである。組織文化の特性について，ピーターズ゠ウォーターマン（Peters, T.J.゠Waterman, R.H.）［1982］の『エクセレント・カンパニー』（行動の重視，顧客との密着など），オライリー゠チャットマン゠カルドウェル（O'Reilly, C.A.゠Chatman, J.゠Caldwell, D.F.）［1991］の「組織文化を形成する7つの特性」（リスク志向性，結果志向性など）にみられるように，興味深い先行研究がすでにいくつか存在する（☞『組織』174-175頁）。

　シャイン（Schein, E.H.）［1985］は，図表4-7に示されるように[15]，組織文化のレベルについて，①人工物と創造物，②（組織メンバーの日常的な行動を支配する）価値，③（内部統合や外部適合などの問題に対応して学習された学習の結果として習得された）基本的仮定，の3つに分類している（☞『組織』175-177頁）。

① 　人工物と創造物：組織文化の表層レベルに該当し，組織におけるシンボル，
　　逸話，歴史上の重要な出来事などによって創り出された人工物や物理的・社

第4章 経営組織

図表4-7 文化のレベルとその相互作用

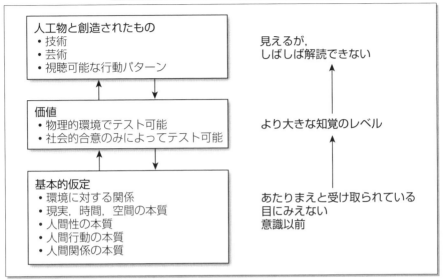

(出所) Schein, E.H. [1985] 訳書19頁。

会的な環境のことを意味する。
② 価値：組織文化の根幹をなすその企業がもつ独自の価値のことである。価値には，ドメインなどの戦略的価値から，事業遂行上の成功要因や日常の行動規範のようなものまでいくつかの階層（レベル）が存在する。
③ 基本的仮定：組織文化の深層レベルに該当し，組織における暗黙の前提や組織内パラダイムを意味する。シャイン [1985] によれば，基本的仮定こそが，まさに組織文化の本質であり，組織文化そのものである。基本的仮定は，上述した人工物や創造物のレベル，価値のレベルに対して，根底から影響を及ぼすからである。

組織文化は，経営者の経営理念およびリーダーシップ，組織構造や管理システム，創業者に関する伝説，組織に固有の儀式，などによって形成される。組織文化は，当該組織をそれ以外の組織と区分する基盤でもあるので，各組織は，独自の組織文化をもつ。ディール=ケネディ（Deal, T.E.=Kennedy, A.A.）[1982] は，組織文化の類型として，①リスクの大きさ，②成果フィードバック時間の

長さ，という2つの次元によって，①マッチョ文化（高リスク・短フィードバック時間：ギャンブル性，積極性，出版・広告代理店など），②よく働き／よく遊ぶ文化（低リスク・短フィードバック時間：地道な努力，集団一体感，販売会社・小売業者など），③会社を賭ける文化（高リスク・長フィードバック時間：情報重視，熟練，投資銀行・石油会社など），④手続文化（低リスク・長フィードバック時間：手続，慣例，電力会社・銀行など），の4つに区分した。この4つの分類は，組織文化の分類としては興味深いものの，経営管理との関連づけは必ずしも十分ではない（☞『組織』180-182頁）。

組織文化には，機能と逆機能がある。組織文化の機能は，①外部適応と存在，②内部統合，の2つに大別される。外部適応と内部統合によって，①判断基準の設定による意思決定と行動の迅速化，②組織の一体感と組織行動の整合性，③コミュニケーションの円滑化，④やる気や挑戦意欲の向上，⑤企業イメージの醸成，などの効果が得られる。他方，組織文化の逆機能として，①組織の硬直化（価値観の均一化），②創造性の欠如，③自社の組織文化への過度の固執，④イノベーションの機能不全，などがあげられる（☞『組織』182-186頁）。

組織文化の逆機能を克服し，組織文化の機能を実現するために，組織文化の変革に関して，①組織文化の変革メカニズム，②ビジョナリー・リーダーの役割，③変革型リーダーの必要性など，現実的な課題について，シャイン［1999］など多くの研究者によって研究が続けられている（☞『組織』186-191頁）。

他方，即現実的な課題ではないが，組織文化に関連して，組織シンボリズムに関する研究が進展しつつある。具体的には，①機能主義的組織シンボリズム論，②解釈主義的組織シンボリズム論，に大別される。組織シンボリズムに関する研究課題は，①シンボルの意味解釈，②特定の組織文化の生成プロセス，③「組織文化のマネジメント」の可能性，などである（☞『組織』192-197頁）。

❷ 組織変革

組織は，環境要因の変化，すなわち環境変化に対応するために，常に変化しなければならない，変化こそが常態であるといえよう。組織が環境変化に対応するために，組織構造，組織プロセス，組織文化，従業員の意識などを，主体

的・意図的に変革することを組織変革（organizational change）という。

組織変革に関連する研究課題として，①組織変革の背景，②組織変革の対象，③組織変革の類型，④組織変革の疎外要因，⑤組織学習，などがあげられる。これらに関する研究成果は，着実に蓄積されつつある（☞『組織』200-205頁）。

組織変革に関する研究課題の中から，④組織変革の疎外要因の1つとして，近視眼的変革についてみてみよう。ナドラー＝ショー＝ウォルトン（Nadler, D. A.=Shaw, R.B.=Walton, A.E.）[1995] は，図表4-8に示されるように[16]，サクセス・シンドローム（成功の罠）に陥る可能性について指摘している。

サクセス・シンドロームは，過去の成功と結びついた慣行や活動が標準的な運用手順となり，条件が変わっても，旧態依然としたままの状態のことである。成功をおさめた企業は，成功の経験を組織運営に組み入れ，漸進的変革，すなわち，戦略・構造・人間・文化など組織構成要素の調和によって，組織目標を達成させようとする。組織が成長するにつれ，新しい構造，プロセスが開発され，計画的なコントロールが難しくなり，構造的惰性および文化的惰性が始まる。構造的惰性および文化的惰性は，組織を過去に縛りつけ，組織発展の障害になりうる。

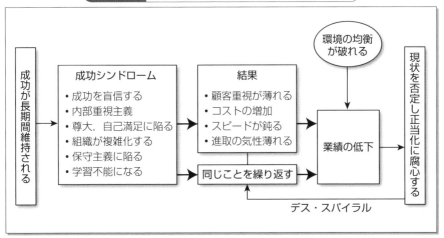

図表4-8　サクセス・シンドローム（成功の罠）

（出所）　Nadler, D.A.=Shaw, R.B.=Walton, A.E. [1995] 訳書12頁。

センゲ（Senge, P.M.）［1990］の有名な「ゆでられた蛙の寓話[17]」も，組織変革の疎外要因の例として興味深い。すなわち，熱湯を入れた鍋に蛙を入れれば，蛙は慌てて外に飛び出そうとするが，水を入れた鍋に蛙を入れ，その鍋をゆっくりと温めると，水温が徐々に上がるにつれて，蛙は体力をだんだん消耗し，鍋から出ることができなくなり，いつの間にか死んでしまう（☞『組織』210頁）。

「ゆでられた蛙の寓話」と似たような現象は，米国の自動車産業など，多くの局面で観察される。人間も組織も，環境に緩やかな変化が起きたとき，漸進的な変革を通じて適応しようとする傾向がある。しかし，そのうち組織は，急速な変化に対応できなくなり，上述した蛙と同じ運命になる可能性がある。組織は，重大な危機が隠れている緩やかな変化のプロセスにも目を向けることを学ばなければ，存続・発展はできないといっても過言ではない。

❸ 戦略的組織変革

組織変革において，レヴィン（Lewin, K.）［1951］の戦略的組織変革プロセスは，いわば古典的定説といえる。レヴィン［1951］は，戦略的組織変革プロセスを，①解凍（unfreezing），②移行（moving），③再解凍（refreezing），の3段階に分類した[18]（☞『組織』216-217頁）。

① 解凍：解凍段階において，組織構成員に変革の必要性を認識させることが重要である。それは，組織内に推進力，抵抗力という2つの不均衡を生みだすことによって実現できる。推進力が抵抗力を上回れば，変革は次の段階，すなわち移行に進み，下回れば変革は生じず，従来の状態が継続される。

② 移行：移行段階において，より望ましい状態や行動を生み出すために，計画的な試みが行われる。従来の行動は，長い期間にわたって行われたものであるのに対して，新しい行動は，初めて経験することが多い。それゆえ，移行段階において，組織構成員の従来の行動を変える取組みが欠かせない。

③ 再解凍：新しい状態や行動を長期にわたって定着する段階である。組織構成員の新しい行動を評価し，何らかのインセンティブを与え，継続させることが重要である。

このように，戦略的組織変革は，変革の必要性の認識⇒望ましい状態の創造

の試み⇒新しい状態の定着，を通じて実現できる。戦略的組織変革において，最も重要なことは，経営者が変革の必要性を意識することである。従業員の興味・関心・注意は，既存の戦略・構造・文化などに大きく制約されており，環境の変化および組織変革の必要性を認識する可能性は低い。それゆえに，組織変革を行う際に，個人にとっても組織にとっても，その変革が魅力的であるという推進力を増加・伝達するために，変革のリーダー的役割を推進する変革型リーダーシップの力が必要となる（☞『組織』217頁）。

金井壽宏［1999］によれば，変革型リーダーの行動特性として，①ビジョン，②変化への嗅覚，③奨励，④緊張感の醸成，⑤育成，⑥ネットワーク，⑦配慮，の7つがあげられる[19]。この7つの行動特性を備えた変革型リーダーは，戦略的組織変革において，極めて重要な役割を果たすことができる。

5 組織間関係

❶ 組織間関係の意義

組織間関係（inter-organizational relations）とは，相互に自律的であり，組織間における直接的かつ間接的な依存関係をもつ組織の結びつきのことを指す。現代社会において，組織はほぼ例外なくクローズド・システムではなく，オープン・システムであり，他の組織との相互依存性を前提として成立している。具体的には，組織が存続・発展するためには，企業と企業，企業と銀行，企業と地域社会など，多種多様なステークホルダーと，ヒト・モノ・カネ・情報の相互依存関係を効果的に継続する必要がある（☞『組織』226頁）。

組織間関係論は，取引コスト経済学，新制度学派社会学など，多様な研究領域と密接な関係性を有しており，組織間関係がなぜ形成されるのか，どのように展開されていくのかについて，様々な視点から考察されている。

昨今のグローバル化を端緒とした企業の大規模化・複雑化に伴って，企業が影響を受ける範囲は拡大するとともに多様化している。今日の組織間関係は，

企業提携，M＆A，製販同盟，アウトソーシングなど，様々な手法によって展開されることが一般的なものとなっており，このような組織間関係のマネジメント（経営管理）が，企業経営において極めて重要な課題となりつつある。

　現代におけるICTの潮流は，従来の組織構造や分業体制に大きな革新をもたらし，異業種提携や国際提携など様々な形態での戦略的提携を実現している。

❷ 組織間関係の視座（パースペクティブ）

　山倉健嗣［1993］によれば，組織間関係は，①資源依存パースペクティブ，②組織セット・パースペクティブ，③協働戦略パースペクティブ，④制度化パースペクティブ，⑤取引コスト・パースペクティブ，の5つの視座（パースペクティブ）から分析が行われる（☞『組織』232-237頁）。

　図表4-9は，5つのパースペクティブごとに，①主な研究者，②前提，③主な論点，④特色を一覧化したものである[20]。

　この5つのパースペクティブの中で，フェファー＝サランシック（Pfeffer, J.＝Salancik, G.R.）［1978］が，1970年代の後半に，組織間のパワー現象と組織戦略との相関について分析したことによって，資源依存パースペクティブは，組織間関係論の支配的パースペクティブの地位を確立した（☞『組織』232-233頁）。

　エヴァン（Evan, W.M.）［1972］が提唱した組織セット・パースペクティブは，マートン（Merton, R.K.）［1949］が提示した役割セットの概念を援用したものである。分析単位である焦点組織，それに関連するインプット組織（供給業者，労働組合，監督官庁，金融機関など），さらに当該組織のアウトプット組織（顧客，流通業者，地域社会など）を組織セットと呼んでいる。組織セット・パースペクティブでは，組織内および組織外の境界に位置する境界連結管理者（企業グループ，系列，戦略的提携，バーチャル・コーポレーションなどの境界管理者）に着目し，資源や情報の流れを分析することを重視する（☞『組織』233-234頁）。

　1980年代に入って，組織間関係の分析単位が，次第に個別組織から組織の集合体や組織間システムに移行し始めた。その頃，アストレイ＝フォムブラン（Astley, W.G.＝Fombrun, C.J.）［1983］による協同戦略パースペクティブは，組織

第4章 経営組織

図表4-9 組織間関係論のパースペクティブ

	研究者	前提	論点	特色
資源依存パースペクティブ	トンプソン (Thompson, J.D.) フェファー=サランシック (Pfeffer, J.=Salancik, G.R.)	組織を基本的分析単位 組織存続のために経営諸資源を獲得・処分 他組織からの依存回避と自律性	なぜ組織間関係が形成されるのか 組織間の非対象関係 (パワー不均衡) 組織間調整メカニズム オープン・システム	依存の操作 資源の集合 情報の集合
組織セット・パースペクティブ	エヴァン (Evan, W.H.)	他組織と投入・産出の交換を行うオープン・システム インプット・アウトプットのアプローチと組織セットの発想の組み合わせ	組織セットを規定する変数（規模，多様性，ネットワークの構造，資源の集中度，メンバーシップの重複性，目標・価値の重複性，対境担当者）	対境関係者に対する注目 包括的な対象領域
協同戦略パースペクティブ	アストレイ=フォムブラン (Astley, W.G.=Fombrun, G.J.)	組織の集合体あるいはグループを基本的分析単位 資源依存パースペクティブに対するオールタナティブ	共有された目標・戦略 相互依存，交渉，妥協，共生 協力，共生を重視 共同戦略の分類（同盟型・集積型・有機型）	組織間システム・レベルを研究対象 資源依存パースペクティブと相互補完関係
制度化パースペクティブ	スコット (Scott, W.R.) パウエル=ディマジオ (Powell, W.W.=Dimaggio, P.J.)	組織は制度化された環境に内在する存在 他組織との同調や協調に努める	環境からの制約を受け入れる（規範，神話，価値など） 正当性	現象学，社会学の影響 環境決定論に立脚した組織間関係論
取引コスト・パースペクティブ	コース (Coase, R.H.) ウィリアムソン (Williamson, O.E.)	取引を分析単位 取引コスト 組織と市場	市場・中間形態・組織の取引様式の選択 境界問題（市場，中間組織，組織）に焦点	取引コストの最小化に焦点を当てて組織間関係を分析

（出所）山倉健嗣 [1993] 33-62頁に基づいて筆者作成。

の集合体を分析単位として，組織共同体レベルにおける協同，共生，協力などの組織間活動に焦点をあてた（☞『組織』234頁）。

制度化パースペクティブは，1980年代に入って定着した組織間関係パースペクティブの1つである。スコット（Scott, W.R.）［1987］，パウエル＝ディマジオ（Powell, W.W.＝Dimaggio, P.J.）［1991］などの論者によって提唱された。このパースペクティブは，新制度派組織論の範疇に入る。他組織との同調（conformity）や同型性（isomorphism）の問題を強調している（☞『組織』234-235頁）。

取引コスト・パースペクティブは，コース（Coase, R.H.）［1937］とウィリアムソン（Williamson, O.E.）［1975］という年度は異なるものの，2人のノーベル経済学賞受賞者によって提唱された組織間関係パースペクティブである。企業を取り巻くステークホルダーとのあらゆる関係を「取引」という概念でとらえようとしたこのパースペクティブは，経営組織論のみならず，産業組織論など他の研究領域にも多大なインパクトを及ぼしている（☞『組織』235-237頁）。

❸ 組織間関係の革新

ICT（情報通信技術）の飛躍的な進展によって，「時間的制約」と「空間的制約」を克服できるようになりつつある。従来の物理的距離が情報距離に変わったことによって，社会全体のネットワーク化が急激に進展しつつある。

ICTの進展に伴って，第一次産業の農林水産業は，農林水産情報業へ，第二次産業の製造業は，製造情報業へ，第三次産業の流通業・サービス業は，流通情報業，サービス情報業へといえるほど変化しつつある。すなわち，1.5次産業や2.5次産業，さらに3.5次産業が，次々と現実化しつつある。

組織間革新の動向は，企業間関係にとどまらない。例えば，地域社会との組織間関係が進展し，地域クラスターが実現した事例は，枚挙にいとまがない。米国の半導体，スイスの時計，オランダの食品，イタリアのアパレルにみられるように，地域クラスターが果たす役割は極めて大きい。これらの地域クラスターの根源には，企業と地域社会を中核とする組織間関係があることはいうまでもない。

企業と大学の組織間関係も，急激に進展しつつある。例えば，米国のシリコ

ン・バレーにおいて，ヒューレット・パッカード，サン・マイクロシステム，オラクルなどITベンチャー企業が一流企業に成長した背景には，スタンフォード大学やカリフォルニア大学バークレー校など数多くの大学と，産学の組織間関係があったからである。

　組織間関係の中で，企業間関係の進展はいうまでもない。第3章で考察したように，供給連鎖（サプライチェーン・マネジメント），グローバル・ロジスティクス・ネットワークを中心に，新たなビジネスシステムが国境を越えて次々に生まれている（☞『組織』245-247頁）。

　近年では，図表4-10に示されるように[21]，供給連鎖からさらに一歩進化した需要連鎖（demand chain）の構築が各国で進展しつつある。需要連鎖とは，「顧客起点による製品の流れ，機能連鎖，情報連鎖のこと」である。需要連鎖は，顧客の需要を満たすための機能（業務，活動）の流れ，情報連鎖であるので，顧客との「接点」が極めて重要になる。具体的には，①接点の形成，②接点のデータベース化，の2点が必要不可欠である。

　需要連鎖は，従来のビジネスシステムとは異なり，生産—販売型のビジネス

図表4-10　eマーケットプレイスによる流通の変化

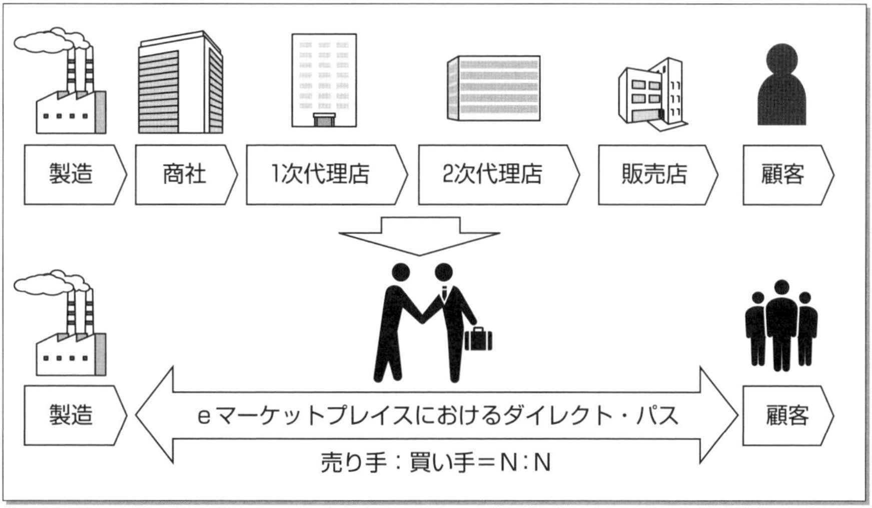

製造　→　商社　→　1次代理店　→　2次代理店　→　販売店　→　顧客

eマーケットプレイスにおけるダイレクト・パス
製造　←→　顧客
売り手：買い手＝N：N

（出所）　佐々木紀行［2001］15頁に基づいて筆者が一部修正。

システムの形態をとらない。ICTの進展により，顧客の需要をリアルタイムで把握し，組織間関係の基盤（ビジネス・プラットフォーム）を活用することによって，顧客のニーズを的確に充足することができる。各種ステークホルダーとの間に，Win-Win関係が実現する可能性を秘めている。

1）岸川善光［2002］29頁。
2）森本三男［2003］2-3頁。一本道の上の大きな石の話は，本来，バーナードの説明例であるが，森本三男の説明のほうが分かり易いので，森本三男［2003］を援用した。
3）Barnard, C.I.［1938］訳書76頁。ただし，体系をシステムに変更するなど訳語を一部変更した。
4）同上書67頁。
5）同上書および各種解説文献に基づいて筆者作成。
6）Barnard, C.I.［1938］pp.82-91.原書では，willingness to cooperateとwillingness to serveを互換的に用いているが，本書では，willingness to cooperateに統一する。
7）森本三男［2006］50頁。
8）Robbins, S.P.［2005］訳書285頁。
9）Galbraith, J.R.=Nathanson, D.A.［1978］訳書113頁。
10）同上書193頁（訳者あとがき），岸田民樹［2006］146頁。
11）岸川善光［1999］133頁。
12）Maslow, A.H.［1970］訳書56-72頁に基づいて筆者が図表化。
13）上田泰［2003］229頁。
14）岸川善光［2015b］174頁。
15）Schein, E.H.［1985］訳書19頁。
16）Nadler, D.A.=Shaw, R.B.=Walton, A.E.［1995］訳書12頁。
17）Senge, P.M.［1990］訳書33-34頁。
18）Lewin, K.［1951］訳書223-224頁。
19）金井壽宏［1999］101-104頁。
20）山倉健嗣［1993］33-62頁に基づいて筆者作成。
21）佐々木紀行［2001］15頁に基づいて筆者が一部修正。

本章では，経営管理（マネジメント）につい
て考察する。前章までの環境－経営戦略－組織
の適合を図るために，本章の経営管理と次章の
経営情報が，極めて重要な位置づけを占める。

第一に，経営管理の意義について考察する。
まず，組織の時代は，経営管理の時代でもある
ことを理解する。次に，経営管理論の生成と発
展について，「一定の法則性」に関して理解を
深める。さらに，経営管理の体系について5つ
の観点から言及する。

第二に，経営システムについて考察する。ま
ず，経営管理の対象である経営システムの概念
について理解する。次いで，経営システムの構
造について理解を深める。さらに，経営管理の
本質ともいえるフィードバック・コントロール
について言及する。

第三に，経営者の職能について考察する。ま
ず，所有と経営の分離について理解する。次に，
専門経営者の職能が確立されるに伴う経営者支
配について理解を深める。さらに，経営管理と
意思決定について，意思決定のプロセス・種類・
特性・技法など多面的に言及する。

第四に，総合経営管理と機能別管理について
考察する。まず，総合経営管理について理解す
る。次いで，機能別管理について理解を深める。
さらに，総合経営管理と機能別管理の関連性に
ついて言及する。

第五に，企業の社会的責任について考察する。
まず，利害関係者（ステークホルダー）につい
て理解する。次に，利害関係者に対する義務，
すなわち社会的責任について理解を深める。さ
らに，企業の社会的責任の実践について言及す
る。

第5章

経営管理

1 経営管理の意義

❶ 組織の時代

　現代は「組織の時代」といわれる。第4章（経営組織）で述べたように，企業・行政体・病院・学校・宗教団体など，現実に，様々な組織によって社会活動が営まれている。これらの組織が存続し発展するためには，何らかの価値（効用）を提供し，その対価を受け取るという行為が不可欠である。

① 企業：財およびサービスを提供し，その対価として利益を獲得する。

② 行政体：環境保護や安全・安心などの公共サービスを提供し，その対価として税収を確保する。

③ 病院：医療サービスを提供し，その対価として医療収入を確保する。

④ 学校：教育サービスを提供し，その対価として授業料などの収入を得る。

⑤ 宗教団体：信仰や安心などの心のサービスを提供し，その対価として信者からお供えを得る。

　上述した組織は，すべて人為的なものであるので，これらの組織の存続・発展を図るためには，組織を主体的に運営する機能，すなわち経営管理（management）の機能が必要不可欠である。その意味で，「組織の時代」は「経営管理（マネジメント）の時代」でもある（☞『管理』2頁）。

　現代の社会を構成する組織の中でも，企業は消費者ニーズの充足に必要な財およびサービスを生産し，供給するという経済的機能を担っており，人間の社会行動全般に多大な影響力を有している。経営管理はすべての組織において必要であるものの，特に企業において経営管理の優劣が，企業の存続・発展に直結するという現実を踏まえ，本書では，企業を経営管理の対象領域の中心において考察する。

　経営管理の主な目的として，①価値の創出・提供と対価の獲得，②社会的責任の遂行，③経営システムの存続・発展，の3つがあげられる（☞『診断』

図表5-1　あるべき姿と現状とのギャップ

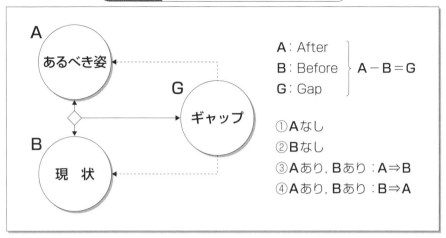

(出所)　岸川善光［2006］20頁。

13-19頁)。①価値の創出・提供，②社会的責任の遂行，③経営システムの存続・発展のためには，「問題解決（ソリューション）」および「イノベーション」が必要不可欠である。日々の問題解決およびイノベーションがなければ，①価値の創出・提供，②社会的責任の遂行，③経営システムの存続・発展などあり得ない。

　経営管理の出発点は，図表5-1に示されるように[1]，事業分野（製品・市場分野）や経営システムなど，経営管理の対象について，A（After：あるべき姿）を描き，B（Before：現状）を客観的に認識し，G（Gap：ギャップ・問題点・宝の山）をまず抽出しなければならない。①現状肯定のAなし，②現状認識が甘いBなし，③あるべき姿を現状に引き下げるA⇒Bでは，G（ギャップ・問題点・宝の山）は解決できない。④現状をあるべき姿に引き上げるB⇒Aのみが「問題解決」および「イノベーション」といえよう。経営管理において，G（ギャップ・問題点・宝の山）の発見および解決は，極めて重要な課題である（☞『診断』15-19頁，☞『戦略』20-21頁）。

❷　経営管理論の生成と発展

　経営管理論は，図表5-2に示されるように[2]，①古典的管理論，②新古典的

図表5-2　経営管理論の生成・発展過程

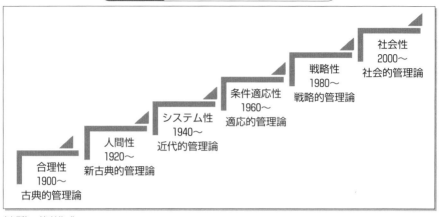

(出所) 筆者作成。

管理論，③近代的管理論，④適応的管理論，⑤戦略的管理論，⑥社会的管理論，の6つの発展段階を経て，多面的・重層的に発展しつつある。

① 古典的管理論：テイラー（Taylor, F.W.）の業績（能率技師，差別出来高給，課業，職能別職長組織，時間研究，作業研究，科学的管理），フォード（Ford, H.）の業績（フォーディズム，標準化，コンベアシステム，大量生産システム），ファヨール（Fayol, H.）の業績（経営機能と管理機能，管理過程，管理原則），にみられるように，19世紀末から20世紀初頭における経営管理上の問題を解決するために，経営管理に関する経験，知識，技法を体系化する際，「合理性の追求」を目指したことに特徴がある（☞『管理』34-39頁）。

② 新古典的管理論：上述した古典的管理論による合理性の追求によって，経営管理の水準は飛躍的に向上した。一方，合理化された仕事の仕組みに人間性が抑圧されるなど様々な歪みが発生した。これを受けて，新古典的管理論では，メイヨー=レスリスバーガー（Mayo, G.E.=Roethlisberger, F.J.）の業績（ホーソン実験，感情の論理，インフォーマル組織，社会人），リッカート（Likert, R.）の業績（リーダーシップ，管理システム，連結ピン），マグレガー（MacGregor, D.）の業績（X理論－Y理論，目標による管理，スキャンロン・プラン），ハーズバーグ（Herzberg, F.）の業績（モティベーション，動機づけ要因－衛

生要因），マズロー（Maslow, A.H.）の業績（動機づけ，欲求5段階説）にみられるように，人間行動の研究，「人間性の追求」を目指した。人間関係，動機づけ，リーダーシップ，訓練，コミュニケーション，職務充実，職務拡大，小集団活動，QCサークルなど，新古典的管理論に基づく多くの施策が広く普及している（☞『管理』39-46頁）。

③　近代的管理論：現実の企業は，合理的機構と人間主体との複雑な統一体であるので，古典的管理論による合理性の追求をテーゼ（正），新古典的管理論による人間性の追求をアンチテーゼ（反）として，システム性の追求をジンテーゼ（合）とする統合理論としての近代的管理論が要請されることは，弁証法的にみても，ごく自然の成り行きといえる。近代的管理論では，バーナード（Barnard, C.I.）の業績（協働システム，組織の3要素，有効性と能率），サイモン（Simon, H.A.）の業績（意思決定プロセス，価値前提と事実前提，制約された合理性，経営人モデル，組織均衡，誘因と貢献），サイアート=マーチ（Cyert, R.M.=March, J.G.）の業績（コンフリクト，シミュレーション・モデル）にみられるように，組織を「意思決定のシステム」とみなし，「システム性の追求」を目指したので，経営者の職能とされる意思決定に関する分野における知識の一般化・体系化が飛躍的に進展した（☞『管理』46-50頁）。

④　適応的管理論：どの研究分野においても，一般に，理論がより洗練化され精緻化されるにしたがって，一般性や普遍性よりも，条件適応性や相対性が強調される傾向がある。経営管理論にもこのことはあてはまり，企業と環境の関係は，理論的にも現実的にも極めて重要な課題である。適応的管理論では，バーンズ=ストーカー（Burns, T.=Stalker, G.M.）の業績（機械的システムと有機的システム），ウッドワード（Woodward, J.）の業績（技術と組織の関係性，技術が組織構造を規定する），ローレンス=ローシュ（Lawrence, P.R.=Lorsch, J.W.）の業績（コンティンジェンシー・セオリー，分化と統合のパターン）にみられるように，あらゆる条件に普遍的に妥当する唯一最善の管理の方法や組織のあり方を否定し，「条件適応性の追求」を目指した（☞『管理』50-54頁）。

⑤　戦略的管理論：上述した適応的管理論は，環境（条件）というものの存在を明示的に研究テーマに取り込み，経営管理論の領域を拡大した。この環境

（条件）という概念を不確実性や他組織に限定せず，広く企業活動を促進しあるいは制御する外的要因と解釈し，外的要因との関わりの中で企業の将来の発展の方向を構築することを重視するのが戦略的管理論である。戦略的管理論では，チャンドラー（Chandler, A.D.Jr.）の業績（経営戦略と組織との関係性，組織構造は戦略に従う），アンゾフ（Ansoff, H.I.）の業績（意思決定の種類，成長ベクトル，多角化のタイプ，シナジー），スタイナー（Steiner, G.A.）の業績（経営計画論，問題解決プロセス），ポーター（Porter, M.E.）の業績（価値連鎖，5つの競争要因，3つの競争の基本戦略）にみられるように，戦略的管理論の中核は，経営戦略と組織の関係性に関する議論であり，「戦略性の追求」を目指している（☞『管理』54-60頁）。

⑥　社会的管理論：従来の経営管理論の枠組みを拡大して，「企業と社会」がどのような関わり方をするのか，社会的ニーズをどのように取り込むかなど，「企業と社会」の関係に着目して，2000年以降，「戦略的社会性」を中心とする「社会性の追求」を目指している経営管理論である。従来の経営管理論では，主として「企業⇒社会」という観点から，市場性，営利性，効率性などを重視してきたが，近年，「社会⇒企業」という観点を加えた地球環境問題，企業倫理，マクロとミクロの両立など「社会性の追求」は，実は，市場性，営利性の追求と矛盾しないということが明らかになりつつある。今後，経営管理の社会化はますます進展するものと思われる（☞『管理』60-65頁）。

❸ 経営管理の体系

本項では，経営管理の体系について，①経営管理の対象，②総合経営管理と機能別管理，③経営管理の階層，④経営管理のプロセス，⑤経営管理論の位置づけ，の5つの観点から概観する。

①　経営管理の対象：経営管理の対象は，企業をはじめとする経営システムである。経営システムの具体的な内容については，第2節において考察する。

②　総合経営管理と機能別管理：経営管理の体系を考察する「切り口」として，経営管理の対象である機能（活動）の範囲の広狭があげられる。具体的な内容については，第4節において考察する。

第5章 経営管理

③　経営管理の階層：経営管理者の階層は，1)トップ・マネジメント，2)ミドル・マネジメント，3)ロワー・マネジメント，の３つの階層に区分される。トップ・マネジメントは，代表取締役社長をはじめとする最高経営管理者のことである。この最高経営管理者のことを単に経営者ということがある。ミドル・マネジメントは，事業部長，部長，課長などの中間経営管理者を指す。この中間経営管理者のことを単に管理者ということがある。ロワー・マネジメントは，係長，職長など下級経営管理者のことである。下級経営管理者は，通常，監督者といわれることが多い。現実に，下級経営管理者は，大半の企業において管理職ではない場合が多い。経営管理者の階層によって，彼らが果たす職能，彼らが必要とされるスキルは大きく異なる（☞『管理』76-79頁）。

④　経営管理のプロセス：経営管理について体系的に考察する観点として，経営管理のプロセスがあげられる。この経営管理のプロセスは，通常，管理過程と呼ばれる。管理過程とは，管理活動の遂行順序（開始から完了まで）のことである。管理過程の内容について，ファヨール以来，多くの研究者が自説を提唱しているが，まだ定説までには至っていない。本書では，テリー＝フランクリン（Terry, G.R.=Franclin, S.G.）[1982] に準拠して，管理過程を，1)計画設定（planning），2)組織編成（organizing），3)動機づけ（motivating），4)統制（controlling），の４つに区分して考察する（☞『管理』79-87頁）。

⑤　経営管理論の位置づけ：経営学における経営管理論の位置づけ，経営管理論の隣接諸科学，ビジネススクールにおける経営管理論の位置づけなど，関連領域および隣接科学における経営管理論の位置づけは，経営管理論の対象領域や特質に関する体系的な考察に欠かせない（☞『管理』88-92頁）。

2 経営システム

❶ 経営システムの概念

経営管理の対象は，企業をはじめとする経営システムである。従来，システ

ムの訳語として，系，体系，組織，制度などがあてられてきた。システムの要件としては，①2つ以上の複数の構成要素による集合体であること，②複数の構成要素が何らかの相互関連性を有していること，③複数の構成要素は共通の目的を持ち，その目的のために機能すること，の3つがあげられる。

　システムの構造は，①インプット（入力，投入），②スループット（変換処理，変換プロセス），③アウトプット（出力，産出），④フィードバック（反送），の4つの要素によって構成される。

　経営システムという概念は，各種協働システム（cooperative system）に対して，上述したシステムに関する要件や構造を援用したものである。協働システムには，個人としての制約を克服することを目的として，企業，官庁，学校，労働組合，病院，軍隊など多くの形態が存在する。経営システムを研究対象とする場合，機能（行動）に主眼を置くと経営管理論（マネジメント論）になり，構造に主眼を置くと経営組織論になる。

　本書では，「経営システムとは，環境主体との対境関係，すなわち環境との関わり方を重視する経営体・組織であり，かつ経営体・組織の機能（活動）を含む概念である」と定義し，議論を進めることにする（☞『管理』68-69頁）。

❷ 経営システムの構造

　広義の経営システムは，図表5-3に示されるように[3]，①環境主体としての対境関係，すなわち，環境との関わり方を保持する狭義の経営システム，②価値の創出・提供のために直接必要な業務システム，③狭義の経営システムおよび業務システムのフィードバック・コントロールを行う経営管理システム，の3つのサブシステムによって構成される（☞『管理』69-71頁）。

① 　狭義の経営システム：オープン・システムである経営システムは，その存続・発展を実現するためには，環境の変化に対応しなければならない。環境の変化に対応するパターンとして，環境適応と環境創造の2つのパターンがあることは，すでに第3章において考察した。

② 　業務システム：価値の創出・提供のために直接必要な業務システムには，ビジネスシステム，ビジネスモデル，価値連鎖（バリューチェーン），供給

第5章 経営管理

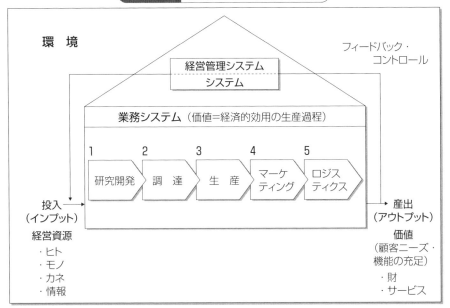

図表5-3 経営システムの基本構造

(出所) 森本三男［1995］36頁を参考にして筆者作成。

連鎖（サプライチェーン），需要連鎖（ディマンドチェーン），ロジスティクスなど多くの類似概念が存在する。本書では，業務システムの機能として，最も範囲が広い製造業をモデルとして選択し，1)研究開発（R＆D），2)調達，3)生産，4)マーケティング，5)ロジスティクス，の5つの機能を取り上げる。業務システムは，価値（経済的効用）の生産システムであるといえよう。

③ 経営管理システム：上述した狭義の経営システムおよび業務システムのフィードバック・コントロールを行う経営管理システムの機能は，1)狭義の経営システム・業務システムの円滑な運営，2)狭義の経営システム・業務システムのイノベーション，の2つに大別することができる。

経営管理システムは，1)対象機能（研究開発，調達，生産，マーケティング，ロジスティクスなど），2)経営資源（ヒト，モノ，カネ，情報），3)意思決定（情報活動，設計活動，選択活動，検討活動），の3つの分類基準によって，体系的に考察することができる。経営管理システムは，機能（活動）・経営資源・

情報の連鎖として捉えることもできる（☞『管理』71-73頁）。

❸ フィードバック・コントロール

経営管理システムは，図表5-3で明らかなように，①環境主体との対境関係，すなわち，環境との関わり方を保持する狭義の経営システム，②価値の創出・提供のために直接必要な業務システムに対して，フィードバック・コントロール（feedback control）を行うことをその基本機能とする（☞『管理』73-74頁）。

フィードバック・コントロールは，出力・産出（アウトプット）に関する情報を入力・投入（インプット）側に再送する（再び戻す）ことによって，変換処理，変換プロセスを制御することである。フィードバック（feedback）は，出力・産出（アウトプット）の変化に対して，変化を減少させる方向に制御する「ネガティブ・コントロール」と，変化を増加する方向に制御する「ポジティブ・コントロール」に大別される。

フィードバックとは対照的に，出力・産出（アウトプット）とは関係なく，ある条件下において，システムの制御のために，常に決められた入力・投入（インプット）を加えることをフィードフォワード（feedforward）という。

近年では，例えば，顧客との接点において，高度なフィードバックを可能にするPOS（Point of Sales）データが，リアルタイムの情報に近づくことによって，フィードフォワードに限りなく近い機能を果たすようになりつつある。このように，フィードバックとフィードフォワードの適切な組合せが，システムの制御を最適なものにする。

学術的には必ずしも正確な表現とはいえないものの，フィードバックとフィードフォワードについて，その概念を理解するために，身近な運転の事例についてみてみよう。車を運転する場合，速度標識とスピードメーターを比較して，現在のスピードが速度標識の基準速度よりもオーバーしている場合，速度標識の基準速度に合わせて減速することをフィードバックという。また，これから急な坂道を登る場合，速度標識の基準速度を維持するために，前もってアクセルを踏むことをフィードフォワードという。

フィードバック・コントロールは，前述したように，①狭義の経営システム・

業務システムの円滑な運営，②狭義の経営システム・業務システムのイノベーション，の2つを実現するために行われる。

① 狭義の経営システム・業務システムの円滑な運営：フィードバックとフィードフォワードによって，経営システムの出力・産出（アウトプット）に関する所期の目標を達成するために，経営システムの構成要素間の適合を図りつつ，入力・投入（インプット）および変換処理，変換プロセス（業務システム）を効果的・効率的に制御することである。

② 狭義の経営システム・業務システムのイノベーション：環境との関わり方の革新（ドメインの再定義など），経営システムの構成要素の革新，業務システムの革新などのことである。先の運転の事例でいえば，速度標識の基準速度が現状にそぐわないので基準速度を変更するとか，道路の幅を拡張して基準速度を上げることなどがこれに該当するであろう。

3 経営者の職能

❶ 所有と経営の分離

　株式会社の場合，株式の分散が進展し，いわゆる「所有と経営の分離（資本と経営の分離）」という現象が，世界的に顕著になりつつある。「所有と経営の分離」については，バーリ=ミーンズ（Berle, A.A.=Means, G.C.）［1932］の実証研究を契機として，その後各国で実証研究がなされた結果，その実態が明らかになりつつある。

　バーリ=ミーンズ［1932］の実証研究は，約200社の大企業を対象とした調査に基づいている。調査結果を要約すると，①株式会社形態の大企業では，株式が広く分散している。②株式分散に伴い，大株主の持株比率が低下して，大株主が必ずしも経営活動に対する支配権を行使していない。③その結果，財産の所有に基づかない専門経営者による経営者支配が成立している，というものである。

この傾向は，米国だけの現象ではなく，日本でもドイツでも同様の傾向があり，①株主の高度分散，②株主の機関化，③株主の質的変化，の3点が共通している（☞『図説』52-53頁，☞『管理』17-19頁）。

① 株主の高度分散：日本，米国，ドイツの3国ともに，株主の数が増加し，その結果，株主が高度に分散している。外国人株主も急増しつつある。株式の高度分散によって，1人当たりの持株比率が極度に低下するので，所有（資本）を根拠にした経営が困難になった。

② 株主の機関化：日本，米国，ドイツの3国ともに，国によって濃淡はあるものの，個人株主の減少が目立つ。このことは，企業をはじめとする法人株主の増加と裏腹の関係にある。金融機関，保険会社，年金基金などの持株比率の高まりとともに，株主の機関化が急激に進展しつつある。

③ 株主の質的変化：株式の高度分散の結果，近年，株主の多くは企業経営にさほど関心を示さなくなり，もっぱら配当ないしは株価収益の獲得に興味を示すようになった。いわゆる無機能株主の増加現象であり，株主が質的に変化しつつあることを示している。これらの無機能株主は，会社の経営方針が意に沿わない場合や業績が悪い場合，いつでも証券市場で株式を売却し株主ではなくなる。

　上述したように，現代の企業の所有構造は大きく変化しつつある。所有構造

図表5-4　専門経営者

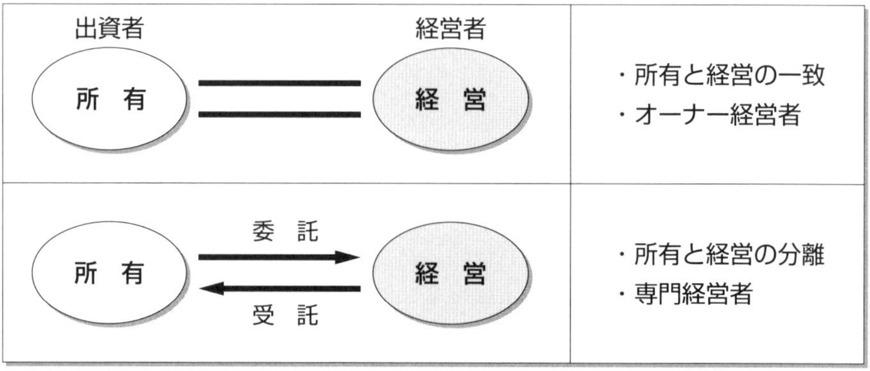

出資者	経営者	
所　有	経　営	・所有と経営の一致 ・オーナー経営者
所　有 → 委　託 受　託 → 経　営		・所有と経営の分離 ・専門経営者

（出所）岸川善光［2009b］77頁。

第5章 経営管理

の変化によって，特に大企業では，出資を分担する資本所有機能と，経営を担当する経営者の機能が実質的に分離しつつある。すなわち，「所有と経営の分離」は，具体的には，図表5-4に示されるように[4]，株主は資本の出資をするだけで，資本の運用については，専門経営者としての取締役（さらに執行役）に委託し，取締役（さらに執行役）はこれを受託するという関係が生まれることに他ならない。

　企業が大規模化，複雑化すると，企業経営を効果的に行うためには，経営管理に関する専門知識，経験，資質をもった経営者（経営管理者）が不可欠になる。特に，「所有と経営の分離」によって，資本所有者である株主が経営に対して積極的に関与しなくなると，資本所有者である株主とは別の人格である経営者（経営管理者）が制度としても必要になる。このように，一方では「所有と経営の分離」の進展，他方では，経営管理に関する専門性の増大という2つの要因によって，現代の大企業では，専門的な経営者（経営管理者）が必要不可欠である。専門的な経営者（経営管理者）には，果たすべき役割が期待されている。この役割のことを経営者（経営管理者）の職能という。

❷ 経営者支配

　経営者（経営管理者）の職能が確立されるにつれ，その職能を社会的任務として遂行する専門経営者（professional manager）が生まれた。専門経営者の登場の経緯については，バーナム（Burnham, J.）［1941］の『経営者革命論』に詳述されている。

　この専門経営者は，医師や弁護士などのプロフェッションと同様に，社会的な必要性を基盤としており，科学的な方法と経営管理技術を応用してその職務を遂行するテクノクラートの一種として位置づけることができる。もっとも，経営管理者に関する研究の歴史はまだ浅いので，医学や法学と比較すると，方法論や実証研究の蓄積が少なく，専門経営者をテクノクラートという場合，その意義については慎重に解釈すべきである。

　専門経営者がテクノクラートの一種であるためには，経営管理スキルの修得がその前提となる。すなわち，経営管理に関する科学的な方法と経営管理技術

の蓄積およびその応用が欠かせない。有能な専門経営者を育成するためには，まず経営管理に関する原理的な知識を体系的に修得させる必要がある。

　従来，経営管理は「アート（技術）かサイエンス（科学）か」という論争が長く続けられてきた。今日では，自然科学をはじめとする多くの分野で，科学と技術の境界が次第に曖昧になりつつあり，したがって，この「アートかサイエンスか」という議論の設定自体，さして生産的ではないと思われる。

　専門経営者の養成を目的とした経営管理教育の方法は，①職務を離れて実施する理論的な講義による方法，②職務を遂行する過程で実施するOJT（オン・ザ・ジョブ・トレーニング）による方法，の2つに大別することができる。最近では，世界的に有名な米国ハーバード大学経営大学院のケースメソッド（事例研究を軸とした教育方法）にみられるように，知識と経験（疑似体験を含む）の双方を同時に修得するための工夫が凝らされつつある。

　専門経営者が，経営管理に関する重要な役割を果たすようになって，企業における支配的地位を実質的に確立する現象のことを経営者支配という。企業が巨大化し，経営管理が高度化・複雑化する中で，所有に基づく支配はほとんど不可能になった。「事実として誰が支配しているのか」という問題意識に対する1つの回答が，バーナム［1941］の『経営者革命論』に他ならない。

　なぜ，経営者支配という現象が発生するのであろうか。主な要因として，①所有からの解放，②企業の社会的責任，③自己金融，の3つがあげられる（☞『図説』56-57頁，☞『管理』21-22頁）。

❸ 経営管理と意思決定

　従来，経営者の職能を意思決定とみる見方は多い。例えば，ノーベル経済学賞受賞者サイモン（Simon, H.A.）は，意思決定（decision making）を経営管理の中核概念として位置づけた。ここで意思決定とは，行動に先だって，いくつかある代替案（alternatives）の中から1つを選択する一連のプロセスのことである。

　サイモン［1977］によれば，意思決定のプロセスは，図表5-5に示されるように5)，①情報活動，②設計活動，③選択活動，④検討活動，の4つの活動によって構成される（☞『管理』22-23頁，☞『戦略』22-24頁）。

第5章 経営管理

図表5-5　意思決定のプロセス

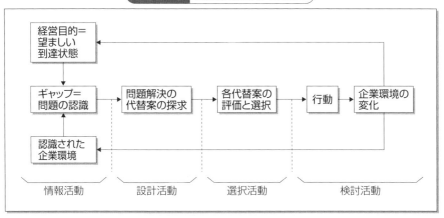

（出所）　Simon, H.A.［1977］訳書55-56頁に基づいて筆者が図表化。

① 情報活動：意思決定の対象となる問題を明確にする活動である。いわば問題を発見する活動といえよう。問題を発見しようとする場合，現状を肯定すると問題が見えなくなる。問題とは「望ましい状態と現実の環境認識のギャップ」のことであるので，問題を発見するには，一方で望ましい状態を想定し，他方で現実の環境を認識するという情報活動が欠かせない。

② 設計活動：問題を解決するために，実行可能と考えられる複数の代替的な問題解決策を探索する活動である。代替的な問題解決策には，通常，2つの種類の問題解決策が含まれる。1つは日常反復的（ルーチン）な問題に対する解決策で，もう1つは新規の問題に対する解決策である。前者に対する問題解決策は，あらかじめ複数の代替案が準備されていることが多いが，後者に対する問題解決策の策定には，より創造的で革新的な取組みを必要とする。

③ 選択活動：実行可能と思われる複数の代替的な問題解決策の中から，最適と思われる案を選択する活動である。選択活動で最も重要なことは，複数の代替的な問題解決策を実行に移した場合のそれぞれの効果を客観的に予測することである。効果を客観的に予測するには，経済性，技術性などを測定・評価するための評価基準をあらかじめ設定しておかなければならない。この評価基準の選択次第で，選択活動の良否が規定されることが多いので，評価

基準の選択には十分に留意すべきである。

④　検討活動：最適な問題解決策を実行に移した結果について，様々な観点から批判的に検討する活動である。もしも望ましい成果が得られないと判断されたならば，ただちに第一段階の情報活動に戻り，再び意思決定のプロセスが繰り返される。

企業では，経営活動において実に多種多様な意思決定が行われている。一口に意思決定といっても，組織の階層によって，部門によって，取り扱う製品によって，対象とする市場によって，その内容は大きく異なっているのが現状である。したがって，意思決定の種類を分類する観点も多種多様である。

アンゾフ（Ansoff, H.I.）[1965] は，上述した企業の意思決定を，経営資源の変換プロセスに対する意思決定の関与の違いによって，①戦略的意思決定，②管理的意思決定，③業務的意思決定，の３つに分類している[6]。そして，問題，問題の性質，主たる決定事項，主たる特徴について要約している（☞『管理』23-24頁，☞『戦略』24-26頁）。

①　戦略的意思決定：主として企業と企業外部（環境）との関係にかかわる意思決定で，その中心は製品・市場の選択に関するものである。それに付随して，目標，多角化戦略，成長戦略などが決定される。

②　管理的意思決定：経営諸資源の組織化に関する意思決定で，その中心は組織機構，業務プロセス，資源調達などに関するものである。

③　業務的意思決定：経営諸資源の変換プロセスの効率化に関する意思決定で，その中心はマーケティング，財務などの各機能別の業務活動目標や予算などである[7]。

アンゾフ [1965] は，３つに分類された意思決定の種類の中で，戦略的意思決定を重視した。実際の企業行動における革新的側面と戦略的意思決定の関連性に着目したからである。戦略的意思決定の中でも，特に製品・市場戦略を重視した。そこで開発された成長ベクトルという概念は今も広く普及している。製品・市場戦略の内容および成長ベクトルについては，第３章（経営戦略）においてすでに考察した。

戦略的意思決定が効果的なものであるためには，例えば，製品・市場戦略を

第5章 経営管理

実行するための組織機構，業務プロセス，資源調達など管理的意思決定の裏づけを必要とする。さらに，経営諸資源の変換プロセスの効率化に関する意思決定を中心とする業務的意思決定の裏づけが欠かせない。

　意思決定は，取り扱う問題の構造によって，①定型的意思決定（programmed decision），②非定型的意思決定（non-programmed decision），の2つに分けられる（☞『管理』24-25頁，☞『戦略』26-28頁）。

　定型的意思決定は，常時反復して発生するような問題を対象とする意思決定であるので，問題の構造はすでに明確になっており，問題解決のルールと問題解決策があらかじめ準備されていることが多い。

　これに対して，非定型的意思決定は，新たにその都度発生する問題を対象とする意思決定のことである。したがって，意思決定の対象である問題自体が新しく，問題の構造や意思決定のルールはまだ定まっていない。例えば，新産業分野への進出，新事業の創出，戦略的業務提携の締結，非採算分野からの撤退などを対象とする意思決定などが非定型的意思決定の例である。非定型的意思決定を行う場合，情報が少なく，参考にすべき事例にも限度があり，しかも1回限りということが多い。

　サイモン［1977］は，上でみた2つの意思決定の性質の違いを踏まえ，さらに意思決定の新旧によって，意思決定の技法を，①伝統的意思決定，②現代的意思決定，③定型的意思決定，④非定型的意思決定，の4つの「切り口」を用いて分類している[8]（☞『管理』24-25頁，☞『戦略』26-28頁）。

4 総合経営管理と機能別管理

❶ 総合経営管理

　企業活動は，人的資源管理，財務管理，情報管理，法務管理，研究開発，調達，生産，マーケティング，ロジスティクスなど，様々な活動によって営まれている。これらの活動を機能面からみると，活動とは機能の遂行に他ならない。

図表5-6　総合経営管理と機能別管理のマトリックス

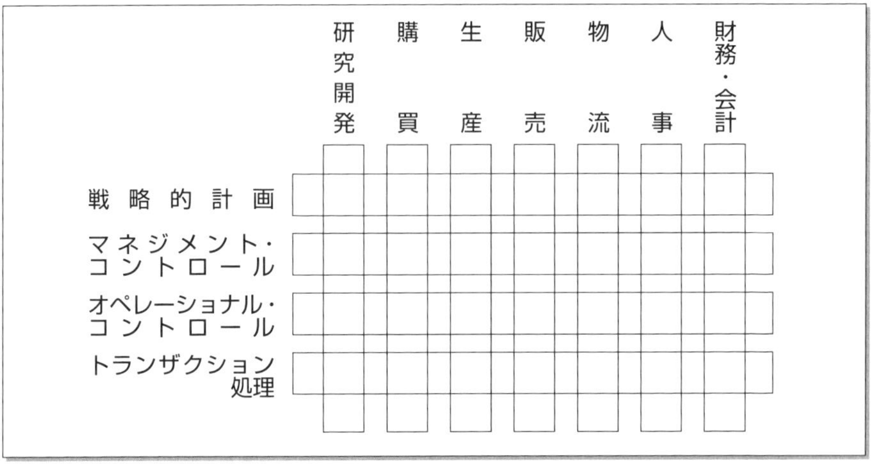

	研究開発	購買	生産	販売	物流	人事	財務・会計
戦略的計画							
マネジメント・コントロール							
オペレーショナル・コントロール							
トランザクション処理							

（出所）　Davis, G.B.=Olson, M.H. [1985] p.41.を筆者が一部修正。

例えば，研究開発活動とは，研究開発の機能を遂行することである。

　経営管理は，これらの企業活動を対象としているので，経営管理について体系的に考察する上で，経営管理の範囲の広狭という観点は欠かせない。具体的には，これらの企業活動（機能）の全体を経営管理の対象とするか，個別の活動（機能）を経営管理の対象とするか，という観点である。

　企業活動（機能）の全体を対象範囲としたものを総合経営管理といい，個別の活動（機能）を経営管理の対象としたものを機能別管理という。この両者は，全体と個の関係にあるので，全体管理と個別管理，または全般管理と部門管理という分類がなされることもある。

　総合経営管理は，図表5-6に示されるように[9]，ある意味で機能別管理の総和である。しかし，総合経営管理は，ただ単に個別の機能別管理を積み上げたものではない。例えば，図表5-6に示される研究開発，購買，生産，販売，物流，人事，財務・会計などの機能を，総合経営管理としての戦略的計画やマネジメント・コントロールによって，全体的な整合性をもったものにしなければならない。総合経営管理と機能別管理の関連性については，機能別管理に関する考察の後で，再度考察する。

第5章 経営管理

❷ 機能別管理

　従来，企業活動に必要な機能について，経営コンサルティング機関やシンク
タンクなどにおいて，様々な実証研究がなされてきた。例えば，米国の経営コ
ンサルタント協議会（ACME）［1976］による詳細な研究は，その初期におけ
る集大成の1つともいえよう[10]。

　本書では，経営管理システムとして，①人的資源管理，②財務管理，③情報
管理，④法務管理，の4つの機能を，また，業務システムとして，①研究開発，
②調達，③生産，④マーケティング，⑤ロジスティクス，の5つの機能を取り
上げる。

〈経営管理システム〉

① 人的資源管理：経営管理システムにおいて，経営資源（ヒト，モノ，カネ，
　情報）の内，ヒトを対象とした経営管理である。具体的には，職務設計，人
　的資源フロー・マネジメント，報酬マネジメント，労働条件，労使関係など
　の機能によって構成される（☞『管理』161-163頁）。

② 財務管理：経営管理システムにおいて，経営資源（ヒト，モノ，カネ，情
　報）の内，カネを対象とした経営管理である。具体的には，資金調達，資金
　運用，財務計画，経営分析，財務諸表などの機能によって構成される（☞『管
　理』163-165頁）。

③ 情報管理：経営管理システムにおいて，経営資源（ヒト，モノ，カネ，情
　報）の内，情報を対象とした経営管理である。具体的には，情報戦略，情報
　資源管理，情報システム開発，情報システム運用などの機能によって構成さ
　れる（☞『管理』165-167頁）。

④ 法務管理：経営管理システムにおいて，企業活動を正当に行うための経営
　管理を法務管理という。具体的には，M＆A，内部統制システム，知的財産
　権，会社法，コーポレート・ガバナンスなどの機能によって構成される（☞
　『管理』167-169頁）。紙幅の制約があるので，この中から内部統制システムを
　選択して考察する。内部統制システムの目的は，図表5-7に示されるように，
　1)コンプライアンス（法令遵守），2)財務報告の信頼性，3)業務の効率化，

135

図表5-7　内部統制システムの概念図

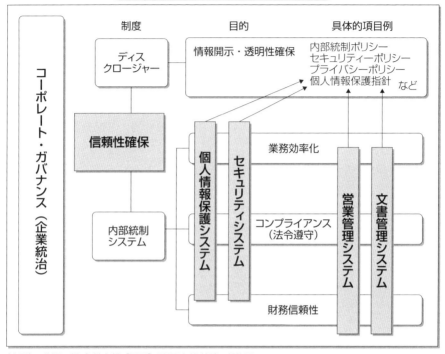

(出所)　牧野二郎=亀松太郎［2006］126頁を筆者が一部修正。

の3つとされている[11]。

内部統制システムは，組織構成員全員が参加するシステムであり，取締役会，取締役・執行役，監査役・監査役会はもちろんのこと，中間管理職や現場従業員に至るまで，すべての組織構成員が参加する。

しかし，一般的に，内部統制システムにおける中間管理職や現場従業員に対する指揮・命令は，代表取締役や代表執行役などが行うことになる。これを踏まえて，内部統制システムの構築に関する基本方針を決定する取締役会は，指針に基づいた内部統制システムの構築・運用を，代表取締役に求めることになる[12]。

内部統制システムは，法的には大会社に対する整備義務に留まるものの，企業に対する信頼性を確保し，企業不祥事を未然に防止するために，リスク管理

第5章 経営管理

体制を確立するという意味でも,必要不可欠のシステムといえよう[13]。
〈業務システム〉
① 研究開発:業務システムの機能の内,研究開発を対象とした機能(計画,実施,統制)のこと。具体的には,研究(基礎研究,応用研究),開発(製品開発,技術開発),製品化(設計,試作,生産技術支援)などが含まれる(☞『管理』170-172頁)。
② 調達:業務システムの機能の内,調達を対象とした機能(計画,実施,統制)のこと。具体的には,調達コスト管理,資材管理,在庫管理,購買管理,外注管理,倉庫管理などが含まれる(☞『管理』172-174頁)。
③ 生産:業務システムの機能の内,生産を対象とした機能(計画,実施,統制)のこと。具体的には,生産計画,生産方式,生産管理,自動化,生産情報システムなどが含まれる(☞『管理』175-177頁)。紙幅の制約があるので,生産・販売・物流統合CIMを選択して考察する。これからの生産管理システムは,図表5-8に示されるように[14],ICT(情報通信技術)の進展に伴って,生産・販売・物流統合CIM(computer integrated manufacturing)が主流になりつつある。生産・販売・物流統合CIMは,生産と関連のある各部門(機能)の情報システムを,ネットワークによって統合・連結したものである。図表

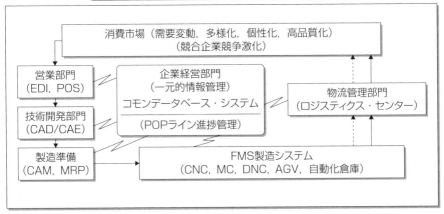

図表5-8 生産・販売・物流統合CIMの概念図

(出所) 日本経営診断学会編[1994]310頁を筆者が一部修正。

5-8に示されている生産・販売・物流統合CIMは，1994年当時は，理念型モデルにすぎなかったが，今日では，ほぼ正確に現実化しつつある。現実が理論に追随した好例といえよう。

④　マーケティング：業務システムの機能の内，マーケティングを対象とした機能（計画，実施，統制）のこと。具体的には，マーケティング・システム，戦略的マーケティング，マーケティング・ミックス，ソシオ・エコロジカル・マーケティングなどが含まれる（☞『管理』178-181頁）。

⑤　ロジスティクス：業務システムの機能の内，ロジスティクスを対象とした機能（計画，実施，統制）のこと。具体的には，ロジスティクス・システム，ロジスティクス・ネットワーク，物流センター，物流，ロジスティクス・コスト，在庫管理などが含まれる（☞『管理』181-183頁）。

❸ 総合経営管理と機能別管理の関連性

上述したように，経営管理の範囲によって，総合経営管理と機能別管理に分類することができるが，実際の経営管理の局面では，この両者は密接な関連性を有する。

総合経営管理では，①外部環境の変化と各機能別管理との関連づけ（環境対応，戦略策定など），②個別の機能別管理の基盤づくり（方針，計画など），③個別の機能別管理の全体的な統合（利益管理，予算管理など），の3点が極めて重要である。換言すれば，この3点を充足していない総合経営管理は，その存在意義がないといっても過言ではない。

他方，総合経営管理のレベルは，機能別管理のレベルによって規定される。例えば，総合経営管理の一環として，環境変化に対応（適応，創造）するための経営戦略を策定したとしても，経営戦略を実行するための機能が効果的に遂行されなければ，経営戦略は「絵に描いた餅」にすぎない。

また，実際の経営管理の局面において，総合経営管理と機能別管理は，マネジメント・プロセス（管理過程）やマネジメント・サイクルによって連結される。このように，総合経営管理と機能別管理は，全体と個の関係であると同時に，相互に密接な補完性をもっている。

第5章 経営管理

5 企業の社会的責任

❶ 利害関係者（ステークホルダー）

　企業には，様々な利害関係者（stake-holder）が存在する。株式会社を例にとると，図表5-9(A)に示されるように[15]，①株主，②従業員，③消費者，④取引業者，⑤金融機関，⑥政府，⑦地域住民などが，企業の主な利害関係者としてあげられる。企業と利害関係者との間には，法律，契約，規則，商習慣などに基づく相互関係が成立しており，これらの相互関係が利害の源泉となる。各種利害関係者の主な利害の源泉は，次のとおりである。企業と各種利害関係者との間には，貢献と誘因が相互に期待されている。

① 株主：出資の対価としての配当など。
② 従業員：労働の対価としての給料など。
③ 消費者：代金の対価としての商品・サービスの効用など。
④ 取引業者：原材料供給の対価としての代金など。
⑤ 金融機関：信用供与の対価としての利息など。
⑥ 政府：事業基盤提供の対価としての税金など。
⑦ 地域住民：事業環境提供の対価としての雇用機会など。

❷ 利害関係者に対する義務

　上述した各種利害関係者に対する義務のことを企業の社会的責任（corporate social responsibility：CSR）という。企業と各種利害関係者との間で成立している法律，契約，規則，商習慣などに基づく義務を遵守することは当然のこととして，企業にはそれぞれの利害関係者に対して次のような義務，すなわち社会的責任がある。

① 株主：適正な配当，株価の維持など。
② 従業員：適正な給与，雇用の安定，安全で快適な職務環境の維持など。

139

③ 消費者：適正な価格かつ高品質の製品・サービスの提供など。
④ 取引業者：対等な立場にたった業務機能に関する互恵的取引など。
⑤ 金融機関：対等な立場にたった金融に関する互恵的取引など。

図表5-9 利害関係者と社会的責任の階層構造

(A) 企業と利害関係者との関係

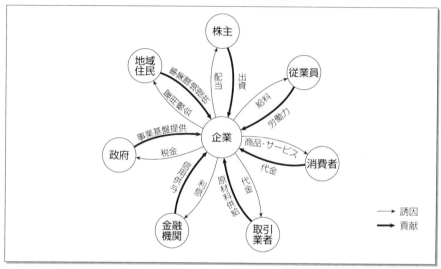

(出所) 岸川善光［1999］16頁を筆者が一部修正。

(B) 社会的責任の階層構造

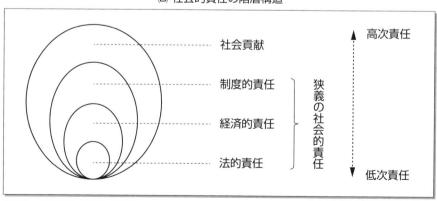

(出所) 森本三男［1994］318頁。

第5章 経営管理

⑥　政府：適正な納税など。

⑦　地域住民：生活環境の維持など。

　今日では，図表5-9(B)に示されるように[16)]，狭義の社会的責任（法的責任，経済的責任，制度的責任）だけでなく，地球環境保護への協力，社会的弱者に対する配慮，製造物責任の遂行など，広く一般社会からの要請に応えることも社会的責任に含まれるようになった。さらに，文化支援活動（メセナ）や慈善事業（フィランソロピー）など，社会貢献といわれる活動も社会的責任の一部とみなされるようになりつつある。

❸ 企業の社会的責任の実践

　企業の社会的責任について考察することは，企業目的について考察すること

図表5-10　日本における企業の社会的責任の実践

	1950年頃 第1段階 認識期	1960年頃 第2段階 当初期	1970年頃 第3段階 本格化期	1980年頃 第4段階 全面化期	1990年頃 第5段階 個性化期
経営	経済同友会「決議」	経営理念表明	行動基準策定 財団設立 担当役員任命	協議会・クラブへの加盟	社会戦略策定 財界「憲章」作成
管理			担当組織新設	コンプライアンス・プログラム作成 担当組織拡充	
現場		個別行動改善 ハードウェアや施設設置			
インパクト	公害等　　　石油危機　　　国際化　　　企業倫理				
焦　点	責　任　発　達　の　論　理 法的責任 + 経済的責任 + 制度的責任 + 社会貢献				
実践の特徴	個別対応　部分調整的対応　全社調整的対応　戦略的対応				

（出所）　森本三男［1994］319頁。

141

と密接な関係がある。具体的には，企業目的を営利に限定するか，それとも営利以外の目的を含むかということによって企業の社会的責任の内容は異なるからである。従来，企業の社会的責任について考察する場合，主として企業目的との関連において，①社会的責任を肯定する立場，②社会的責任を否定する立場，の2つの立場がある。前者は，企業の社会的責任の肯定論または積極論と呼ばれ，その代表的な論者として，ドラッカー（Drucker, P.F.）やデイビス（Davis, K.）などがあげられる。後者は，企業の社会的責任の否定論または消極論と呼ばれ，その代表的な論者として，フリードマン（Freedman, M.）やハイエク（Hayek, F.A.）などがあげられる（☞『管理』16-17頁）。

わが国における企業の社会的責任の範囲は，図表5-10に示されるように[17]，幾多の試行錯誤を重ねながらも，法的責任，経済的責任，制度的責任，社会貢献というように次第に拡大しつつある。

今日では，企業を取り巻く利害関係者の利害は多様化し，場合によっては相互に矛盾する。従来の「企業⇒社会」という観点だけでなく，「社会⇒企業」という観点を付加して，各種利害関係者の利害を調整することは，経営管理（マネジメント）に課せられた重要な機能であるといえよう。

1）岸川善光［2006］20頁。
2）筆者作成。
3）森本三男［1995］36頁を参考にして筆者作成。
4）岸川善光［2009b］77頁。
5）Simon, H.A.［1977］訳書55-56頁に基づいて筆者が図表化。
6）Ansoff, H.I.［1965］訳書6頁，または，Ansoff, H.I.［1988］訳書4-8頁。
7）同上書6頁，または，同上書12頁。
8）Simon, H.A.［1977］66頁。
9）Davis, G.B.=Olson, M.H.［1985］p.41.を筆者が一部修正。
10）ACME［1976］では，企業活動に必要な機能を層別分類して，「機能系統図」として提示している。
11）牧野二郎=亀松太郎［2006］126頁を筆者が一部修正。
12）土田義憲［2006］86-89頁を筆者が要約。
13）岸川善光［2007b］165頁。
14）日本経営診断学会編［1994］310頁を筆者が一部修正。
15）岸川善光［1999］16頁を筆者が一部修正。
16）森本三男［1994］318頁。
17）同上書319頁。

第6章 経営情報

本章では，経営情報について考察する。環境－経営戦略－組織の適合を図るために，前章の経営管理と本章の経営情報が，その実現のための裏づけとして重要な位置づけを占める。

第一に，経営情報の意義について考察する。まず，経営と情報との関係性について理解する。次いで，経営情報論の生成と発展について，発展段階に基づいて理解を深める。さらに，経営情報の体系について多面的に言及する。

第二に，ネットワーク社会の進展について考察する。まず，ネットワーク社会の意義について理解する。次に，経済性の概念の変遷について理解を深める。さらに，国の情報通信政策について，米国の事例（情報スーパーハイウェイ）と，日本の事例(e-Japan, u-Japan)に言及する。

第三に，情報通信技術の進展について考察する。まず，ハードウェアとソフトウェアの進展について理解する。次いで，データベース技術とマルチメディア技術の進展について理解を深める。さらに，ネットワーク技術の進展について言及する。経営情報論には，情報通信技術の裏づけが欠かせない。

第四に，経営情報システムの変遷について考察する。まず，経営情報システムの発展段階について理解する。次に，EDPS, MIS, DSSについて理解を深める。さらに，SIS, BPRについて言及する。

第五に，eビジネスについて考察する。まず，eビジネスの意義について理解する。次いで，eコマース（電子商取引）について理解を深める。さらに，ビジネスモデルについて言及する。eビジネスは，従来の経営情報論とは様相が異なり，新たな次元を提示している。

1 経営情報の意義

❶ 経営と情報との関係性

1960年代以降,工業社会から情報社会への進展について,梅棹忠夫 [1963] の『情報産業論』,増田米二 [1968] の『情報社会入門』,林雄二郎 [1969] の『情報化社会』,ベル (Bell, D.) [1973] の『脱工業社会の到来』,トフラー (Toffler, A.) [1980] の『第三の波』,堺屋太一 [1985] の『知価革命』,ドラッカー (Drucker, P.F.) [1993] の『ポスト資本主義』など,多くの先達が情報社会 (information society) を「偉大なる大転換」(Boulding, K.E.の用語) として捉えている。

図表1-1に示されるように[1]),狩猟採集社会⇒農業社会⇒工業社会⇒情報社会⇒ネットワーク社会の発展段階の文脈で概観しても,情報社会,さらにネッ

図表6-1 情報社会の進展

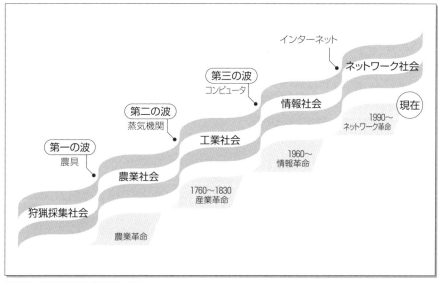

(出所) 岸川善光編 [2017] 3頁。

第6章 経営情報

トワーク社会の進展は，近年目覚ましいものがある。

　第三の波（大転換）は，今から約半世紀前の1960年代以降，コンピュータをはじめとする情報技術（IT：Information Technology）の進展・革新による情報革命によってもたらされた。情報革命によってもたらされた情報社会は，その後，情報技術（IT）が，インターネット・ユビキタスネットなど情報通信技術（ICT：Information and Communication Technology）へとさらに進展するに伴って，現在ではネットワーク社会（高度情報社会）といえる状況にある。

　情報社会は，情報や知識が，工業社会における物質やエネルギーに匹敵する価値を持つ資源となり，情報や知識の価値を中心に社会・経済が発展していく社会のことである（☞『情報』2-4頁）。

　次に，情報システムの発展段階についてみてみよう。経営情報論の主たる研究対象の１つとされている情報システムの発展段階について，従来，ノーラン（Nolan, R.N.）［1979］の発展６段階説がよく知られている[2]。時代の制約があるので，すべてをノーラン［1979］に対する批判とするには酷ではあるが，ノーラン［1979］の発展６段階説は，汎用機とPC（パソコン）の時代まではカバーしているものの，インターネットやユビキタスネットについては全く言及できていない（☞『情報』5頁）。

　このような従来の問題点を踏まえて，図表6-2(A)に示されるように[3]，コンピュータシステムだけでなく，コンピュータ・インターネットシステムの発展段階についてみてみよう。このモデルでは，コンピュータ・インターネットシステムの発展段階を，①汎用機の時代，②PC（パソコン）の時代，③インターネットの時代，④ユビキタスネットの時代，の４つの段階ごとに，①時期，②処理タイプ，③組織空間，④システム構成要素，⑤コンピュータの世代，⑥素子，⑦コンピュータの特徴，⑧使用特徴，⑨目的，の９つの分析項目を設定し，それぞれを一覧化している。図表6-2(B)は，図表6-1(A)の枠組みに基づいて，情報システムの発展と重層化について，イメージ化してそれを図示したものである[4]。本書における経営情報論の主たる研究対象の１つである情報システムは，単にコンピュータシステムではなく，インターネット・ユビキタスネットなどのネットワークこそがその主たる対象となる。

145

図表6-2　情報システムの発展段階

(A) コンピュータ・インターネットシステムの発展段階

	汎用機の時代	PC(パソコン)の時代	インターネットの時代	ユビキタスネットの時代
時期	1950年代後半〜	1970年代後半〜	1990年代後半〜	2010年代前半〜
処理タイプ	集中	分散	集中・分散	集中・分散
組織空間	組織内	組織内	組織間・個人間	組織・個人・物質間
システム構成要素	・ホストコンピュータ ・専用端末 ・専用回路	・サーバー ・クライアント ・LAN, WAN	・Webサーバー ・Webブラウザ ・インターネット	・各種端末 ・各種サーバー ・各種ネットワーク
コンピュータの世代	第1〜第3世代	第3.5世代	第4世代	
素子	真空管・トランジスタ	LSI	VLSI	
コンピュータの特徴	・小型化 ・高速化	・高速化 ・高信頼化 ・通信制御の高度化 ・オンライン化の飛躍	・小型軽量化 ・高速化 ・高性能化 ・大容量化 ・低価格化	
使用特徴	1台の汎用機を複数の人が使う	1台のPCを1人が使う	複数のコンピュータを1人が使う	
目的	省力化	顧客満足度	協働	共生

(出所)　島田達巳=高原康彦［1993］15-19頁に基づいて筆者が一部加筆修正。

(B) 情報システムの発展と重層化

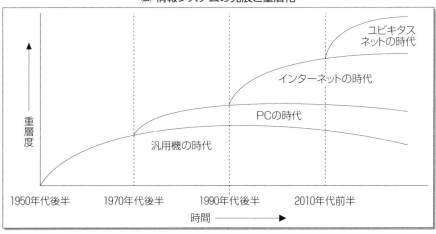

(出所)　島田達巳=高原康彦［2007］20頁を筆者が一部修正。

第6章 経営情報

　経営情報論では，データ，情報，知識など類似用語・類似概念が数多く存在する。そこで，データ，情報，知識の３つの専門用語について，先行研究を踏まえつつ，その概念について簡潔にみておこう。本書では，データを「客観的事実」，情報を「関連性と合目的性を付与されたメッセージ」，知識を「ある特定の状況における普遍的な事実」と定義して議論を進めることにする。このデータ，情報，知識の間には，相互に密接な関係性がある。特に，知識創造は重要な課題である（☞『情報』7-12頁）。

　経営情報の主な目的として，①意思決定の前提（☞『情報』12-14頁），②知識の素材（☞『情報』14-16頁），③リスクの削減（☞『情報』16-19頁），の３つがあげられる。

　経営情報の特質としては，情報の非消耗性，情報の非移転性，情報の累積効果など，すでに多くの研究者による研究成果が蓄積されている。それらの研究成果によって，情報には「限界収穫逓増」などの重要な特質が存在することが明らかになった（☞『情報』19-23頁）。

　経営情報論は，伝統的な経営情報システム論として考察すると限界がある。「経営と情報の関係性」が重要であるので，学際的アプローチ，ユビキタスネット社会との関連で考察することが必要不可欠である（☞『情報』24-28頁）。

❷ 経営情報論の生成と発展

　上述したように，経営情報論では，「経営と情報の関係性」を明確にすることが第一義的に重要である。具体的には，①経営情報と経営管理との関係性，②経営情報と経営組織との関係性，③経営情報と経営戦略との関係性，④経営情報とイノベーションとの関係性，⑤経営情報と情報通信システムとの関係性，の５つの学際的分野において，学際的アプローチが必要不可欠になる。

①　経営情報と経営管理との関係性：意思決定，コーポレート・ガバナンス，企業の社会的責任の３つの領域において，経営情報と経営管理は，相互に密接な関係性を有するので，今後さらに問題点・課題を体系化することが重要である（☞『情報』30-37頁）。

②　経営情報と経営組織との関係性：協働システム，ネットワーク型組織，組

織間関係の3つの領域において，経営情報と経営組織は，相互に密接な関係性を有するので，問題点・課題を体系化することが重要である（☞『情報』37-43頁）。

③　経営情報と経営戦略との関係性：経営戦略の意義，競争戦略，ビジネスシステム戦略の3つの領域において，両者は相互に密接な関係性を有するので，問題点・課題を体系化することが重要である（☞『情報』43-49頁）。

④　経営情報とイノベーションとの関係性：新価値の創造，技術イノベーション・マネジメント，ICTとビジネスプロセス・リエンジニアリングの関連性の3つの領域において，両者は相互に密接な関係性を有するので，問題点・課題を体系化することが重要である（☞『情報』49-54頁）。

⑤　経営情報と情報通信システムとの関係性：情報科学，情報通信システム，インターネット・イントラネット・エクストラネットの3つの領域において，経営情報と情報通信システムは，相互に密接な関係性を有するので，問題点・課題を体系化することが重要である（☞『情報』54-59頁）。

❸ 経営情報の体系

本項では，経営情報の体系について，①総合情報と機能別情報，②経営管理の階層と経営情報，③経営管理プロセスと経営情報，④経営資源としての経営情報，⑤情報空間の拡大，の5つの観点から概観する。

①　総合情報と機能別情報：第5章（経営管理）において，経営管理の対象範囲の広狭によって，総合経営管理と機能別管理に区分した。総合経営管理で用いる情報を総合情報といい，機能別管理で用いる情報を機能別情報という。総合情報と機能別情報の整合性を保時する必要がある（☞『情報』62-67頁）。

②　経営管理の階層と経営情報：第5章（経営管理）において，経営管理の階層を，1)トップ・マネジメント，2)ミドル・マネジメント，3)ロワー・マネジメント，の3つの階層に区分した。3つの階層における職能，必要とするスキルが異なるので，それに伴って情報要求も異なる（☞『情報』67-72頁）。

③　経営管理プロセスと経営情報：第5章（経営管理）において，経営管理のプロセス（管理過程）を，1)計画設定，2)組織編成，3)動機づけ，4)統制，

第6章 経営情報

の4つのプロセスに区分した。この4つの経営管理プロセスごとに情報要求が異なる（☞『情報』72-78頁）。

④ 経営資源としての経営情報：技術，特許，スキル，ノウハウ，ブランド，企業イメージ，暖簾などの情報的資源は，企業経営において極めて重要な要素になりつつある（☞『情報』78-83頁）。

⑤ 情報空間の拡大：ユビキタスネット社会の進展によって，情報空間と物理空間が「融合」し，新たな情報・物理空間が生まれている。時間的制約，空間的制約，組織的制約など，各種制約がゼロになることはあり得ないが，制約を意識することが極めて少ない情報・物理空間の創出によって，新たな産業，企業，ビジネスが続々と生まれている（☞『情報』83-89頁）。

2 ネットワーク社会の進展

❶ ネットワーク社会の意義

　上述したように，多くの先達は「情報社会」を「偉大なる大転換」と捉えており，情報社会では，情報のもつ価値が，工業社会の物質・エネルギーの持つ価値に匹敵することを根底に据えている。しかし，1990年代後半からのインターネットの急速な普及，2010年代前半からのユビキタスネットの進展によって，近年では，情報社会からネットワーク社会（高度情報社会）に移行しつつある。

　インターネットは，TCP／IP（transaction control protocol/internet protocol）などのインターネット・プロトコル（通信規約）を用いて，世界中の膨大な数のコンピュータや通信機器を相互につないだコンピュータ・ネットワークのことである（☞『情報』94-95頁）。

　その後，インターネットの急速な発展を原動力にして，ブロードバンド（ネットワーク容量の増大）などのインフラストラクチャと同期化しながら，2010年代前半から次第にユビキタスネット社会に入りつつある。わが国では，すでに2004年頃から，総務省の『情報通信白書』などで，u-Japanのことを「ユビ

149

キタスネットワーク社会が実現した社会」と規定しているように，わが国独自のパラダイムを提唱してきた。現実に，2010年代に入り，ブロードバンド，情報端末の多様化・進展などによって，「いつでも，どこでも，何でも，誰でも」がネットワークにつながる社会が実現しつつある（☞『情報』96頁）。

　ネットワーク社会では，時間的制約，空間的制約，組織的制約など，各種の制約を認識することが極めて少ない情報・物理空間を有することになるので，企業経営だけでなく，社会全般にわたって，企業行動や人間行動が，劇的に変容することは間違いない（☞『情報』96-97頁）。

❷ 経済性の概念の変遷

　ネットワーク社会の進展とともに，経済性の概念が大きく変わりつつある。経済性とは，インプット（コスト，投入資源）とアウトプット（成果，産出）の関数のことである。企業経営，特に経営戦略において，経済性の概念は極めて重要である。また，経済性の概念は，時代とともにその重要性に変化がみられる。経済性の概念は，①規模の経済，②範囲の経済，③連結の経済，の3つに大別することができる（☞『情報』97-102頁）。

① 　規模の経済（economies of scale）：インプット（投入資源）に着眼した経済性の概念であり，具体的には，活動規模の拡大に伴って，製品単位当たりの平均費用が低下する傾向のことである。

② 　範囲の経済（economies of scope）：単一の経済主体（企業）が，複数の生産や，複数の組織活動によって得られる経済性の概念であり，具体的には，インプット（投入資源）に着眼して，複数の事業活動を個別に行った費用よりも，それらをまとめて行うときの費用が少ない場合，そこで生ずる費用節約効果のことである。

③ 　連結の経済（economies of linkage）：組織結合による相乗効果など，複数の主体間ネットワークが生む経済性の概念であり，ブレッサン（Bressand, A.）[1990] や宮澤健一 [1988] などによって提唱されたアウトプット（産出）に着眼した経済性の概念である。外部資源の活用による「共通生産要素」の活用を重視していること，複数主体の連結行動を極めて重視していることなど

第6章 経営情報

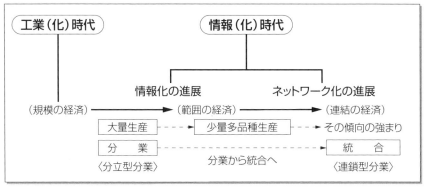

(出所) 宮澤健一 [1988] 51頁に基づいて筆者が一部修正。

が，主な特徴としてあげられる。

宮澤健一 [1988] によれば，経済性の概念は，図表6-3に示されるように[5]，工業(化)時代に重要であった「規模の経済（economies of scale）」から，情報(化)時代では，「範囲の経済（economies of scope）」が重要になりつつある。

宮澤健一 [1988] は，「規模の経済」は，工業(化)時代の経済性の概念であり，大量生産，分業システムがその特徴であるという。実際に，工業(化)時代では，「規模の経済」の実現を目指して，大量生産方式，分業システムが採用され，工場規模や企業規模の拡大が図られた。

ところが，情報(化)時代に入ると，大量生産から少量多品種生産に生産形態が変わり，「規模の経済」に代わって「範囲の経済」が重要になってきた。「範囲の経済」は，複数財の生産や複数の組織活動による業務多角化・多様化によって得られる経済性であり，業務やノウハウなどの「共通生産要素」によってもたらされる。

さらに，情報(化)の進展の時代からネットワーク化の進展の時代に入ると，「範囲の経済」の他に，「連結の経済」が主要な経済性の概念になってきた。「連結の経済」は，複数の主体間のネットワークが生む経済性であり，上述したように，①アウトプット面に着眼したこと，②外部資源の活用による「共通生産要素」の活用を重視していること，③複数主体の連結活動を重視していること

など，ネットワーク社会における経済性の概念として，極めて魅力ある仮説といえよう。

近年，この「連結の経済」に基づく「関係のマネジメント」が，理論的にも実務的にも大きな関心を集めている。従来の企業系列など，古い組織間（企業間）関係から，デファクト・スタンダード，戦略的提携，Ｍ＆Ａ（合併・買収），ＳＣＭ（サプライチェーン・マネジメント）など，新たな組織間（企業間）関係の構築・再構築があらゆる分野で進展している。「関係のマネジメント」は，関係性資産（relational asset）という新たな資産に対する戦略的なマネジメントでもある（☞『情報』102-111頁）。

❸ 国の情報通信政策

情報社会，ネットワーク社会の進展を推進しているのは，各企業や情報通信企業だけではない。国の情報通信政策も，情報化，ネットワーク化に多大な役割を果たしている。そこで，①情報スーパーハイウェイ，②e-Japan，③u-Japan，の３つの事例について概観する（☞『情報』116-120頁）。

① 情報スーパーハイウェイ：米国で1993年に，当時のクリントン大統領とゴア副大統領によって推進された米国の情報通信政策である。情報スーパーハイウェイ構想は，日本のNTTの「新高度情報通信サービスの実現-VI＆Ｐ（1990）」に刺激を受けた構想といわれている。NTTのVI＆Ｐでは，光ファイバを2015年頃までに各家庭に張り巡らして，B-ISDN（広帯域統合サービス・デジタル通信網）の全国ネットワークを構築するという構想である。

情報スーパーハイウェイ構想も，情報産業の拡大を目的として，2015年までに光ファイバを用いた高速デジタル通信網を整備し，家庭から公共施設，企業，政府までを広範に結ぼうというものである。なお，情報スーパーハイウェイ構想の正式名称は，NII（National Information Infrastructure：全米情報インフラストラクチャ）である。

ところが，この情報スーパーハイウェイ構想は，多額の予算がかかるという理由によって，政府による当初の構想は頓挫した。いつの間にか民間を中心としたインターネットの普及が情報スーパーハイウェイ構想を体現したも

第6章 経営情報

のであるとしてすり替えられてしまった。しかし，この情報スーパーハイウェイ構想は，民間企業に情報化投資を促すための規制緩和政策などを誘発し，その後の米国の情報化，ネットワーク化の起爆剤になったといえよう。米国の景気回復の一因ともいわれている（☞『情報』117頁）。

② e-Japan：わが国では，「失われた10年」「失われた20年」によって，米国や韓国などのICT先進国と比較して，情報社会の進展，ネットワーク社会の進展に大きな遅れをとった。この情報化，ネットワーク化の遅れが，景気回復を遅延させた大きな原因ともいわれている。

図表6-4　日本のIT戦略の歩み

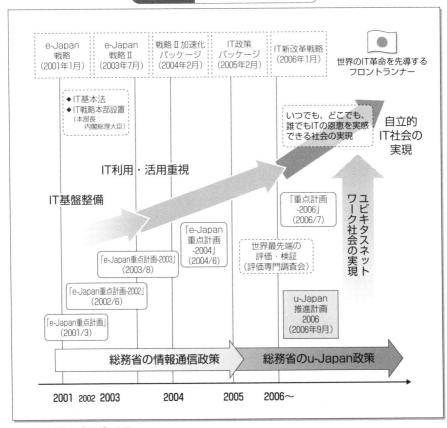

(出所)　総務省［2015］2頁。

e-Japanは，この遅れを取り戻すために，すべての国民がICT（情報通信技術）を利活用できる環境を整えることを骨子として，日本政府が2000年に策定した。e-Japanは，超高速ネットワーク・インフラストラクチャの整備，電子商取引の制度基盤の確立，電子政府の実現，人材育成などを重点政策とした。また，e-Japanに基づいて，2000年に，「高度情報通信ネットワーク社会形成基本法」が成立した。この法律に基づいて，2001年には内閣府に情報通信技術戦略本部（IT戦略本部）が設置され，その後，各種の情報通信政策が進められた。図表6-4は，日本のIT戦略の歩みをビジュアル化したものである[6]。IT基盤整備，IT利用・活用重視，自立的IT社会の実現，という日本政府の情報通信政策がよく理解できよう（☞『情報』117-119頁）。

③　u-Japan：u-Japanは，上述したe-Japanの後継政策として，2006年に総務省が策定した情報通信政策である。ちなみに，u-Japanのuには，ユビキタス（Ubiquitous）という意味に加えて，ユニバーサル（Universal），ユーザー（User-oriented），ユニーク（Unique），という意味が込められている。

　u-Japanでは，①ユビキタスネットワークの整備，②ICT利活用の高度化，③利用環境の整備，が重点政策とされている。例えば，ユビキタスネットワーク技術では，超小型チップネットワーキング技術，ユビキタスネットワーク認証・エージェント技術，ユビキタスネットワーク制御・管理技術，などが研究開発テーマとして選択されており，東京大学・大阪大学・慶應義塾大学・九州工業大学の各大学に加えて，日立製作所，NTT，NEC，富士通，KDDIの各企業が委託研究に加わっている。ユビキタス社会の実現に向けた研究であり成功が期待される（☞『情報』119-120頁）。

3　情報通信技術の進展

❶ ハードウェアとソフトウェアの進展

〈ハードウェア〉

第6章 経営情報

　ハードウェア（hardware）とは，システムの物理的な構成要素を指す一般的な用語である。ここでは，情報通信システムの物理的な構成要素のことであり，機械・装置・設備・回路などのことである。ハードウェアは，単にハードと呼ばれることもある。

　紙幅の制約があるので，大型コンピュータの時代（1950年代～1970年代）のコンピュータのハードウェアについてみてみよう。コンピュータのハードウェアは，図表6-5に示されるように[7]，①入力装置，②出力装置，③制御装置，④演算装置，⑤主記憶装置，の5つの装置（構成要素）から成り立っている。

図表6-5　コンピュータの構成

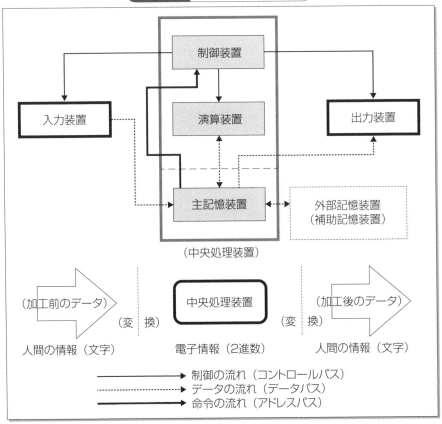

（出所）宮川公男編［2004］62頁。

当時のコンピュータは，スタンドアローン（stand alone）を前提としていた。スタンドアローンとは，直訳すると「孤立」を意味するように，情報通信システムにおいて，情報通信機器を他のリソース（機器・装置・ソフトウェアなど）に依存せず，単独で使用することをいう。具体的には，通信システムを介して他のリソース（機器・装置・ソフトウェアなど）と接続せずに，情報通信機器を孤立した単独の状態で使用することをいう。

　その後，コンピュータは，大型コンピュータの時代（1950年代～1970年代）から，パーソナルコンピュータの時代（1980年代）へ，さらに，ネットワークの時代（1990年代～現在）へと進展した。現在は，大企業のみならず，中堅企業や中小企業も含めて，ネットワーク化（インターネット，ユビキタスネット）がさらに進展しており，企業間ネットワーク，グローバルネットワークが現実のものになりつつある。まさに，時間的制約の克服，空間的制約の克服，新たな場の形成が可能になりつつあるといえよう（☞『情報』122-127頁）。

〈ソフトウェア〉

　ソフトウェア（software）とは，情報システムを構成する要素の1つで，コンピュータシステムにおいて，何らかの処理を行うプログラム・手続き・文書・利用技術などを指す用語である[8]。ソフトウェアは，ハードウェアの対比語であり，単にソフトと呼ばれることもある。ソフトウェアは，「コンピュータ／ソフトなければ／ただの箱」という有名な川柳があるほど重要である。

　ソフトウェアは，プログラム群（OS，ユーティリティ，アプリケーションプログラム），ドキュメント類（仕様書，運用マニュアル），利用技術群（開発，設計技法，テスト技法）に大別することができる（☞『情報』128-130頁）。

　今後，ソフトウェアの進展に向けて，①プログラミング言語，②統合CASEツール（computer aided software engineering tool），③人工知能，④イメージ処理，などが重要な課題としてあげられる[9]（☞『情報』130-131頁）。

❷ データベース技術とマルチメディア技術の進展

〈データベース技術〉

　データベース（database）とは，魚田勝臣＝小碇暉雄［1993］によれば[10]，「あ

る目的によってデータを集め，一定の規準で整理し記憶したデータの集合である」。日本のJISでは，「データベースとは，１つ以上のファイルの集まりであって，その内容を高度に構造化することによって，検索や更新の効率化を図ったものである」と定義している。

多くの先行研究について比較分析を行うと，複数の主体，特定の目的，一定の基準（形式），データの収集・加工・更新・利用・蓄積・保管，データの構造化，などがデータベースの本質的属性といえよう。

このデータベース専用のソフトウェアを，データベース管理システム（DBMS）という。データベース管理システム（DBMS）には，①データ定義，②データ操作，③データ辞書，の３つの機能が必要不可欠である。

データベースの構成は，①階層型データベース，②ネットワーク型データベース，③リレーショナルデータベース（関係データベース），④オブジェクトデータベース（オブジェクト指向データベース），⑤カード型データベース，の５つに分類することができる。その中で，1990年代以降最も普及しているのは，リレーショナルデータベース（関係データベース）である（☞『情報』132-135頁）。

今後，データベース技術を考える上で，データマイニング（data mining）に関する技術，データウェアハウス（Date Warehouse）に関する技術が，重要な課題となるであろう（☞『情報』135-136頁）。

〈マルチメディア技術〉

マルチメディア（multimedia）とは，文字・画像・映像・動画・音声など，複数のメディア（複合媒体）を，主としてコンピュータを使用して表現する技術・システムの総称である。

マルチメディアの進展には，1980年代に流行した言葉や概念だけではなく，裏づけとなるハードウェアと技術が必要不可欠である。今後，通信速度の高速化，接続形態の多様化に対応して，様々なマルチメディアサービスの出現が期待されている。例えば，デジタル移動通信網を利用した音楽配信・画像配信・画像メールなどが可能になった。デジタル移動通信網は，TV会議・音声会議・音声通話はもちろんのこと，インターネットを用いた遠隔医療・遠隔監視，ビデオカタログ販売・電子新聞・電子書籍などのデータベースアクセスも実現し

つつある。さらに，ビデオ・オン・デマンドや通信と放送の融合さえ，何と携帯電話で可能になったのである。従来の情報社会でやれなかったことが，ネットワーク社会において次々に実現しつつある（☞『情報』143-146頁）。

　今後，マルチメディア技術について，①情報のデジタル化，②情報圧縮技術，③コンピュータ処理技術，④ヒューマンインターフェース技術，の４つの課題がますます重要度を増すであろう（☞『情報』146-149頁）。

❸ ネットワーク技術の進展

　ネットワーク（network）とは，語源的にいえば，net（ネット・網）状と，work（作用する，つくられたものごと）の合成語であり，連絡網・鉄道網・道路網・通信網など，人やものごとを網状につなげたシステムを表す言葉である。日常用語としても多く使用されている。もちろん，本書でのネットワークは，情報通信システム，情報通信ネットワークであることはいうまでもない。

　コンピュータの時代区分におけるネットワークの時代は，1990年代から現在までをいう。通信の時代区分では，インターネットと携帯電話の時代は，1995年頃から2005年頃まで，ブロードバンドとスマートフォンの時代は，2005年頃から現在までをいう。コンピュータと通信の２つの時代区分を交差させると，情報通信システムにおいて，1995年頃からネットワーク社会が始まったといえよう。

　情報通信システムは，このネットワーク社会の進展に伴って，端的にいえば，スタンドアローンからネットワークシステムへと劇的に転換した。図表6-6に示されるように[11]，(A)バッチ処理システムの構成例は，ホストコンピュータを中心としたスタンドアローンの典型例である。(B)LAN／WANによるネットワークシステムは，ホストコンピュータ・ワークステーション・各種サーバ・ミニコンピュータ・リモートPCなどのコンピュータが，フレームリレーネットワーク・トークンリングLAN・大規模LAN・小規模LAN・パケット交換網・ISDNなどの通信ネットワークによってつながり，１つの情報通信システム，情報通信ネットワークとして構成されている。

　本書では，IT（情報技術）を基盤とした「情報社会」と，ICT（情報通信技

第6章 経営情報

図表6-6 スタンドアローンからネットワークシステムへ

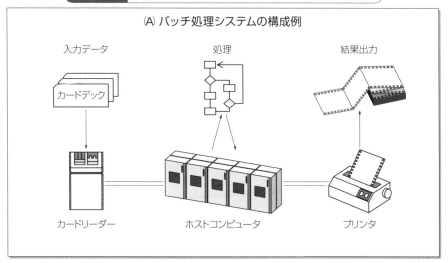

(出所) 渡辺和彦=坂田哲也=飯田秀樹=齋藤南哲 [2000] 18頁。

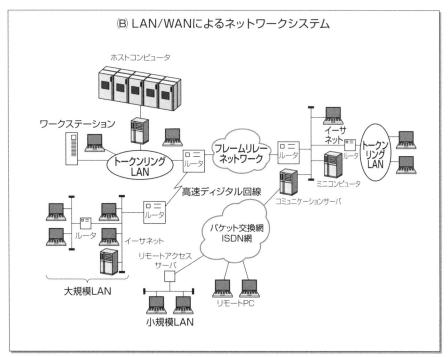

(出所) 渡辺和彦=坂田哲也=飯田秀樹=齋藤南哲 [2000] 22頁。

術）を基盤とした「ネットワーク社会」を区別して考察しているが，スタンドアローンの時代の「情報社会」と，ネットワークシステムの時代の「ネットワーク社会」への画期・転換点は，上述したようにインターネットが広く普及し始めた1995年頃から始まったといえよう。

　ネットワークには，①LAN（構内ネットワーク），②WAN（広域ネットワーク），③インターネット（ネットワークのネットワーク），④イントラネット（企業内ネットワーク），⑤エクストラネット（企業間ネットワーク）など，様々な種類がある（☞『情報』139-141頁）。

　ネットワーク技術の進展によって，社会・経済・産業・経営のあらゆる面において，従来と比較すると，今日ではその様相が一変しつつある。また，より重要なことは，社会・経済・産業・経営の垣根が低くなり，それぞれが融合化しつつあるということである。ネットワーク社会の１つの特質であろう。垣根が低くなるにつれて，経営情報の範囲もそれに伴って拡大し複合化しつつある。

　ネットワーク技術の進歩によって，様々な分野において大きなインパクトを受けている。例えば，eビジネスの進展や産業の再編成については目を見張るものがある。eビジネスの進展や産業の再編成については，節を独立して後述する。今後，ネットワーク技術の進歩について，①バーチャルコーポレーション，②遠隔教育，③遠隔医療，④ビデオ・オン・デマンド，の４つが重要な課題としてあげられる（☞『情報』142-143頁）。

4 経営情報システムの変遷

❶ 経営情報システムの発展段階

　従来，経営情報システム（広義）は，経営情報論の研究対象の内，重要な位置づけを占めてきた。経営情報システム（広義）は，1950年代以降，図表6-7に示されるように[12]，①EDPS（Electronic Data Processing：電子情報処理システム），②MIS（Management Information System：狭義の経営情報システム），

第6章 経営情報

図表6-7 経営情報システムの変遷

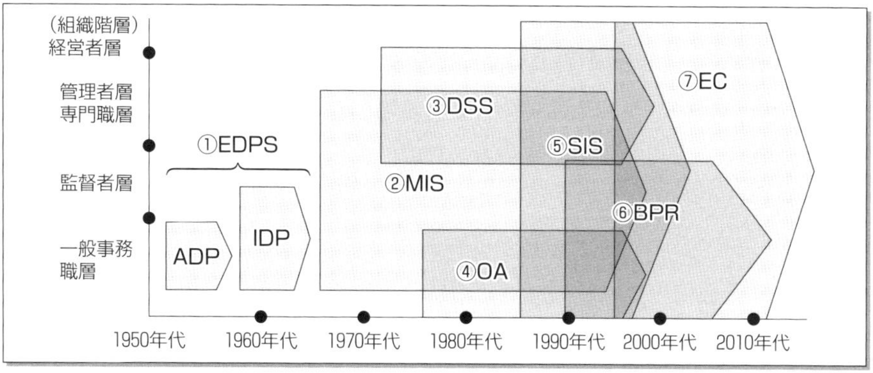

（出所）岸川善光［1999］164頁に基づいて筆者が一部修正。

③DSS（Decision Support System：意思決定支援システム），④OA（Office Auto-
mation：オフィス・オートメーション），⑤SIS（Strategic Information System：
戦略情報システム），⑥BPR（Business Process Reengineering：ビジネスプロセ
ス・リエンジニアリング），⑦EC（Electronic Commerce：電子商取引），の7つ
があげられる。

　この7つの研究対象は，経営情報論・経営情報システム論の学説史の発展段
階ともほぼ合致する。本節では，紙幅の制約もあるので，①EDPS，②MIS，
③DSS，⑤SIS，⑥BPR，の5つについて考察する。なお，⑦ECは，次節（e
ビジネス）において，節を独立して考察する。

❷ EDPS, MIS, DSS

〈EDPS〉

　EDPSは，1950年代から1960年代半ばにかけて普及した情報システムのこと
である。EDPSは，さらにADP（Automatic Data Processing：自動データ処理）
とIDP（Integrated Data Processing：統合データ処理）に分けられる。ADPは，
初期（1950年代）の情報システムの概念で，省力化やコスト低減を目的として
いた。汎用コンピュータを用いたトランザクション処理が主体であった。処理
方式は，バッチ処理で非集中であった。ADPのハードウェアとソフトウェアの

161

組合せは，主として汎用コンピュータと機械語・アセンブラの組合せであった。

他方，IDPは，1960年代の情報システムの概念で，ADPの発展段階として位置づけられる。ADPと同様に，省力化やコスト低減を目的としていた。汎用コンピュータを用いたトランザクション処理の連結が主体であった。処理方式は，オンライン方式で集中であった。IDPによって経営情報システムの適用範囲が次第に拡大した。IDPのハードウェアとソフトウェアの組合せは，主として汎用機・デジタルデータ伝送と高級言語の組合せであった。EDPSは，省力化やコスト低減に一定の貢献は認められるものの，電子データ処理システムという枠を超えることはできなかった (☞『情報』142-143頁)。

〈MIS〉

MISは，1960年代の半ばから普及した情報システムの概念であり，一時はMISブームを引き起こすほどの反響があった。MISは，構造的意思決定を目的としており，生産情報システム，販売情報システム，財務情報システムなどの機能別サブシステムを構築し，それらを全社的に統合するという手順を踏んだ。しかし，構造的意思決定を目的にしていたにも関わらず，その実態は全社的なデータ処理システムであったため，MISのブームは下火になり，所期の目的を達成できずに「ミス」といわれるようになった。

処理方式は，オンライン・リアルタイム方式で集中であった。MISのハードウェアとソフトウェアの組合せは，主として汎用機・光ファイバ・磁気ディスクとデータベースの組合せであった。素子はトランジスタからIC（集積回路）に進化した。プログラム言語もアセンブラから高級言語であるコンパイラに進化した。コンピュータの世代でいえば，トランジスタの第二世代からICの第三世代へと進化した。

MISは，構造的意思決定を目的にしていたが，①ハードウェアの制約，②情報の質量不足，③経営管理と情報処理の分離などによって，所期の目的を実現できなかった。特に，意思決定を所与のものとして，そのために情報処理の効率化を行うという前提に問題があった。しかし，MISの問題点と課題は，確実に次の世代の情報システムへと受け継がれた (☞『情報』155-159頁)。

〈DSS〉

第6章 経営情報

　DSSは，1967年にスコット・モートン（Scott Morton, M.S.）が提出した博士論文を契機として，1970年代の初めに，スコット・モートンらによって提唱された情報システムの概念である。当初，DSSではなく，MDS（Management Decision Systems）という用語が用いられていたが，次第にDSSと呼ばれるようになった。
　DSSの目的は，①半構造的意思決定，②非構造的意思決定を支援することであり，対話型システムが志向された。DSSの概念は，今日でも情報通信技術（ICT）の進展に伴って，その概念は拡大化および洗練化が図られている。DSSの適用業務は創造的業務である。処理方式は，タイムシェアリングで分散方式が採られた。システムの特徴としては，第4世代言語，リレーショナルデ

図表6-8　DSS（意思決定支援システム）の構成要素

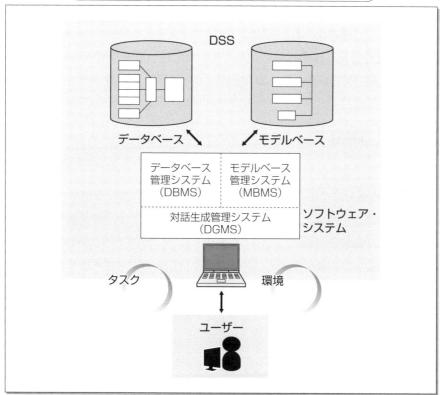

（出所）　Sprague, R.H.Jr.=Carlson, E.D.［1982］訳書38頁を筆者が一部修正。

ータベース（関係データベース），プロトタイピング技法などの採用があげられる（☞『情報』160-161頁）。

DSSの構造は，図表6-8に示されるように[13]，①データベース管理システム（DBMS），②モデルベース管理システム（MBMS），③対話生成管理システム（DGMS），の3つによって構成される（☞『情報』161-163頁）。

DSSの最大の問題点は，システムの問題もさることながら，意思決定そのものの難しさにあるといえよう。仮に，経営における意思決定が百戦百勝ならば，経営に問題点は存在しない。換言すれば，意思決定が難しいからこそ，経営上の問題点が存在するのである。現実世界は，変化が常態であり，関連する「変数」の数は多く，その結果，リスクに満ち溢れている。変化が常態であり，関連する「変数」の数が多い現実社会のモデル化は，今までもこれからも困難の連続であるものの，挑戦的な課題であることは間違いない。

パソコンの高機能化，高度なGUI（グラフィカル・ユーザー・インターフェース）機能の普及，Web技術の普及，データベース技術の進歩など，近年の情報通信技術（ICT）の進展を取り込んだルール集合（知識ベース）の構築が必要不可欠である（☞『情報』163-164頁）。

❸ SIS，BPR

〈SIS〉

SISは，1988年にワイズマン（Wiseman, C.）［1988］によって提唱された情報システムの概念である。ワイズマン［1988］は，「SISとは，競争優位を獲得・維持したり，敵対者の競争力を弱めたりするための計画である企業の競争戦略を，支援あるいは形成するために情報技術を活用することである[14]」と述べている。すなわち，競争優位を獲得・維持することを主な目的として，情報システムを経営戦略の手段として用いるという特徴がある。アメリカン航空の座席予約システム（CRS：Computerized Reservation System）のSABERや，ヤマト運輸の「NEKOシステム：New Economical Kindly Online」など，世界的に有名な事例も数多い（☞『情報』165頁）。

SISの適用業務は，業務（機能・活動）の結合，企業間業務（機能・活動）

第6章 経営情報

の結合である。処理方式は，オンライン・リアルタイム方式で集中・分散方式を採用し，企業間ネットワークを基盤とする（☞『情報』165頁）。

SISは，それまでの情報システム（EDPSやMISなど）と比較すると，様々な面で大きな特徴がある。システムの形態面でみると，従来の情報システムは，個々の目的別システムの集合であるが，SISは，システム基盤上で付加価値を生成するという特徴がある。情報システムの役割という観点からみると，従来型の情報システムは，効率性の向上を目的としていたが，SISは，効果性の向上を目的とする。また，従来の情報システムが，業務処理の合理化や省力化（大量データの一括処理，コスト・人員の削減など）を目的としていたのに対して，SISは，企業間競争への貢献（新事業機会の創造，競争優位の確立，情報による系列化・囲い込み，付加価値の増大など）を目的とした（☞『情報』165-166頁）。

SISは，アメリカン航空の座席予約システムであるSABER，アメリカン・ホスピタル・サプライのヘルスケア用品の受発注システム，ヤマト運輸の「NEKOシステム」による貨物追跡システム，セブン・イレブンのPOSシステム，花王のロジスティクス情報システムなど，実際に競争優位を獲得した輝かしい成功事例がいくつか存在する（☞『情報』170頁）。

しかし，SISは，一般的には，成功事例ばかりではない。SISをシステム概念の観点からみると，システム概念の古さがあげられる。すなわち，顧客の「囲い込み」，系列ネットワークの構築などにみられるSISのクローズド・システムの概念では，「オープン・ネットワーク」の時代に対応することは難しい。また，SISは，固定費の負担が大き過ぎる割には，効果が小さいことが次第に明らかになった。バブル崩壊後の不況の影響もあり，SIS構築は，バブル崩壊とともに瞬く間に下火になった（☞『情報』170頁）。

時代は変わっても，競争優位の獲得・維持は，企業経営において永遠の課題であるので，ネットワーク社会に対応した新たな戦略情報システムの構築が望まれる（☞『情報』170-171頁）。

〈BPR〉

BPRは，前述したEDPS，MIS，DSS，SISと同列の経営情報システムではない。いわば経営情報システムの応用版である。ハマー=チャンピー（Hammer,

M.=Champy, J.）［1993］によれば，「BPRとは，コスト，品質，サービス，スピードのような，重大で現代的なパフォーマンス基準を改善するために，ビジネスプロセスを抜本的に考え直し，根本的にそれをデザインし直すこと[15]」である。BPRにおいて最も重要な視点は，「顧客満足」の充足である。すなわち，BPRでは「顧客満足」の充足を目的として，ビジネスプロセスを4つの視点（コスト，品質，サービス，スピード）からゼロベースで再構築し，根本的にデザインし直すのである。

　BPRは1980年代後半の米国において，産業空洞化の進行，市場の成熟化・飽和化など極めて厳しい状況のもとで，米国企業の競争力の復活を目指して出現した。その後，米国企業のBPRに対する取組みは功を奏し，わが国の企業の競争力を凌ぐまでになった。イノベーションに対する取組みが経営戦略においていかに重要かを示すものとして注目されている（☞『情報』171頁）。

　BPRは，プロセス・イノベーションの典型であるので，ビジネスプロセスについてみてみよう。ダベンポート（Davenport, T.H.）［1993］によれば，「ビジネスプロセスとは，特定の顧客あるいは市場に対して，特定のアウトプットを作り出すために，デザインされ構造化された評価可能な一連の活動のこと[16]」である（☞『情報』171-173頁）。

　BPRは，対象領域の広狭によって，①部門内BPR，②部門間BPR，③企業内BPR，④企業間BPR，⑤産業間BPR，⑥官民間BPR，の6つに分類することができる（☞『情報』173-175頁）。

　BPRには，様々な光と影がある。新産業分野の創出，新事業の創出，雇用機会の創出，貿易摩擦の回避，市場メカニズムの回復，国際競争力の強化，内外価格の是正など，BPRには多くの光の面があげられる。他方，既存産業の没落，既得権の消滅，雇用の不安定さなど，影の面も数多く指摘されている。

5 eビジネス

第6章 経営情報

❶ eビジネスの意義

EDPS⇒MIS⇒DSS⇒OA⇒SIS⇒BPR⇒ECという経営情報システムの変遷（発展段階）の文脈において，EDPS・MIS・DSS・OA・SISまでは，省力化や意思決定の支援に大きな比重があった。BPRでは，イノベーションの支援に目的が変質・拡大し，さらに，ECでは，経営情報システムとビジネスそのものが表裏一体の関係になりつつある。

eビジネスは，ICTが進化して社会に浸透するにつれ，急速に進展してきた事業分野である。その言葉の由来は，IBMのガースナー会長が，1997年10月に提唱したウェブなどのインターネット技術を取り込んだ新しいビジネス形態の名称である"e-business"に端を発するといわれている。

IBMコンサルティング・グループ［2000］の定義によれば，eビジネスとは，「ネットワーク技術の活用によって全く新しいビジネスモデルを創出し，顧客価値を最大化するとともに，市場における企業価値を最大化し，競争優位を確立すること[17]」である。また，ターバン=リー=キング=チャング（Turban, E.=Lee, J.=King, D.=Chang, H.M.）［2000］は，「eビジネスとは，単に売り買いばかりでなく，顧客にサービスを提供し，ビジネス・パートナーと協働し，組織内における電子的なやり取りを実行すること[18]」と述べている。

eビジネスは，当初，組織内の効率化を図る手段として取り入れられた。しかし，情報，物流に関するインフラストラクチャが整備され，新たな情報空間における市場規模が拡大したため，企業はeビジネスを他社との差別化戦略の一環として利用し，また競争優位の源泉として，その形態を多様化させながら急激に事業分野が拡大しつつある（☞『情報』208頁）。

eビジネスの対象範囲は，図表6-9に示されるように[19]，①eコマース（電子商取引），②BPR（ビジネスプロセス・リエンジニアリング），③従来のSISに代替する新たな戦略情報システム，④TQM（全社的品質管理），⑤仮想企業などの新たなビジネス提携など，経営環境の変化に対応するために，年々拡大している。また，eビジネスは，各種ステークホルダーとの協働の中で，新たな価値を提供するためのビジネスモデルとして確立されつつある。

167

図表6-9　eビジネスの対象範囲

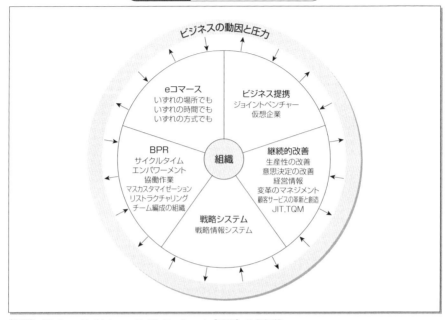

（資料）　Turban, E.=Mclean, E.=Wetherbe, J.［1999］から転載。
（出所）　Turban, E.=Lee, J.=King, D.=Chung, H.M.［2000］訳書29頁。

　eビジネスの最大のポイントは，情報空間の拡大・多様化である。その最大の原動力は，インターネット・イントラネット・エクストラネットの普及であることは間違いない。インターネット・イントラネット・エクストラネットの普及によって，時間的制約，空間的制約，組織的制約など，各種の制約を意識することが極めて少ない情報・物理空間を有することができるので，顧客・原材料供給企業・物流企業・金融機関など各種ステークホルダーとの協働の中で，新たな価値を提供するためのビジネスモデルを確立することができるようになった（☞『情報』209-213頁）。

　他方，eビジネスの進展に伴って，①電子決済，②個人情報保護，③情報倫理，など解決すべき課題も山積している。解決に向けて体系的な取組みが望まれる（☞『情報』213-215頁）。

第6章 経営情報

❷ eコマース（電子商取引）

　eビジネスにおいて，企業は，eコマース（電子商取引）を基本的な要素として事業を推進する。ターバン゠リー゠キング゠チャング［2000］によれば，取引の性質によって，eコマース（電子商取引）の形態を，次の6つに分類している[20]。

① 　BtoB：Business to Business，すなわち，企業間取引のことである。企業
　　と企業の取引が対象で，不特定多数の企業間で商談，見積り，受発注さらに
　　請求書の発行や決済をネット上で行う。

② 　BtoC：Business to Consumer，すなわち，企業・消費者間取引のことで
　　ある。企業と消費者（個人）間の取引において，企業が消費者にインターネ
　　ットを利用して商品やサービスを提供するもので，オンラインショッピング
　　がその代表例である。

③ 　CtoC：Consumer to Consumer，すなわち，消費者間取引のことである。
　　消費者（個人）と消費者（個人）との間における電子商取引で，個人同士が
　　行うサービス活動である。ウェブサイト上での個人的な売買やオークション
　　などが代表例であり，ネット上の個人売買型の取引を意味している。

④ 　CtoB：Consumer to Business，すなわち，消費者・企業間取引のことで
　　ある。売り手を求め，彼らと相互に話し合い取引を完了する個人，同時に，
　　製品あるいはサービスを組織に売り込む個人を意味している。

⑤ 　ノンビジネスeコマース：研究機関，非営利組織，宗教組織，社会的な組
　　織や政府エージェントのようなノンビジネス機関において，諸種のeコマー
　　ス（電子商取引）を活用して経費を減少したり，利用度を改善したり，ある
　　いはオペレーションやサービスを改善する事例が増えている。

⑥ 　イントラビジネス（組織内）eコマース：商品，サービス，あるいは情報
　　の交換を含み，通常，イントラネットで行われるすべての内部的な組織活動
　　を含む。それらの活動は，当該企業の製品の社員販売，オンラインによる教
　　育訓練，費用節減活動などがあげられる。

　さらに，現在のeコマース（電子商取引）には，上記の6つの分類に加えて，
政府と企業の取引であるGtoB（Government to Business）や，政府と消費者との

取引であるGtoC（Government to Consumer）なども存在する。

eコマース（電子商取引）には，①市場（国内・海外）の拡大，②事業の電子化による効率化，③カスタマイズ・パーソナライゼーションによる顧客との新たな関係づくり，など多くの利点があげられる。他方，①商取引の安全性，②個人データなどの消費者保護，③国際法の違いによるトラブル，など多くの欠点も指摘されている（☞『情報』217-219頁）。

eコマース（電子商取引）には，前述した電子決済，個人情報保護，情報倫理などの課題に加えて，インターネットマーケティング，電子資金移動，オンライントランザクション処理，電子データ交換（EDI），ユーティリティコンピューティングなど，情報通信技術上の課題も山積している。さらに，国境を越えるeコマース（電子商取引）の課題も指摘されている（☞『情報』219-222頁）。

❸ ビジネスモデル

近年，米国や日本において，ビジネスモデル特許が脚光を浴びていることもあり，ビジネスモデルという用語が日常的に多用されるようになってきた。しかしながら，ビジネスモデルという概念は，極めて多様性があり，その定義も定かではない。

国領二郎［1999］，江上豊彦［2000］，片岡雅憲［2003］，加護野忠男=井上達彦［2004］など，ビジネスモデルの定義に関する主な先行研究について，時系列的に考察すると，その概念は，①顧客，②顧客機能，③経営資源，④提供方法，⑤対価の回収方法，などの要素が重視されていることが分かる。すなわち，①顧客（顧客は誰なのか），②顧客価値（顧客に対してどのような価値を提供するのか），③提供手段（その方法はどうするのか），④対価の回収手段（顧客に提供した価値の対価を誰からどのように受け取るのか），などに関するビジネスの仕組みのことである（☞『情報』222-223頁）。

近年，わが国では，ミスミ，ブックサービスなど，独自に構築したビジネスモデルをベースとして，急成長している新たなタイプの企業が増えてきた。米国においても同様で，デル，フェデラル・エクスプレスなど，独自に構築したビジネスモデルをベースとして，急成長している企業が増えている。

第6章 経営情報

図表6-10 ミスミのビジネスモデル

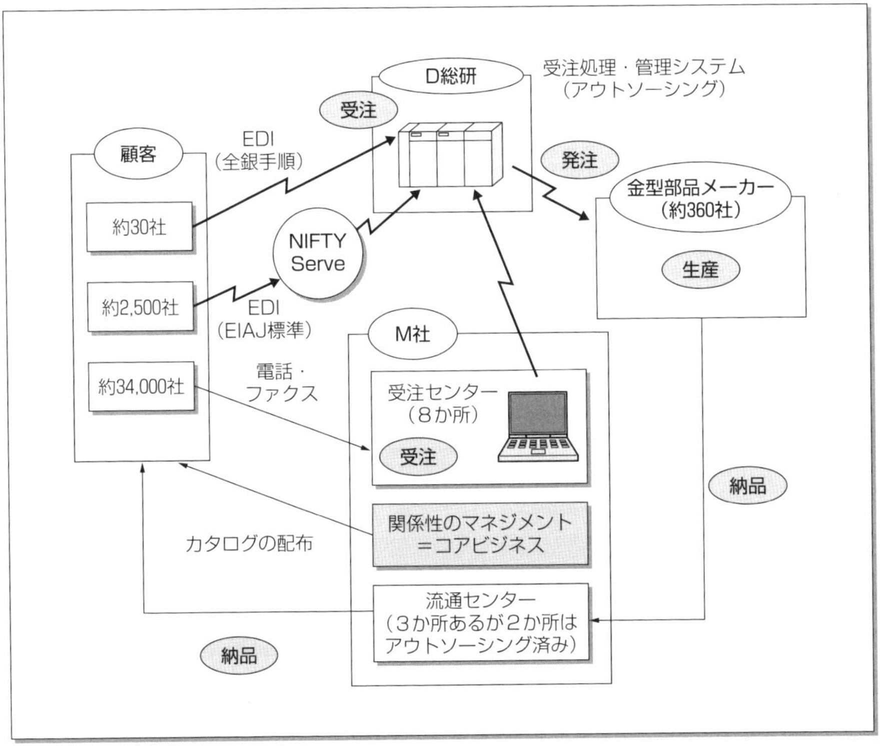

D総研　受注処理・管理システム
（アウトソーシング）

受注

顧客　EDI（全銀手順）　　発注　　金型部品メーカー（約360社）

約30社　　　　NIFTY Serve　　生産

約2,500社　EDI（EIAJ標準）　M社

約34,000社　電話・ファクス　受注センター（8か所）

受注

カタログの配布　関係性のマネジメント＝コアビジネス

流通センター（3か所あるが2か所はアウトソーシング済み）

納品

納品

（出所）岸川善光［1999］171頁。

　ミスミの事例を用いて，具体的にみてみよう。従来，ミスミの事業ドメインは金型卸であった。ところが，図表6-10に示されるように[21]，独自に構築したビジネスモデルをベースとして，金型用部品，FA用部品に加えて，医療用品，業務用食材など，事業ドメインは多面的かつ急速に拡大しつつある。

　ミスミでは，ビジネスモデルが主役であり，製品・市場戦略など他の要因は脇役のようにも見える。それはなぜか。結論的にいえば，従来，ミスミのコア・コンピタンスは「金型部品の企画・設計」であるといわれてきたが，現在のコア・コンピタンスは，情報通信ネットワークを中心とする事業基盤を活用して，顧客と生産者との「関係の再構築」を含む「関係のマネジメント」にシフトしているからである。すなわち，「関係のマネジメント」によって，顧客と生産

171

者との双方に便益（価値）を提供しており，事業基盤上で取り扱う製品・サービスは，極端にいえば何にでも適用することができる。ミスミでは，ビジネスモデルが主役であり，製品・市場が脇役のようにも見えるのも不思議なことではない（☞『情報』223-225頁）。

　ビジネスモデルを考える上で重要なeビジネス／eコマース（電子商取引）が行われる場，すなわち，eマーケットプレイス（e-Market Place：電子市場）の構築も重要な課題である。eマーケットプレイスとは，「複数の売り手，買い手が参加するオープンな電子商取引の共通プラットフォーム[22]」のことである。従来の取引では，不特定多数の企業同士のオープンな取引はなかなか困難であったが，eマーケットプレイスのような新たな取引の「場」が提供されることによって，取引の可能性は，リアル・ビジネスの成長率と比較すると大きく拡大しつつある（☞『情報』225-226頁）。

---

1 ）岸川善光編［2017］3頁。
2 ）Nolan, R.N.［1979］pp.115-126.
3 ）島田達巳=高原康彦［1993］15-19頁に基づいて筆者が一部加筆修正。
4 ）島田達巳=高原康彦［2007］20頁を筆者が一部修正。
5 ）宮澤健一［1988］51頁に基づいて筆者が一部修正。
6 ）総務省［2015］2頁。
7 ）宮川公男編［2004］62頁。
8 ）ソフトウェアについて，引用文献の他にも，各種情報辞書，ウィキペディア（Wikipedia）などの各種ネット事典を適宜参照した。
9 ）Weizer, N. et al.［1991］訳書116-124頁を筆者が要約。
10）魚田勝臣=小碇暉雄［1993］7頁。
11）(A)渡辺和彦=坂田哲也=飯田秀樹=齋藤南哲［2000］18頁。(B)同上書22頁。
12）岸川善光［1999］164頁に基づいて筆者が一部修正。
13）Sprague, R.H.Jr.=Carlson, E.D.［1982］訳書38頁を筆者が一部修正。
14）Wiseman, C.［1988］訳書118頁。
15）Hammer, M.=Champy, J.［1993］訳書57頁。
16）Davenport, T.H.［1993］訳書41頁。
17）IBMコンサルティング・グループ［2000］18頁。
18）Turban, E.=Lee, J.=King, D.=Chang, H.M.［2000］訳書8頁。
19）同上書29頁（Turban, E.=Mclean, E.=Wetherbe, J.［1999］から転載）
20）同上書16頁。
21）岸川善光［1999］171頁。
22）日本情報処理開発協会電子取引推進センター［2003］4頁。

第7章 イノベーション

本章では，イノベーションについて考察する。企業は，オープン・システムであるので，自らを革新し，環境の変化に対応することによってのみ，その存続・発展が可能になる。

第一に，イノベーションの意義について考察する。まず，イノベーションの概念について学際的に理解する。次に，イノベーション論の生成と発展について，これも学際的に理解を深める。さらに，イノベーションの体系について，発展段階を基軸として言及する。

第二に，プロダクト・イノベーションとプロセス・イノベーションについて考察する。まず，プロダクト・イノベーションについて理解する。次いで，プロセス・イノベーションについて理解を深める。さらに，ビジネスプロセス・リエンジニアリングについて言及する。

第三に，知識創造について考察する。まず，イノベーションの本質である知識創造の概念について理解する。次に，ナレッジ・マネジメントについて理解を深める。さらに，知的財産権について言及する。

第四に，技術革新と経営革新について考察する。まず，技術革新について，MOTのプロセスを中心に理解する。次いで，経営革新について，5つの経営革新の分野を中心に理解を深める。さらに，イノベーションに欠かせないパラダイムの変革について言及する。

第五に，ベンチャービジネスについて考察する。まず，和製英語であるベンチャービジネスとイノベーションの関連について理解する。次に，ベンチャービジネスの育成について理解を深める。さらに，イノベーションと地域クラスターについて言及する。

1 イノベーションの意義

❶ イノベーションの概念

　第2章（経営環境）で述べたように，企業は，真空状態ではなく，環境の中に生きる生き物である。企業は，オープン・システムであるので，自らを革新し，環境の変化に対応することによってのみ，その存続・発展が可能になる。

　第5章（経営管理）において，経営管理の対象である経営システムの目的として，①価値の創出・提供と対価の獲得，②社会的責任の遂行，③経営システムの存続と発展，の3つをあげた。この3つの目的を実現するために，イノベーションは必要不可欠である。企業がイノベーションを実現できなければ，経営システムの3つの目的は達成できない。

　従来，イノベーションの概念について，多くの学問分野において，多面的な研究が行われてきた。本項ではまず，代表的な経済学者，経営学者，社会学者，情報学者であるシュンペーター，ドラッカー，ロジャーズ，野中郁次郎によるイノベーションの本質について概観する（☞『イノベーション』2-4頁）。

　経済学者のシュンペーター（Schumpeter, J.A.）［1926］によれば，図表7-1に示されるように[1]，イノベーションにおいて，「生産要素の新結合」が鍵概念である。「生産要素の新結合」として，①新しい財貨，②新しい生産方法，③新しい販路の開拓，④原料あるいは半製品の新しい供給源の獲得，⑤新しい組織の実現，の5つを例示列挙している。

　経営学者のドラッカー（Drucker, P.F.）［1974］は，事業を発展させるために，「顧客の創造」をイノベーションの鍵概念としている。そして，「顧客の創造」のために，イノベーションとマーケティングを重視している。

　社会学者のロジャーズ（Rogers, E.M.）［1983］は，「普及」をイノベーションの鍵概念と認識している。どんなに新しいアイデア，行動様式，製品・サービスであっても，社会に受け入れられ，「普及」しなければ意味がない。

第7章 イノベーション

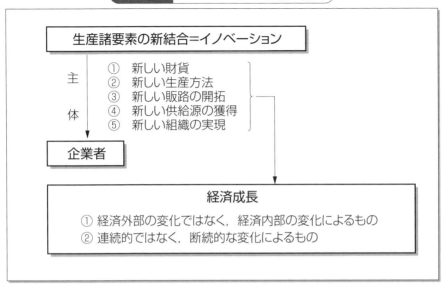

図表7-1 シュンペーター理論の構図

(出所) 岸川善光編 [2004a] 33頁。

　情報学者の野中郁次郎 [1986] は，図表7-2に示されるように[2]，組織的な情報創造プロセスにおける「情報創造」と「自己組織化」を鍵概念として重視した。すなわち，ゆらぎの創発，矛盾の焦点化，矛盾解消への協力現象，組織的慣性の4つのステージでは「情報創造」が中心的課題であり，成果の不可逆性では，「自己組織化」が中心的な課題となる（☞『イノベーション』52-54頁）。

　岸川善光編 [2004a] では，これらの先行研究を踏まえて，"知識創造による新価値の創出"をイノベーションの本質であると認識し，「イノベーションとは，知識創造によって達成される技術革新や経営革新によって新価値を創出する機能（活動）のことである[3]」と定義している。本書では，この定義に基づいて議論を進める。

　ところで，イノベーションの概念を考察する上で，イノベーションの特性は重要な位置づけを占める。イノベーションの対象領域，社会性など，様々な「切り口」が考えられるが，イノベーションの特性を考察する上で，多くの研究者が列挙する特性を集約すると，次の2つに集約することができよう（☞『イノ

ベーション』6-11頁)。

① イノベーションは,「創造的破壊」を起こすものでなければならない。
② イノベーションには,「断続性(非連続性)」がある。

図表7-2 情報創造プロセスのダイナミクス

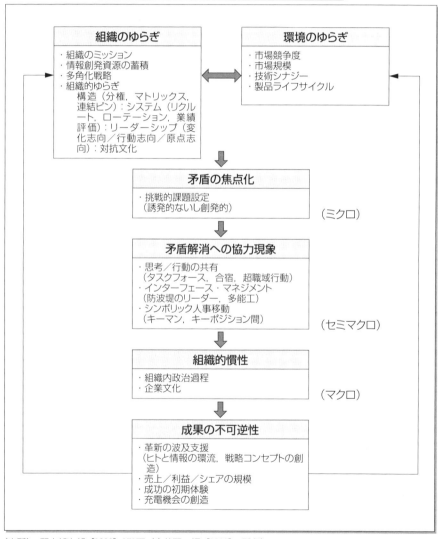

(出所) 野中郁次郎 [1986] 171頁 (今井賢一編 [1986], 所収)。

第7章 イノベーション

❷ イノベーション論の生成と発展

イノベーション論は，①経済学的アプローチ，②経営学的アプローチ，③社会学的アプローチ，④生物学的アプローチ，⑤情報学的アプローチ，の５つのアプローチに分類される。それらは，多面的・重層的に発展しつつある。

① 経済学的アプローチ：シュンペーターが提唱したイノベーションによる経済変動の研究から，次第に経済変動の進化に関する研究へと発展し，イノベーションを経済現象というマクロ的な視点から考察するアプローチである（☞『イノベーション』30-34頁）。

② 経営学的アプローチ：シュンペーターが提唱したイノベーションの概念を，ドラッカーは企業成長の重要な源泉として認識し，ミクロ的視点から考察するアプローチである。上述したように，「顧客の創造」が鍵概念であり，イノベーションとマーケティングの２つの機能（活動）を極めて重視している（☞『イノベーション』34-38頁）。

③ 社会学的アプローチ：企業がイノベーションを行うことによって生み出した製品・サービスが，社会の構成員の中でどのように普及し，社会を変え，文化を変えていくかについて考察するアプローチである。「普及」が鍵概念であり，普及の過程における社会変動や文化変動が重要な研究課題となる（☞『イノベーション』39-44頁）。

④ 生物学的アプローチ：イノベーションの促進要因と阻害要因に着眼し，特に，イノベーションの阻害要因を，企業と生物との相似性に着目して研究するアプローチである。企業の二重構造，生命論パラダイムなど，生命の本質を見出し，それをいかに企業の存続・発展に結びつけるか，さらなる研究が期待されている（☞『イノベーション』44-50頁）。

⑤ 情報学的アプローチ：野中郁次郎＝寺本義也編［1987］によれば[4]，企業がイノベーションによって自ら革新することは，環境の変化を主体的に受け止め，新しい情報が創られ，それが組織に共有され，組織全体の意識や行動が一斉に変わることである。それに関連して組織構造や管理システムも変わるというプロセスを含めて，「情報創造」という情報学的な立場から企業のイ

ノベーションにアプローチしている（☞『イノベーション』50-54頁）。

本書では，イノベーションの本質を"知識創造による新価値の創出"と認識した。そのように認識することによって，①経済学的アプローチ（知識創造によって生み出された新たな価値の体現物によって，経済が変動・進化する過程を説明する），②経営学的アプローチ（知識創造によって生み出された新たな価値の成果によって，企業が成長する事象を究明する），③社会学的アプローチ（知識創造によって生み出された新たな価値が普及するなかで，社会変動，文化変動を起こす過程を究明する），④生物学的アプローチ（知識創造による新価値創出の過程で起こる促進要因と阻害要因を究明する），さらに，⑤情報学的アプローチを含めて，5つのアプローチのすべてにおいて，イノベーションの本質は"知識創造による新価値の創出"にあることを体系的に説明することができる（☞『イノベーション』29-56頁）。

❸ イノベーションの体系

イノベーションを体系的に考察する「切り口」はいくつも存在する。本項では，イノベーションのプロセス，すなわち，①発生段階，②調整段階，③遂行段階，④普及段階，⑤進化段階，の5つに区分して，その内容について概観する（☞『イノベーション』57-80頁）。

① 発生段階：イノベーション・プロセスの発生段階は，1）リニアモデル（linear model），2）連鎖モデル（chain-linked model）のいずれにおいても，科学的発見，蓄積された技術などによるテクノロジー・プッシュ型か，新たなニーズの発見など市場牽引によるマーケット・プル型のイノベーションが始まる。この発生段階において，アイデアの源泉はもちろん重要であるが，パラダイムの変革が極めて重要な課題である。

② 調整段階：パラダイムを変革し，イノベーションを発生させることができても，企業内を革新精神に調整し，統一しなければ，トップの単なる号令，「絵に描いた餅」で終わる。イノベーションの調整段階では，組織文化の変革が極めて重要になる。

③ 遂行段階：イノベーションの遂行は，具体的には，1）製品・サービス，生

産技術などに関する技術革新，2)戦略，組織，経営管理，マーケティングなどに関する経営革新，の2つに大別される。イノベーションの遂行段階では，技術と経営の質量（水準および過不足）が重要な課題となる。

④　普及段階：ロジャーズ［1983］の指摘を待つまでもなく，新製品・新サービスの開発，新事業の開拓だけでは，企業の成果（金銭面，イメージ，知名度など）にはつながらない。普及してこそイノベーションとして成立する。普及の場である社会システムの特性が重要な研究課題となる。

⑤　進化段階：イノベーションの持続的な効果を得るためには，イノベーションの進化が必要不可欠である。アバナシー＝アッターバック（Abernathy, W.J.=Utterback, J.M.）の進化モデルや，生命現象を援用した生物学的アプローチなど，多面的な研究が蓄積されつつある。

2 プロダクト・イノベーションとプロセス・イノベーション

❶ プロダクト・イノベーション

　上述したアバナシー＝アッターバックの進化モデルは，イノベーションの進化を，①プロダクト（製品），②プロセス（工程），③組織，④市場，⑤競争，の5つの観点から，産業内部および参加企業内部の双方において進化するイノベーションについてダイナミックに考察した[5]。すなわち，アバナシー＝アッターバックの進化モデルでは，(A)プロダクト（製品）・イノベーション，プロセス（工程）・イノベーション，競争的環境，組織，(B)産業自身のライフサイクル（流動期，移行期，固定期），という(A)と(B)の2つの次元を用いて分析する（☞『イノベーション』70-76頁）。

　産業が流動期の時期には，プロダクト（製品）の概念が明確になっていないので，プロダクト（製品）の方向性，それを実現する技術も見えていない。そのため，生産プロセス（工程）も流動的であり，視点はプロセス（工程）・イノベーションではなく，プロダクト（製品）・イノベーションに向けられる。

やがて産業が流動期から移行期に変わると，プロダクト（製品）の概念が明確になってくる。プロダクト（製品）の方向性，それを実現する技術も定まってきて，ドミナント・デザイン（dominant design）と呼ばれる支配的なデザインが現れる。プロダクト（製品）・イノベーションは，機能性向上を主とし，焦点は大量生産や機能向上を実現するプロセス（工程）・イノベーションに移行する。

最終段階の固定期になると，プロダクト（製品）とプロセス（工程）は切り離せないものになり，革新的なイノベーションは起こりにくくなる。イノベーションは，改良型の小さなものになり（連続的イノベーション），生産性は向上するものの，革新性は下がるという現象に陥る。アバナシー＝アッターバックの進化モデルでは，これを「生産性のジレンマ」と呼んだ（☞『イノベーション』127-130頁）。このように，アバナシー＝アッターバックの進化モデルは，産業の成熟度と実施されるイノベーションの形態との関係性を明らかにした。

❷ プロセス・イノベーション

出川通 [2004] によれば[6]，上述したプロダクト・イノベーションが，今後

図表7-3 プロダクト・イノベーションとプロセス・イノベーションの融合

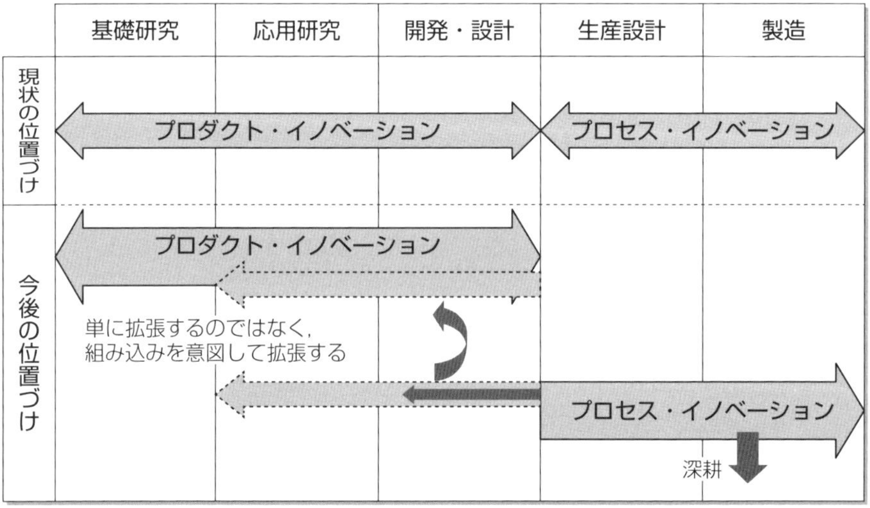

（出所）　産業能率大学総合研究所バリューイノベーション研究プロジェクト編 [2008] 203頁。

第7章 イノベーション

の日本の製造業におけるイノベーションの重要課題になる。しかしながら，図表7-3に示されるように[7]，プロダクト・イノベーションとプロセス・イノベーションを分けて考えるのではなく，生産技術や製造プロセスの革新（プロセス・イノベーション）を踏まえた新製品，新技術の提案を行い，プロダクト・イノベーションの強化を図るべきであろう。すなわち，プロダクト・イノベーションとプロセス・イノベーションの融合が何よりも求められる。

❸ ビジネスプロセス・リエンジニアリング

上で，プロダクト・イノベーションの重要性について述べ，さらに，プロダクト・イノベーションとプロセス・イノベーションの融合について述べた。ここでは，プロセス・イノベーションについて考察する。具体的には，BPR（ビジネスプロセス・リエンジニアリング）を事例として取り上げる。

第6章（経営情報）で述べたように，ハマー゠チャンピー（Hammer, M.゠Champy, J.）［1993］によれば，「BPRとは，コスト，品質，サービス，スピードのような，重大で現代的なパフォーマンス基準を改善するために，ビジネスプロセスを根本的に考え直し，抜本的にそれをデザインし直すこと[8]」である。

ビジネスプロセスとは，ダベンポート（Davenport, T.H.）［1993］によれば，「特定の顧客あるいは市場に対して，特定のアウトプットを作り出すために，デザインされ構造化された評価可能な一連の活動のこと[9]」である。ちなみに，同じくダベンポートによれば，「プロセスとは，組織が顧客に対して価値を創造するために，必要なことを実行する構造のこと」である。さらに，「プロセスとは，時と場所を横断し，始めと終わり，および明確に識別されるインプットとアウトプットを持つ仕事の活動における特定の順序のことである」と述べている。

このような考察を踏まえて，本書では，「ビジネスプロセスとは，顧客満足の充足のために，顧客に対して価値を提供する一連の活動のことである」と定義して議論を進める。

BPRは，対象領域の広狭によって，図表7-4に示されるように[10]，①部門内BPR，②部門間BPR，③企業内BPR，④企業間BPR，⑤産業間BPR，⑥官民間BPR，の6つに分類することができる。

181

図表7-4 BPRの対象領域

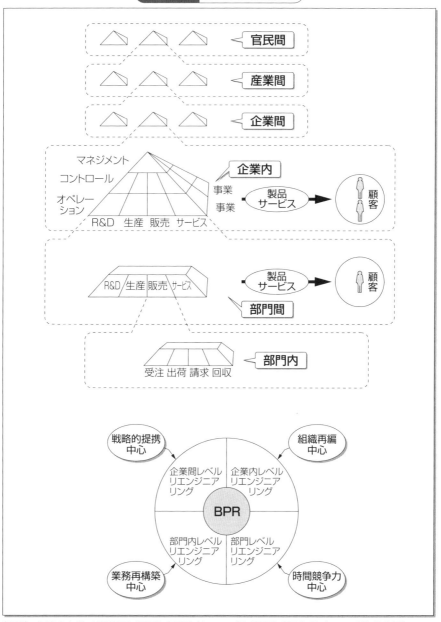

(出所) 図表の上部：岸川善光 [1999] 249頁（トーマツ編 [1994] 29頁に基づいて一部加筆修正）。
　　　図表の下部：トーマツ編 [1994] 29頁。

① 部門内BPR：部門内の業務を対象として，コスト，品質，サービス，スピード，の4つの視点から業務をゼロベースで見直して，業務の再構築を行うことが中心になる。部門内BPRでは，通常，業務の再構築を行う上で，業務プロセスにあわせた情報通信システムをその手段として導入するケースが多い。

② 部門間BPR：複数の関連部門にまたがる業務を対象として，業務スピードの向上すなわち時間競争力の強化を主な目的として，ゼロベースで業務プロセスの再構築を行うことが中心になる。例えば，職能別（機能別）組織による業務の「逐次直列処理」ではなく，業務の「同時並行処理」を可能にするために，LANなどの情報ネットワークを用いて，部門間にまたがる業務プロセスを再構築するケースはこの部門間BPRに該当する。

③ 企業内BPR：企業内の業務プロセスを抜本的にデザインし直すために，企業内の組織再編を中心として業務の再構築を行うことが多い。ほとんどの場合，従来の職能別（機能別）組織から事業別の業務プロセスに基づいて組織の再編が行われる。

④ 企業間BPR：複数の企業にまたがる業務プロセスを対象として，一般的には，戦略的提携を中心として業務プロセスの再編成が行われる。例えば，EDI（electronic data interchange：電子データ交換）を具体的な手段として，日用品製造企業と大手流通企業が戦略的に提携し，新たな業務プロセスを再構築した事例などは，この企業間BPRに該当する。

⑤ 産業間BPR：従来の産業ないし業種の垣根を超えて，事業の再構築を行うことである。具体的には，従来の産業ないし業種を超えて，新たな産業や業態を創出することである。例えば，産業間BPRの事例の1つとして，書籍の宅配便事業をあげることができる。書籍の宅配便事業は，運送業と書籍の流通業が結合して，書籍流通の業務プロセスを抜本的に組み替えることによって新たに創出された事業である。書籍の宅配便事業は，地方都市に住む顧客にとって書籍の入手が容易になり，「顧客満足」が増大するので，近年この事業は急激に伸びている。その半面，地方都市では従来のいわゆる本屋が存亡の危機を迎えている。

⑥　官民間BPR：官（政府，行政体）と民（私企業）との垣根を超えて，事業の再構築を行うことである。具体的には，官業の民営化がその典型である。従来，公益に奉仕する事業分野では，生産経済体，営利原則，独立性などの企業特性をもつ私企業による事業展開は不向きとされ，「市場の失敗」を避けるためにも，官業ないし公企業の存在が法的にも認められてきた。ところが，世界各国の規制緩和の流れの中で，今までの官（政府，行政体）と民（私企業）との役割を抜本的に見直す動きが生まれた。その結果，官民間BPRの対象範囲は，今後ますます拡大するものと思われる。

BPRの目的は，先述したように，「顧客満足」の充足である。「顧客満足」を充足させるためには，企業起点ではなく，顧客（消費者・生活者）を起点とした事業に転換せざるを得ない。BPRには，様々な光と影がある。新産業分野の創出，新事業の創造，雇用機会の創出，貿易摩擦の回避，市場メカニズムの回復，国際競争力の強化，内外価格差の是正など，BPRには多くの光の面があることはすでに述べた。他方，既存産業の没落，既得権の消滅，雇用の不安定さなど，影の面も数多く指摘されている（☞『管理』228-233頁）。

3　知識創造

❶　知識創造の概念

近年，知識とりわけ知識創造についての関心が高まりつつある。なぜならば，知識創造は，イノベーションを発生させ，競争優位を生み出すことができるからである。知識創造の特性は，それが組織的に行われるということである。野中郁次郎=紺野登［1999］によれば，組織的知識創造とは，「組織が個人・集団・組織全体の各レベルで，企業の環境から知り得る以上の知識を，新たに創造（生産）することである[11]」。

野中郁次郎=紺野登［1999］は，図表7-5に示されるように，知識創造のプロセスであるSECIモデルを提示し，「暗黙知が形式化され，それが他者の行動を

第7章 イノベーション

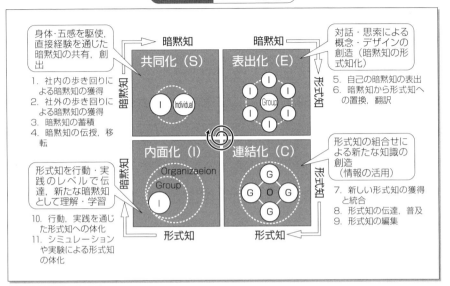

図表7-5 SECIモデル

(出所) 野中郁次郎=紺野登 [1999] 111頁。

促進し，その暗黙知が豊かになる。さらに，それがフィードバックされ，新たな発見や概念につながる。暗黙知と形式知の組合せによって，4つの知識変換パターンが想定できる[12]」と述べている。

① 共同化 (Socialization)：個人の中にある目に見えない暗黙知を，多数の個々人の目に見えない暗黙知へ転換するプロセスである。それは，個人の暗黙知を組織内の文化に転換させるプロセスといえる。

② 表出化 (Externalization)：個人の暗黙知を会話や聞き込みなどにより表面化させ，それを文章化，マニュアル化することによって，組織内のメンバーが共有可能な形式知に転換するプロセスである。

③ 連結化 (Combination)：すでに文章化，マニュアル化されて形式知として共有されている組織のいくつかを結合したり，整理したり，または体系化することによって，新たな形式知を生み出すプロセスである。

④ 内面化 (Internalization)：共有されている形式知が，深く理解されることによって，個人の経験や主観と相まって，新たな暗黙知が個人の中に形成さ

れるプロセスである。

個人の持つ暗黙知が組織的知識創造の基礎であり,新しい知識の豊かな未開拓の源泉であるから,そこに焦点を当てることによって知識創造プロセスが始まる[13]。すなわち,知識創造は共同化から始まるといえる。知識創造は,暗黙知の共有,暗黙知から形式知への転換,形式知から形式知への転換(異なった形式知を組み合わせて新たな形式知を創造する),形式知から暗黙知への転換,のプロセスを通じて実現できる。このように,知識は,形式知と暗黙知の相互作用によって創造され,拡大される。組織において,上述した4つの変換プロセスを通じて,個人の暗黙知を組織的に増幅させることが重要な課題である。

❷ ナレッジ・マネジメント

近年,ナレッジ・マネジメント(knowledge management)の重要度が,様々な局面で指摘されている。寺本義也［1999］によれば,ナレッジ・マネジメントとは,複雑化する業務,製品開発,組織構造の中で,企業がナレッジ(知識)

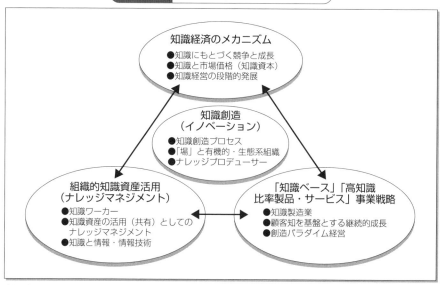

図表7-6　知識経営のフレームワーク

(出所) 野中郁次郎=紺野登［1999］11頁。

第7章 イノベーション

を活用し，知識による新しいビジネスや新しい価値の創造を生み出すように導く組織能力のことであり，そのために必要なことは，個人と個人が出会い，専門的な知識や高度な知識が相互作用する"場"をデザインすることである[14]。

ナレッジ・マネジメントが台頭してきた背景について，野中郁次郎=紺野登[1999]は，次の2つの大きな力が働いていると述べた[15]。

① 企業の内部資源への注目：企業が従来の「環境適応型」の経営戦略に限界を感じ，外向きの戦略策定に注力する前に，立ち止まり，自社の内側に目を向けた。そのことが，知識を重視する下地を作った。

② 知識・デジタル経済への注目：アジルな競争とは，本質的に知識を刻々と変化する市場機会と俊敏に結びつけて価値を生み出すことである。企業の知識資産と知識経済の結合が，成長力の源泉として認識されるようになった。

ナレッジ・マネジメントを推進する上で，野中郁次郎=紺野登[1999]は，図表7-6に示されるように[16]，知識経営のフレームワークを提示し，知識創造（イノベーション）を中核として位置づけている。ナレッジ・マネジメントの実務面での中核的な課題としては，①特許戦略，②ブランド戦略，の2つがあげられる。

❸ 知的財産権

イノベーションの成果として，知的財産権は，極めて重要な位置づけを占める。知的財産権とは，「人間の知的・精神的活動による創作物（著作権，発明，実用新案，意匠，植物新品種，営業秘密など），および営業上の標識（商標，サービスマーク，商号，原産地表示など）に関する保護法制の総称[17]」である。すなわち，知識から得られる創作物を財産と認識し，その所有者を保護する権利である。

知識社会に変質しつつある現在，競争優位の獲得において，知的財産権は極めて重要な課題になりつつある。しかし，米国など諸外国の企業と比較すると，わが国の企業は，知的財産権の保護や蓄積という点で大きく出遅れている。

米国では，1970年代後半から1980年代にかけて，知的財産権に関して国家的な戦略として取り組み，産業競争力の再生に成功した。具体的には，米国では，知的財産経済化の保護や強化を目的として，「プロパテント政策（特許重視政

策)」を実施し，大きな成果をあげたのである。

わが国の政府は，2002年2月25日，知的財産権立国を目指して，知的財産戦略会議を設置した。この会議の設立の趣旨は，「わが国産業の国際競争力の強化，経済の活性化の観点から，知的財産の重要性が高まっている。このため，わが国として知的財産戦略を早急に樹立し，その推進を図ることを目的とする」というものである。

経済産業省が設置した「産業競争力と知的財産を考える会」は，2002年6月5日に，次の4点を重要課題として提言した[18]。

① 知的創造時代を担う人的基盤の構築

② 大学・研究機関における知的財産の一層の創出，蓄積

③ 企業経営における知的財産の積極的活用

④ 海外における知的財産の保護強化

知的財産権に関わる技術紛争を裁く知的財産に特化した高等裁判所も設置された。このように，知的財産権の保護や蓄積という面での遅れを取り戻すために，各方面における動きが始まったばかりではあるものの，知的財産権の重要性に関する認識は大きく進展しつつあるといえよう。

4 技術革新と経営革新

❶ 技術革新

企業は，経営資源を価値のある製品およびサービスに変換し，その製品およびサービスを顧客に提供することによって対価（利益など）を獲得する。企業が経営資源を価値のある製品やサービスに転換させる際に，必要となるものが技術である（☞『イノベーション』107-132頁）。

伊丹敬之=森健一［2006］は，企業において「技術とは，ヒト・モノ・カネ・情報（知）という経営資源を，より価値の高い製品（商品）やサービスに変えていく一連のプロセス[19]」であると定義した。また，児玉文雄［2007］は，技

術はマネジメントの産物であり，詳しく分析すれば，経営戦略の産物であることが明らかになると述べた[20]。つまり，有用な技術を獲得するためには，正しい経営戦略や経営管理（マネジメント）が必要不可欠であると主張している。これらの抽象論ではなく，イノベーションに関連のある技術として，現実的には，①固有技術，②管理技術，③情報通信技術，などがあげられる。

有用な技術の獲得のためには，正しい経営戦略や経営管理（マネジメント）が必要不可欠であり，近年，MOT（Management of Technology）の強化に対する期待が高まってきている。MOTとは，直訳すると「技術の経営」であるが，その本質は，単に技術をマネジメントするというだけの狭いものではない。

MOTのプロセスは，図表7-7に示されるように[21]，一般的に，時系列的な観点から，研究，開発，事業化，産業化，という4つのステージに分類することができる。そして，出川通［2009］によれば，この4つのステージの間に，「魔の川」「死の谷」「ダーウィンの海」という3つの障壁（溝）が存在する。

図表7-7　3つの障壁（溝）の克服手段

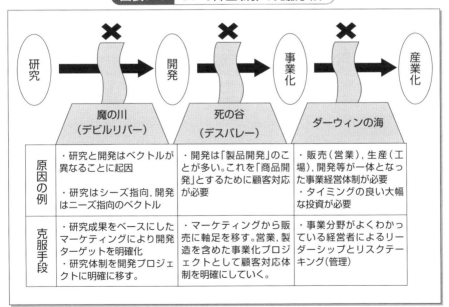

（出所）　出川通［2009］58頁。

「魔の川」「死の谷」「ダーウィンの海」の3つの障壁（溝）に陥る原因および克服手段は，図表7-7で明らかなように，それぞれ大きく異なっている。4つのステージごとに的確なMOTが要求される所以である。

❷ 経営革新

1956年（昭和31年）の『経済白書』において，イノベーションを「技術革新」と誤訳に近い訳語をあてて以来，わが国では，イノベーションというと，技術（のみ）のこととして捉えられることが多かった。今日では，イノベーションは技術革新だけでなく，経営革新を含むことが正しく理解されつつある。中国語の「創新」，ベトナム語の「刷新（ドイモイ）」なども，良く似た事情を有している。

経営革新に含まれるイノベーションとして，①企業統治制度のイノベーション（☞『イノベーション』134-138頁），②組織イノベーション（☞『イノベーション』138-142頁），③マーケティング・イノベーション（☞『イノベーション』142-148頁），④戦略イノベーション（☞『イノベーション』148-151頁），⑤企業体質イノベーションと新規事業の創造（☞『イノベーション』152-155頁）など，多岐にわたる経営革新の分野が存在する。

紙幅の制約があるので，マーケティング・イノベーションの内，さらに関係性マーケティングに絞って概観する。関係性マーケティングは，図表7-8に示されるように[22]，従来の伝統的なマーケティングと比較すると，①基本概念，

図表7-8　マネジリアル・マーケティングと関係性マーケティング

	マネジリアル・マーケティング	関係性マーケティング
基本概念	適合（フィット）	交互作用（インタラクト）
中心点	他者（顧客）	自他（企業と顧客）
顧客観	滞在需要保有者	相互支援者
行動目的	需要創造・拡大	価値共創・共有
コミュニケーション流	一方向的説得	双方的対話
タイムフレーム	一時的短期的	長期継続的
マーケティング手段	マーケティング・ミックス	インタラクティブ・コミュニケーション
成果形態	購買・市場シェア	信頼・融合

（出所）　和田充夫［1998］72頁。

②中心点，③顧客観，④行動目的，⑤コミュニケーション流，⑥タイムフレーム，⑦マーケティング手段，⑧成果形態，の8つの項目ごとに大きく異なる。すなわち，マーケティング・イノベーションの中でも，関係性マーケティングは，革新度が極めて高いことが分かる。

❸ パラダイムの変革

　企業には，パラダイム（paradigm）が存在する。実際に，パラダイムは企業内において，企業の戦略思考，ビジョン，共通の思考前提，組織構成員の行動，企業の商品などに垣間見ることができる。各企業に独自のパラダイムが浸透するからである。

　パラダイムの定義について考察する。パラダイムの概念は，もともと科学の発展の歴史に関する研究から生み出された。パラダイムは，クーン（Kuhn, T.S.）［1962］によって提唱された概念である。クーン［1962］は，パラダイムを「一般に認められた科学的業績で，一時期の間，専門化に対して問い方や答え方のモデルを与えるもの[23]」と定義した。

　上述したパラダイムは，様々な局面において重要な機能を持つ。岸川善光［1999］は，加護野忠男［1988a］に準拠しつつ，パラダイムの機能を次の2つに分類した[24]。

①　知の編成原理：企業内の情報の共有と蓄積を促進する機能，すなわち知の編成原理を果たす。その結果，情報伝達の円滑化，学習成果の共有，知識の共有など，いわゆる組織学習が容易になる。

②　知の方法：人々が様々な状況に直面した時，状況に対し，人々がどのような捉え方をするかという思考前提，すなわち知の方法としての機能を果たす。その結果，問題の発見と創造など新たな意味の創出が容易になる。

　イノベーションにおいて，パラダイムの変革は極めて重要であるが，パラダイムの変革は，パラダイムをつくりあげることよりも難しい。難しさの理由について，岸川善光［1999］は，加護野忠男［1988a］に準拠して，次の6つに要約した[25]。

①　意味の固定化：パラダイムは，意味⇒行為⇒情報⇒意味のサイクルを固定

化させる傾向がある。

② 内面化：パラダイムは通常，暗黙知として人々の内部に深く内面化される場合が多い。

③ 代替パラダイムの必要性：パラダイムの変革のためには，新しいパラダイムが創造され，しかもそれが具体的な見本例として提示されなければならない。しかし，あるパラダイムを信奉する人々にとって新しいパラダイムは自分の世界の喪失を意味するので，代替パラダイムを提示することは容易ではない。

④ 共約不可能性：共約不可能性とは，異なるパラダイムの間の対話は困難であり，論理的な説得はさらに困難であるという性質である。

⑤ 集団圧力：集団の中には，その集団の規範やそれを支えるパラダイムを維持しようとする圧力が働く。

⑥ 政治的プロセス：パラダイムの変革には，パラダイムの共約不可能性に起因して，複雑な政治的プロセスがつきまとう。

加護野忠男［1988b］は，パラダイムの転換プロセスについて，「ゆさぶり⇒判例の創造⇒波及・制度化」のプロセスを主張した[26]。

① ゆさぶり：判例の出現を促進する条件を作り出すこと。それによって，企業内部の各部署に，問題や矛盾を創造する。この時，トップ・マネジメントは問題創造者としての役割を果たす。

② 判例の創造：ゆさぶりの中で特に大きな矛盾に直面した部署から，既存のパラダイムを超越するようなアイデア，それを体現するような具体的な商品が生み出されるなど，新たな判例が創造される。判例の創造は，パラダイムの転換において，最も重要なプロセスである。

③ 波及・制度化：判例の創造をテコにして，新しいアイデアが，企業内に波及し，徐々に制度化される。

5 ベンチャービジネス

第7章 イノベーション

❶ ベンチャービジネスとイノベーション

　繰り返し述べているように，イノベーションの本質は，"知識創造による新価値の創出"にある。新規事業を立ち上げるベンチャービジネスも，社会や顧客に対して新価値を提供する活動であり，その意味ではイノベーションと多くの特性を共有する。

　ベンチャービジネスという用語は，実は和製英語である。英語圏では，起業家（entrepreneur），起業家精神，起業家活動（entrepreneurship）などの用語が用いられており，ベンチャーという表現は使われていない。英語圏でベンチャービジネスを表現するならば，ヴェスパー（Vesper, K.H.）［1990］がいうように，起業家が事業を開始する状態を指して，「ビジネス・ベンチャー（a business venture）を開始する」と表現する以外に適切な表現がない。すなわち，ベンチャービジネスとは，起業家活動によって起こされた事業（a business which run by entrepreneurship）ということになるであろう。本書でも，ベンチャービジ

図表7-9　ベンチャービジネスの概念図

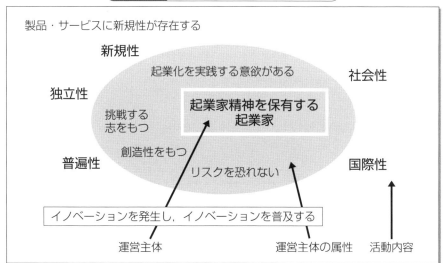

（注）　円内がベンチャービジネスそのものを，円外がベンチャービジネスの活動を表す。
（出所）　岸川善光編［2008］4頁を筆者が一部加筆修正。

193

ネスを，「起業家の活動によって起こされた事業もしくは事業体」と定義して
議論を進めることにする。

　起業家の活動は，図表7-9に示されるように[27]，リスクを怖れず，挑戦する
志，起業に対する意欲などの起業家精神をもち，結果として，新規性，創造性，
独立性，国際性，社会性などの特性を，製品およびサービスに付与する活動内
容である。わが国では，清成忠男=中村修一郎=平尾光司 [1971] の『ベンチャ
ービジネス，頭脳を売る小さな大企業』の刊行を嚆矢として，松田修一 [1998]，
柳孝一=藤川祥一 [2001]，坂本秀樹 [2001]，尾花賢司 [2001]，野中郁次郎編
[2002b]，田中譲 [2003]，岸川善光編 [2008] など，多くの研究者によってベン
チャービジネスに関する研究が着実に進展している（☞『イノベーション』184-
185頁），（☞『ベンチャー』2-7頁）。

　イノベーションを活動の原点とするベンチャービジネスにおいて，マイクロ
ソフト，デル，インテルなどの歴史的にも輝かしい成功事例の反面，無数の失
敗事例が世界中に存在する。ベンチャービジネスの特性の１つであるリスクが，
成功の「機会」でもあり，失敗の「脅威」でもあることを，鮮明に認識するこ
とができる（☞『イノベーション』186-187頁），（☞『ベンチャー』208-217頁）。

　ベンチャービジネスにおいて，イノベーションは極めて重要である。ベンチ
ャービジネスは，岸川善光編 [2008] によれば，①着想段階（☞『ベンチャー』
85-110頁），②準備段階（☞『ベンチャー』111-130頁），③立上げ段階（☞『ベンチ
ャー』131-154頁），④成長段階（☞『ベンチャー』155-180頁），⑤成熟段階（☞『ベ
ンチャー』181-206頁），の５つの段階に区分される[28]。この５つの段階のそれぞ
れにおいて，リスクを怖れず，挑戦する志，起業に対する意欲などの起業家精
神をもち，結果として，新規性，創造性，独立性，国際性，社会性などの特性
を，製品およびサービスに付与する活動が遂行されるのである。

❷ ベンチャービジネスの育成

　米国において，上述したマイクロソフト，デル，インテルなどの事例を踏ま
えて，起業家精神もしくは起業家活動が，経済の成長に大きな役割を果たして
いるという議論が多いが，その原点には，必ず「イノベーション」が置かれる。

イノベーションを遂行する主体は，アントレプレナーであり，イノベーションのドライビング・フォースは，起業家精神もしくは起業家活動であると認識されてきたためである。

　わが国においても，経済面での閉塞感だけでなく，社会全体の活力を回復する手段として，ベンチャービジネスの活動に対する期待が日増しに高まっている。イノベーションを基軸としたベンチャービジネスが，わが国の閉塞した経済活動を好転させる起爆剤になるためには，より多くのベンチャービジネスが誕生し，発展し，大きな成果を生み出すことが必要である。

　ベンチャービジネスの育成のための主な課題として，①起業家教育，②創業支援，③産業集積，の３つがあげられる。

① 　起業家教育：米国の多くの大学では，事業機会の認識能力，市場参入戦略，事業化ノウハウ，創造的思考法など，実践的なカリキュラムによって起業家教育が行われている。わが国の大学においても，慶應義塾大学ビジネススクールにおけるベンチャービジネスに関する教育，早稲田大学では学内にインキュベーション施設を設置してそこで起業家教育を行うなど，米国に対する遅れを取り戻す動きが見られ始めた（☞『イノベーション』190-191頁），（☞『ベンチャー』175-179頁）。

② 　創業支援：公的支援，私的支援，インキュベーションなどがあげられる。例えば，公的支援としては，中小企業庁，経済産業省，厚生労働省，総務省など政府機関や地方公共団体などが，積極的に創業支援，ベンチャービジネス支援に取り組んでいる。具体的には，創業意識の喚起，人材育成に関する支援，ビジネスマッチングのための支援，直接投資による支援，助成金の支給，技術開発による支援など，多角的なメニューが準備されている（☞『イノベーション』191-192頁），（☞『ベンチャー』23-25頁）。

③ 　産業集積：産業集積とは，特定の地域に相互に関係のある企業が多く立地し集積している地理的な状況を指す。企業の集積によってそれぞれの企業能力の総和を超えた能力がシナジーとして期待され。産業集積には，技術蓄積の容易さ，企業間分業の調整コストの低さ，などの経済合理性がある。近年では，産業集積の要の１つとして，大学の機能が期待されている（☞『イノ

ベーション』192-194頁），（☞『ベンチャー』169-174頁）。

ベンチャービジネスの育成において，資本市場の活用も重要な課題である（☞
『ベンチャー』145-150頁）。わが国では，ベンチャービジネス向けの新興証券は，
ジャスダック，マザーズ，ヘラクレス，セントレックス，アンビシャス，Q-
ボードが用意されている。しかし，米国のNASDAQのような店頭市場での資
本取引は，わが国ではグリーン・シートが唯一店頭市場として取引可能な市場
である。わが国のベンチャーキャピタルの機能について，多くの問題点や課題
が指摘されている（☞『ベンチャー』51-55頁，240-241頁）。

❸ イノベーションと地域クラスター

ベンチャービジネスにおいて，近年，イノベーションを促進する施設として，
注目されているのが地域クラスターである。地域クラスターとは，文部科学省
科学技術政策研究所第3調査研究グループ［2003］によれば，「特定産業分野に
属し，相互に関連した企業と機関からなる地理的に接近した特にイノベーティ
ブな集団であり，共通性や補完性により結ばれているもの[29]」である。図表7-10
に示されるように，世界的に認知された地域クラスターがいくつか存在する。

産学連携の効果をより高めるために，地域クラスターの存在は極めて大きい。
米国，欧州だけでなく，アジア諸国においても，国家的イノベーションの発生
源として位置づけられている。例えば，米国ではシリコンバレーやルート
128，欧州ではイギリスのケンブリッジ，デンマークのコペンハーゲン・メデ
ィコンバレー，イタリアのコモ，アジアでは中国の中関村，台湾の新竹などが
有名である。

地域クラスターは，社外の知を取り入れるための重要な要素となる。狭い地
域の中で相互に関連した企業や機関が連携して知の共有を図り，新たな知の創
出を促すことによって，地域クラスターの成果が生み出される。諸外国の状況
を見ると，現実に，地域クラスターの成果によって生み出されたイノベーショ
ンが多数存在している。

この地域クラスターのもとになるのは，産業集積と知的集積である。産業集
積とは，伊丹敬之＝松島茂＝橘川武郎［1998］によれば，「1つの比較的狭い地

第7章 イノベーション

図表7-10　世界的に認知されたクラスター

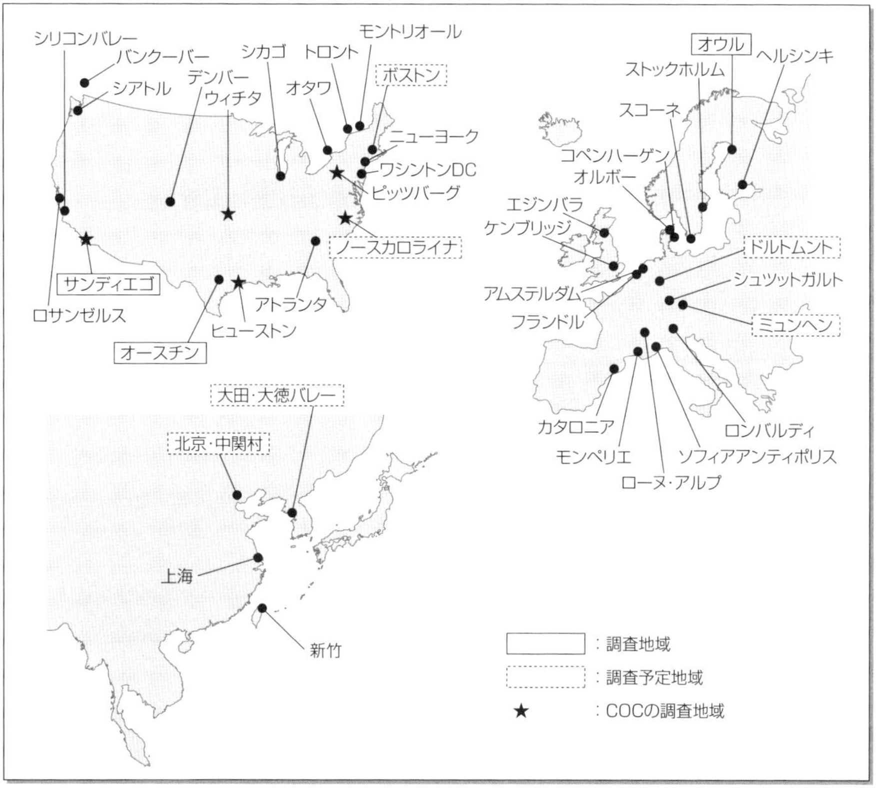

（出所）　文部科学省科学技術政策研究所第3調査研究グループ［2003］15頁。

域に，相互に関連の深い多くの企業が集積している状態[30]」のことである。機械工場が密集する東京都大田区（城南地区）などがその事例である。

　一方，知的集積とは，一定地域内に知識を創造する大学や研究機関が集積している状態のことを指す。筑波大学を中心に各種研究機関が集まる筑波学園都市などが知的集積にあたる。

　日本の場合，産業集積と知的集積が別個に存在し，両者の良さを統合するまでには至っていない。すなわち，真の地域クラスターはまだ存在せず，産業集積による産業界の知と，知的集積による大学や研究機関の知の統合が図られていない状況にある。産業界の知と大学・研究機関の知を統合することができれ

ば，知の集積は格段に進む。すなわち，イノベーションの発生率は高まり，国家的規模のイノベーションの実施も可能になる。

　また，地域クラスターは，地域の活性化にもつながり，地域イノベーションの担い手としても重要である。すなわち，国全体の活性化のためには，地域が地域独自の自主性や個性を持ちつつ，地域経済の活性化を図ることが望まれているのである。その点でも地域クラスターの果たす役割は大きい。

　1）岸川善光編［2004a］33頁。
　2）野中郁次郎［1986］171頁（今井賢一編［1986］，所収)
　3）岸川善光編［2004a］6頁。
　4）野中郁次郎＝寺本義也編［1987］16頁。
　5）アバナシー＝アッターバックモデルについては，Utterback, J.M.［1994］訳書117-123頁を筆者が要約。
　6）出川通［2004］24頁。
　7）産業能率大学総合研究所バリューイノベーション研究プロジェクト編［2008］203頁。
　8）Hammer, M.＝Champy, J.［1993］訳書57頁。
　9）Davenport, T.H.［1993］訳書14-15頁。
10）上図：岸川善光［1999］249頁（トーマツ編［1994］29頁に基づいて一部加筆修正）。下図：トーマツ編［1994］29頁。
11）野中郁次郎＝紺野登［1999］110頁。
12）同上書111-114頁。
13）野中郁次郎＝竹内弘高［1996］126頁。
14）寺本義也［1999］1頁（日本経営協会編［1999］，所収)
15）野中郁次郎＝紺野登［1999］13-19頁。
16）同上書11頁。
17）小泉直樹［1999］634頁（神戸大学大学院経営学研究室編［1999］，所収)。
18）経済産業省［2002］4頁。
19）伊丹敬之＝森健一［2006］18頁。
20）児玉文雄［2007］41頁。
21）出川通［2009］58頁。
22）和田充夫［1998］72頁。
23）Kuhn, T.S.［1962］訳書ⅴ頁。
24）岸川善光［1999］208頁。
25）加護野忠男［1988a］123-124頁に基づいて筆者が要約。
26）加護野忠男［1988b］141頁。
27）岸川善光編［2008］4頁を筆者が一部加筆修正。
28）同上書79-82頁。
29）文部科学省科学技術政策研究所第3調査研究グループ［2003］15頁。
30）伊丹敬之＝松島茂＝橘川武郎［1998］はしがき。

第8章 グローバル経営

本章では，グローバル経営について考察する。従来の日本的経営や国際経営と，グローバル経営を比較すると，その特性が大きく異なるので，日本的経営，多国籍企業，異文化マネジメントに焦点を絞って考察する。

第一に，グローバル経営の意義について考察する。まず，グローバル経営の概念について理解する。次いで，グローバル経営論の生成と発展について理解を深める。さらに，グローバル経営の体系について言及する。

第二に，日本的経営について考察する。まず，日本的経営の概念について理解する。次に，日本的経営と，欧米的経営およびアジア的経営との国際比較について理解を深める。さらに，日本的経営からグローバル経営への脱皮について言及する。

第三に，多国籍企業について考察する。まず，多国籍企業の意義について，多国籍企業の定義を中心に理解する。次いで，多国籍企業の組織体系について，4つの類型に区分して理解を深める。さらに，現代社会の二大主権者である多国籍企業と国家の関係性について言及する。

第四に，多国籍企業の機能別管理について考察する。まず，多国籍企業の経営システムについて理解する。次に，多国籍企業の経営管理システムについて理解を深める。さらに，多国籍企業の業務システムについて言及する。

第五に，異文化マネジメントについて考察する。まず，異文化マネジメントの意義について理解する。次いで，異文化シナジーと異文化コミュニケーションについて理解を深める。さらに，組織文化の変革について，組織の成長段階を軸として多面的に言及する。

1 グローバル経営の意義

❶ グローバル経営の概念

　近年，多国籍企業によるグローバル化の進展が目覚ましい。グローバル化の進展に伴って，グローバル経営を志向する場合，従来の国内経営や国際経営と，グローバル経営を比較すると，いくつかの異同点があることが分かる（☞『グローバル』2-11頁）。

　岸川善光編 [2016] は，多くの先行研究を参考にしつつ，「グローバル経営とは，トランスナショナルな視野に基づいて，自国内のみでは得られない経営資源を獲得し，競争優位を確立することによって，市場特性・顧客ニーズに合致した価値（財・サービス）をグローバルに提供する経営活動である[1]」と定義している。本書では，この定義に基づいて議論を進める。

　次に，グローバル経営の目的についてみてみよう。グローバル経営の目的に関する先行研究は，図表8-1に示されるように[2]，まだ極めて少ない。しかし，サンプル数は少ないものの，グローバル経営の目的は，①効率性，②市場対応，

図表8-1　グローバル経営の目的

	バートレット=ゴシャール[1995]	江夏健一=桑名義晴編 [2006]	安室憲一編[2007]	岸川善光編[2016]
①効率性	世界規模の効率	グローバルな効率性	グローバルなスケールでのオペレーションの効率の追求	世界規模の効率
②市場対応	各国対応	現地環境へ適応	各国市場への適応	柔軟な各国対応
③学習	技術革新	イノベーションと学習	イノベーションの達成	世界規模の学習とイノベーション

(出所)　Bartlett, C.A.=Ghoshal, S. [1995] 訳書48頁，江夏健一=桑名義晴編 [2006] 131頁，安室憲一編 [2007]　ⅰ頁。

200

③学習，の3つの観点から考察されていることがわかる。本書では，グローバル経営の目的として，①世界規模の効率，②柔軟な各国対応，③世界規模の学習とイノベーションの3つを選択する。そして，この3つの目的を常に根底に置いて，様々な論点について考察する（☞『グローバル』12-20頁）。

グローバル経営は，本拠地である国の競争優位，多様性との対応，リスクとの対応など，従来の国内経営や国際経営とは，経営の特質が大きく異なる（☞『グローバル』20-27頁）。

このように，グローバル経営の定義・目的・特質について考察すると，グローバル経営の本質は，グローバル統合とローカル適応であることが明確になってきた。そこで，①グローバル統合[3]，②ローカル適応，③グローバル統合とローカル適応の関係性，の3点を重要な論点として設定する（☞『グローバル』27-31頁）。

❷ グローバル経営論の生成と発展

グローバル化の発展段階モデルは，(A)バーノン（Vernon, R.）[1971]が提示した，①輸出，②現地生産，③発展途上国への輸出マーケティング，④発展途上国での生産，(B)ダニング（Dunning, J.H.）[1993]が提示した，①間接輸出，②

図表8-2　グローバル化の発展段階

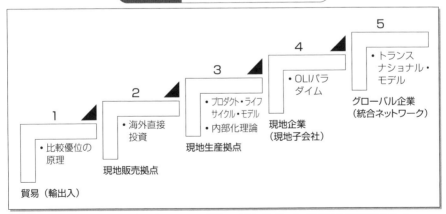

（出所）経済企画庁調査局編［1990］257頁の5段階モデルに基づいて，筆者が分析枠組みを作成。

直接輸出（現地販売子会社の設立を含む），③現地生産（部品組立て・生産），④現地生産（新製品の現地生産），⑤地域・グローバル統合にみられるように，今まで数多く提示されてきた。ここでは，図表8-2に示されるように[4]，(C)経済企画庁調査局編［1990］によるグローバル化の発展段階に基づいて，①貿易（輸出入），②現地販売拠点，③現地生産拠点，④現地企業（現地子会社），⑤グローバル企業，のそれぞれについて，企業行動および関連するグローバル経営の基礎理論について考察する。

①　貿易（輸出入）：古代フェニキア人の交易以来，商業・交易・貿易（輸出入）の歴史は長い。貿易（輸出入）を説明する理論は，スミス（Smith, A.）［1776, 1950］の「絶対生産費説」，リカード（Ricard, D.）の「比較生産費説」，ヘクシャー゠オリーン（Heckscher゠Ohlin）の「比較優位理論」，レオンチェフ（Leontief, W.S.）の「レオンチェフの逆説」など，主として「比較優位の原理」を中心に，国際分業の視点から発展した（☞『グローバル』34-40頁）。

②　現地販売拠点：上述した貿易（輸出入）段階から，需要の多様化や貿易摩擦の回避などに対応するために，オペレーションを海外に移転するいわゆる現地化の必要性が増大した。海外直接投資（foreign direct investment：FDI）の開始に伴って，フェアウェザー（Fayerweather, J.）［1969］の「経営資源のパッケージ移転」，ハイマー（Hymer, S.H.）［1960, 1976］の優位性理論，さらに，キンドルバーガー（Kindleberger, C.P.）［1969］の「独占的優位性」の理論などが，理論的に高く評価されている（☞『グローバル』40-45頁）。

③　現地生産拠点：海外販売拠点の設置の後，海外事業の高度化に対応するために，生産拠点の海外移転が始まる。この時期，海外直接投資（FDI）の発生原理を論じたバーノン（Vernon, R.）［1966］のプロダクト・ライフサイクル理論，多国籍企業の支配的理論となった内部化理論などが進展した（☞『グローバル』45-52頁）。

④　現地企業（現地子会社）：現地拠点（販売拠点，生産拠点）の設置が進むに伴って，企業は現地市場での一層の市場開拓を進めるため，現地企業（現地子会社）を設置する。現地企業（現地子会社）の設置において，本社－現地企業（現地子会社）の関係性は，極めて重要な経営課題となる。ヒーナン

＝パールミュッター（Heenan, D.A.＝Perlmutter, H.V.）［1979］の「E-P-R-Gプロファイル」，ダニング（Dunning, J.H）［1979］/［1988］のOLI（折衷理論）などがこの段階の理論としてあげられる（☞『グローバル』52-57頁）。

⑤　グローバル企業：貿易（輸出入），現地販売拠点，現地生産拠点，現地企業（現地子会社）の経験を踏まえて，多国籍企業はさらに高度な行動を目指すようになった。ここでのグローバル企業は，経済企画庁調査局編［1990］で用いられている概念であるので，多国籍企業とはいうものの，後述するバートレット＝ゴシャール（Bartlett, C.A.＝Ghoshal, S.）［1989］の組織モデルでいえば，「狭義のグローバル企業」のことである。多国籍企業は，「狭義のグローバル企業」だけでなく，マルチナショナル企業，インターナショナル企業，トランスナショナル企業など，様々な類型が存在する。特に，トランスナショナルモデルに関する考察が重要な課題といえよう（☞『グローバル』57-63頁）。

❸ グローバル経営の体系

本項では，グローバル経営の体系として，①グローバル経営戦略，②グローバル経営組織，③グローバル経営資源，④グローバル・イノベーション，⑤グローバル経営システム，の5つの観点から概観する。

①　グローバル経営戦略：経営戦略の重要性は，国内でもグローバルでも違いはない。ただし，経営戦略の構成要素として，1)ドメイン，2)製品・市場戦略，3)経営資源の蓄積・配分，4)競争戦略，5)ビジネスシステム戦略に加えて，国・地域軸が追加されなければならない。国・地域軸の追加は，当然ながら経営戦略の拡張につながる（☞『グローバル』66-71頁）。

②　グローバル経営組織：ガルブレイス＝ネサンソン（Galbraith, J.R.＝Nathanson, D.A.）［1978］の「経営組織の発展モデル」，ストップフォード＝ウェルズ（Stopford, J.M.＝Wells, L.T. Jr.）［1972］の「グローバル・マトリックス構造」など，グローバル経営組織に関する組織モデルはすでに数多く存在する。しかし，グローバル経営組織において，統合ネットワーク（分散・専門化された資源，人材・情報の広範な交換，複雑な調整プロセス）の形成が必要不可欠である（☞『グローバル』71-77頁）。

③　グローバル経営資源：ハメル゠プラハラード（Hamel, P.゠Prahalad, C.K.）
［1994］の「コア・コンピタンス」，コリス゠モンゴメリー（Collis, D.J.゠Mont-
gomery, C.A.）［1998］の「価値創造ゾーン」，バーニー（Barney, J.B.）［2002］
の「リソース・ベースト・ビュー」など，グローバル経営において，経営資
源の重要性が増大している。上述した統合ネットワークを通じて，経営資源
の選択と集中が欠かせない（☞『グローバル』78-84頁）。

④　グローバル・イノベーション：バートレット゠ゴシャール（Bartlett, C.A.゠
Ghoshal, S.）［1989］は，グローバル・イノベーションのプロセスを，1)ロー
カル・フォー・ローカル（欧州のマルチナショナル企業），2)センター・フ
ォー・ローカル（日本のグローバル企業），3)ローカル・フォー・グローバ
ル（米国のインターナショナル企業），4)グローバル・フォー・グローバル
（トランスナショナル企業），の４つに類型化し，グローバル規模の学習とイ
ノベーションについて考察している（☞『グローバル』84-91頁）。

⑤　グローバル経営システム：国内でもグローバルでも，広義の経営システム
は，1)環境主体との対境関係，すなわち，環境との関わり方を保持する狭義
の経営システム，2)価値の創出・提供のために直接必要な業務システム，3)
狭義の経営システムおよび業務システムのフィードバック・コントロールを
行う経営管理システム，の３つのサブシステムによって構成される。ただし，
国・地域軸が追加されるので，グローバル経営システムの構造は立体的にな
らざるを得ない（☞『グローバル』91-95頁）。

2　日本的経営

❶　日本的経営の概念

近年，わが国の企業活動は，急速にグローバル化しており，経営戦略・経営
組織・経営管理など各領域において，本格的なグローバル化が要請されている。
ところが，従来の日本的経営では多くの限界が露呈しつつある。例えば，1980

年代に世界１位であった１人当たりGDPは，約30年経った今，世界27位（2014年）である。このような現実に対して，日本的経営は異質であるといった通俗的な理解だけでは，日本企業におけるグローバル経営の変革はできない。

日本的経営について，アベグレン（Abegglen, J.C.）［1958］の「終身雇用制」，間宏［1971］の「経営家族主義」，「経営福祉主義」，OECD［1972］の「三種の神器」（生涯雇用，年功賃金，企業別労働組合），岩田龍子［1977］の「集団主義」，津田真澂［1977］の「共同生活体」，安保哲夫［1994］の「現場主義」，吉原英樹［2001］の「日本的生産システム」など，多くの先行研究が蓄積されている（☞『グローバル』98-100頁）。

岸川善光編［2015a］は，「日本的経営とは，経営管理に関する国際比較を踏まえて，日本企業に特有の経営管理システムのことをいう。具体的には，日本企業の経営管理システムと欧米企業の経営管理システムやアジア企業の経営管理システムを比較して，日本企業の経営管理システムの特殊性を中心として体系化したものを日本的経営という」と述べている[5]。

本書では，日本的経営の異質性・特殊性に偏重するつもりはないものの，比較研究・学際研究は避けて通れないので，①経営目標，②戦略特性，③組織特性，④管理特性の４つの観点から考察する（☞『グローバル』102-104頁）。

❷ 欧米的経営・アジア的経営との国際比較

〈欧米的経営との国際比較〉

折橋靖介［2003］は，欧州の企業モデルを，①ゲルマンモデル（ドイツ，オランダ，スイス，スカンジナビア諸国の私企業），②ラテンモデル（フランス，イタリア，スペイン，ポルトガルなどラテン諸国の私企業），③アングロサクソンモデル（イギリスなどの私企業），の３つの類型に分類し[6]，"Think Globally, Act Locally"「グローバル的視野で考え，地域に密着して行動する」というグローバル思考・地域市民的行動が，欧州企業に共通した思考行動パターンであると述べている[7]。

欧州的経営の具体的事例として，ネスレ，ロイヤル・ダッチ゠シェル，ユニリーバなどがあげられる。アセア・ブラウン・ボベリ（ABB）のように，一

時は，先進的なトランスナショナル企業に最も近いといわれた企業も存在する。欧州的経営は，「マザー・ドーター構造」と呼ばれる自立的海外子会社によって形成された組織構造を特徴としている（☞『グローバル』110-112頁）。

　米国には，建国当時から宗教的，政治的，経済的な亡命者など，多くの人種や民族が集まってきた。そこで，共有できる価値観として，個人の尊重，個人の尊厳を最大限尊重する米国的な個人主義が，人類普遍の基礎とされた。米国社会は，「自由と平等」「イデオロギーとしての個人主義」など米国流の普遍的原理によってつくられた「特殊性」を有する社会システムである。米国流の普遍的原理を社会システムにおいて適用すると，政治においては民主主義となり，経済においてはフェアな自由競争となる。

　米国的経営は，テイラーの科学的管理，フォードのベルト・コンベア・システムによる大量生産方式，計画的陳腐化を促進するマーケティングなど，経営戦略，経営組織，経営管理など経営に関するあらゆる面で，長期にわたって世界を主導してきた。近年，資本主義vs.社会主義ではなく，資本主義間競争が激化しており，どの資本主義が優れているか，各国の興味と関心が深まっている（☞『グローバル』112-114頁）。

図表8-3　日本と欧米との経営比較

	日本	欧州	米国
組織文化	集団主義 平等主義，横並び意識	個人主義 能力主義	個人主義 能力主義，自由競争
意思決定	ボトムアップ 長期的視野に基づく	トップダウン 短期的視野に基づく	トップダウン 短期的視野に基づく
権　限	中央集権的	分権的	中核部は中央集権，他は分権
コーポレート・ガバナンス	従業員重視	従業員重視	株主重視
人的資源管理	年功序列制 終身雇用制	実力・成果主義	実力・成果主義
労働組合	企業別（企業内）	産業別	産業別
生産システム	多品種少量生産	大量生産	大量生産

（出所）　岸川善光編［2015a］243頁。

第8章 グローバル経営

　日本的経営と欧米的経営を比較してみよう。ただし，日本的経営も欧米的経営も一様ではないので，ここでの比較はそれぞれの経営の平均像による比較にすぎない。図表8-3に示されるように[8]，日本企業と欧米企業の経営を比較すると，全ての項目において差異がみられる。特に，①組織文化，②意思決定，③人的資源管理，④労使関係，⑤生産システム，の5点において，その違いは歴然としている（☞『グローバル』114-115頁）。

〈アジア的経営との国際比較〉

　21世紀は「アジアの時代」といわれるように，近年，アジア（東アジア，東南アジア，南アジア）地域の経済成長は誠に著しい。まさに，アジアは世界の成長セクターとして世界の注目を浴びている。そのアジアの経済システム・経営システムには多くの多様性が存在するが，ここでは，日本を抜いてGDP世界2位に躍進した中国の経済システム・経営システムと，アジアNIEsの典型である韓国の経済システム・経営システム，の2つを取り上げて考察する。

　中国経済は，改革開放後，紆余曲折を経ながらも，奇跡的かつ持続的な高度経済成長を遂げてきた。世界の政治的・経済的な混乱の時期に，WTOの加盟，オリンピックや世界博の開催を相次いで実現し，低賃金による「世界の工場」から，高度成長を背景とする巨大市場として大きく成長している。そして，上述したように，日本を抜いてGDP世界2位の経済大国に躍進した。マクロ的には，「社会主義市場経済」システムを採用し，ミクロ的には，国有企業に自主経営が可能な法人の地位を与え，また，株式会社制度が導入され，急速に普及しつつあるなど，経営システムも大きく変化しつつある。中国企業の経営システムは，改革初期までと所有制改革以降を比較すると，①経営目標，②戦略特性，③組織特性，④管理特性，の4項目共に大きく変化しつつある（☞『グローバル』116-119頁）。

　韓国が，先進国クラブともいわれるOECD（経済協力開発機構）に加盟したのは1996年10月である。翌年の1997年11月に発生した通貨危機＝金融危機は，わずか1カ月あまりで自国の通貨（ウォン）が米ドルに対して半分以下の水準に暴落するなど，韓国の政治・経済・社会に大きな混乱をもたらした。

　韓国の現代史に残るこの大事件（通貨危機＝金融危機）は，政治・経済・社

図表8-4　日本・中国・韓国の経営システムの比較

	日本企業	中国企業	韓国企業
経営目標	利益志向	成長と利益志向	利益志向
	長期の安定利益	規模の拡大からの利益	短期利益確保が優先
	経営における長期的視野	経営における短期的視野	経営における短中期的視野
戦略特性	分析志向	分析・直感・実験志向が混在	直観と分析のスパイラル
	コア技術の内部開発	合弁や提携による技術導入	経営資源の内部開発
	関連多角化	関連多角化と非関連多角化が混在	「選択と集中」（関連多角化）
	問題事業からの撤退の機動性	非収益性事業から撤退の困難さ	非収益性事業からの機敏な撤退
	国際化志向	国内志向と国際化志向への転換期	国際化志向
組織特性	職務規定・役割の弾力的運用	明確な職務規定・役割と厳格な運用	――
	伸縮分業	分業	――
	ミドル・アップダウン経営	トップダウン経営が中心	トップダウン経営
	意思決定における財務・会計部門の影響の拡大	意思決定への取締役会の強い影響力	意思決定におけるスタッフ部門の影響
	事業ユニットの独立性	事業ユニットの限定的独立性	事業ユニットの限定的な独立性
管理特性	終身雇用（長期雇用）	契約制（短期雇用）	「平生職場」（終身雇用）保障の崩壊
	成果主義賃金制度	職務給制・成果給制のミックス	成果主義賃金制度の徹底
	OJT重視の人材育成	Off-JTを重視	OJTを基本としながら, Off-JTも重視
	スペシャリスト志向へ	スペシャリスト志向	スペシャリスト志向
	内部昇進	外部昇進	内部昇進
	非公式的な情報交換	――	非公式的な情報交換
	社内外への積極的な情報開示	情報開示は不十分	社内外への積極的な情報開示
	管理における自己統制	規則と上司による厳格な外部統制	――

（出所）王効平=尹大栄=米山茂美［2005］82頁。

第8章 グローバル経営

会システムだけでなく，韓国企業の経営のあり方にも抜本的な改革を迫る出来事であった。通貨危機＝金融危機後の韓国企業は，事業の再編成（統廃合，売却，撤退など），大幅な人員削減（リストラ）などの「構造調整」（経営改革）を行った。これらの一連の「構造調整」（経営改革）の帰結として，韓国企業の経営システムは大きく変わった。

ところで，韓国的経営について考察する場合，財閥に関する考察は欠かせない。塩次喜代明［1998］は，韓国の代表的な5大財閥として，三星・現代・LG・大宇・鮮京（現SK）をあげた。韓国企業のグローバル化は，5大財閥を中心に急速に進展してきた。韓国の5大財閥に共通する特徴は，①グローバル・ネットワーク戦略，②アジア重点戦略，③現地化戦略である[9]。

韓国では中国と同様に，家族的経営の特徴がみられる。韓国企業では，創業者やその一族などが企業の所有権，経営権，人事権などを保持し，専門経営者への権限委託は，かなり限定されているのが一般的である。つまり，韓国企業の意思決定は，日本のような合議的決定ではなく，創業者やその家族・一族などによるトップダウン型の意思決定であるといえる。また，韓国トップ企業の三星では「信賞必罰」を重視し，能力主義による評価が行われる。

韓国の経営システムは，通貨危機＝金融危機当時と現状を比較すると，①経営目標，②戦略特性，③組織特性，④管理特性，の4項目ごとに大きく変化しつつある。具体的には，韓国的経営は，通貨危機＝金融危機以降，IMFの介入など，実質的には米国的経営の影響を大きく受けた経営システムに変容している（☞『グローバル』119-121頁）。

以上，中国的経営と韓国的経営を取り上げてアジア的経営について考察した。図表8-4に示されるように[10]，日本・中国・韓国の経営システムを比較すると，①経営目標，②戦略特性，③組織特性，④管理特性，の4項目ごとに，それぞれ特徴がある。

中国の改革初期および韓国の通貨危機＝金融危機以前には，それぞれの国でさらに明確な特徴があったが，近年，中国的経営も韓国的経営も，米国的経営の影響を強く受けて，米国的経営の特徴をかなり取り込みつつあるといえよう。中国的経営も韓国的経営も，日本的経営と比較して，米国的経営との親和性が高い。

209

❸ 日本的経営からグローバル経営への脱皮

　本項ではまず，従来の日本的経営のメリットとデメリットについて概観する。岸川善光 [1999] は，1990年代当時の日本的経営のメリットとして，①経済発展の原動力，②雇用の安定，③平等感の実現の３点をあげている[11]。また，1990年代当時の日本的経営のデメリットとして，①集団的拘束，②イノベーションの遅れ，③閉鎖性，④標準化の遅れ，⑤能力開発の停滞の５点をあげている[12]。

　現在では，１人あたりGDPは世界１位から187国中27位（2014年現在）にまで下落した。これでは，日本的経営が経済発展の原動力とはいえなくなりつつある。また，雇用の安定についても，現在では，就職もままならず，また失業や転職が増大し，雇用が安定しているとはいい難い。さらに，1990年代頃までは「１億総中流」といわれ，世界でもまれにみる平等社会であったが，現在では，「格差社会」の兆候が様々な局面において見受けられる。

　1990年代当時のデメリットは，現在も多くの企業で継続している。このように，従来の日本的経営の優位性は機能しなくなり，デメリットばかりが目立つようになってきた。従来の日本的経営では，世界的（地球的）な競争において太刀打ちできないことは明白である。

　先述したように，従来の日本的経営の特徴として，①終身雇用制，②年功序列制，③企業別（内）労働組合，④集団主義，⑤福利厚生制度，などが多くの研究者によってあげられてきた。

　ところが，これらの中核をなす終身雇用制と年功序列制は，人口や組織が拡大し，若年層が多い「ピラミッド構造」の場合にのみ維持することができる制度であることは周知の事実である。わが国の雇用が不安定になっている根本の原因は，人口減少と組織規模拡大の停滞である。人口（特に若年層人口）が減少し，組織規模の拡大も見込めないとすれば，日本的経営の中核をなす終身雇用制も年功序列制もその基盤を失うことになる。すなわち，日本的経営の基盤そのものが崩壊するのである。

　先に，グローバル経営の目的として，①世界規模の効率，②柔軟な各国対応，③世界規模の学習とイノベーションの３つをあげた。この３つの目的を実現す

るためには，従来の日本的経営では不可能と思われる。

　日本的経営からグローバル経営に脱皮するためには，①経営目標，②戦略特性，③組織特性，④管理特性の変革が不可欠である。

① 経営目標：企業規模の拡大やシェアの拡大に拘泥せず，中長期の視野にたって，利益志向の経営に変革すべきである。利益が低いと，高配当，高賃金など，利害関係者（ステークホルダー）に対する企業の社会的責任（CSR）も果たせない。

② 戦略特性：国際志向（グローバル志向）を促進し，規模の経済，範囲の経済，連結の経済，の実現に注力すべきである。経営資源面では，コア資源については内部開発を重視すべきである。

③ 組織特性：もたれあいの経営にならないように，事業ユニットの独立性を徹底すべきである。ただし，部別・課別のカンパニー制や分社化など，極端なカンパニー制や分社化は，日本の組織風土にあわないと思われる。「木を見て森を見ず」になると総合力を発揮できなくなる。

④ 管理特性：人口減少，組織縮小のため，終身雇用制度や年功序列制度は，時間とともにゆるやかに崩壊すると思われる。現実に，非正規労働者の飛躍的な増大はこの兆候である。今後，経営管理におけるICT（情報通信技術）を活用した情報共有は，すべての組織階層でますます重要になる。

　従来の日本的経営は，「システム」として機能してきたため，個々の部品（制度，仕組み，ルールなど）だけを取り換えることはできない。特に，日本的経営の文化的要因は，長年にわたり日本人の体質そのものと結びついているので，その変革は容易なことではないと思われる（☞『グローバル』123-127頁）。

3 多国籍企業

❶ 多国籍企業の意義

　グローバル経営のメイン・プレイヤーは，複数国で事業展開をする多国籍企

業（multinational enterprise）である。多国籍企業という用語は，1960年に，米国テネシー渓谷公社総裁（長官）であったリリエンソール（Lilienthal, D.E.）によってはじめて用いられたとされている。その後，多国籍企業という用語は全世界に急速に普及した。多国籍企業の他にも，世界企業，国際企業，地球企業，超国籍企業，無国籍企業など，様々な類似用語が併用されることがある。ちなみに，国連では，多面的な討議を踏まえて，多国籍企業という用語ではなく，超国籍企業という用語を正式に決定している。

このように，多国籍企業という用語の定義は，まだ確立されたものとはいえないが，国際経済学や国際経営学の領域では，多国籍企業という用語がすでに定着しているので，本書でも，多国籍企業という用語に統一して議論を進める。

多国籍企業の定義に関する先行研究として，バーノン（Vernon, R.）[1971]，国連［1974］，米国国務省［1973］，折橋靖介［2003］，浅川和宏［2003］などが，多面的な視点から考察している（☞『グローバル』162-165頁）。

多国籍企業の定義について考察する場合，特に，①海外直接投資（FDI）の視点，②多国籍企業の経営目的の視点，③多国籍企業の行動特性の視点，など主要な視点は欠かせない。岸川善光編［2016］は，これらの視点を踏まえて，「多国籍企業とは，トランスナショナルな視野に基づいて，自国内のみでは得られない経営資源を獲得し，競争優位を確立することによって，市場特性・顧客ニーズに合致した価値（財・サービス）をグローバルに提供する企業[13]」と定義している。本書では，この定義に基づいて議論を進めることにする（☞『グローバル』162-166頁）。

❷ 多国籍企業の組織体系

次に，多国籍企業の組織体系についてみてみよう。バートレット゠ゴシャール［1989］は，図表8-5に示されるように[14]，多国籍企業を主として戦略能力の視点に基づいて，①マルチナショナル企業，②グローバル企業，③インターナショナル企業，④トランスナショナル企業，の4つに分類した。

① マルチナショナル企業：強力な現地子会社に戦略的姿勢や組織能力を発達させて，各国の市場特性の違いに敏感に対応する企業。欧州の多国籍企業の

第8章 グローバル経営

図表8-5 バートレット=ゴシャールの組織モデル

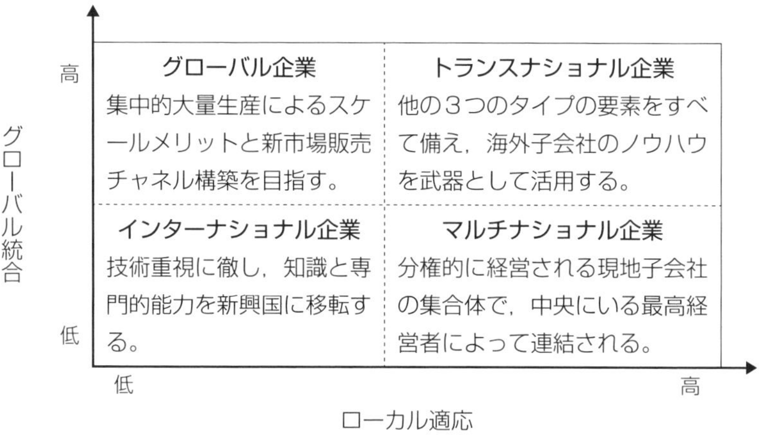

	グローバル企業 集中的大量生産によるスケールメリットと新市場販売チャネル構築を目指す。	トランスナショナル企業 他の3つのタイプの要素をすべて備え，海外子会社のノウハウを武器として活用する。
	インターナショナル企業 技術重視に徹し，知識と専門的能力を新興国に移転する。	マルチナショナル企業 分権的に経営される現地子会社の集合体で，中央にいる最高経営者によって連結される。

グローバル統合（縦軸：低〜高）／ローカル適応（横軸：低〜高）

	マルチナショナル	グローバル	インターナショナル	トランスナショナル
メリット	自国の経営環境に柔軟に対応できる	世界規模での効率性を実現可能	積極的に技術革新を推進し活用する	世界規模での効率性，現地適応，技術革新の追求
目的	各国ごとに差別化したアプローチ	コスト面で競争優位を確立する	本国の技術革新を海外子会社で活用する	海外子会社によるグローバル資源の有効活用
能力と組織力の配置	分散型，徹底した現地主義	中央集権型，自国中心主義	能力の中核部は中央集権型，他は分散型	分散と集中を最適な状態で統合
海外事業の果たす役割	現地化の徹底	親会社の戦略を実行	親会社の資源・能力を海外子会社に移転	海外の組織単位ごとに役割分担を行う
イノベーション戦略	現地市場向け開発を現地の経営資源を活用して行う	自国で開発した知識を海外に移転する	中央で知識開発を行い，海外の組織単位に移転する	各国の市場動向を考慮して共同で知識を開発し，世界中で共有を行う

（出所） Bartlett, C.A.=Ghoshal, S. [1989] 訳書69頁に基づいて筆者が一部追加・修正。

大半がこれに該当する。海外市場の特性を踏まえた戦略アプローチに適した組織体制といえる。

② グローバル企業：経営戦略や経営管理上の決定を本国の本社に集中させ，グローバルな規模の経済によって，コスト優位性を追求する企業。日本の多国籍企業の大半がこれに該当する。世界共通の市場に通用する製品を生み出し，世界規模の生産を目指す極めて効率性の高い組織体制といえる。

③ インターナショナル企業：知識や専門技術の世界的な利用をベースに考え，親会社が持つ知識や専門技術を，海外市場向けに移転したり適応させたりする企業。米国の多国籍企業の大半がこれに該当する。海外の生産拠点・販売拠点の役割は，本国の本社を助けることに主眼がおかれる。

④ トランスナショナル企業：従来，上述したグローバル企業（世界規模の効率の追求），マルチナショナル企業（各国の市場特性への適応），インターナショナル企業（世界規模のイノベーションの促進）は，それぞれトレード・オフの関係にあるとみなされてきた。ところが，近年では，世界規模の効率を追求し，各国市場の特性にあわせ，世界規模のイノベーションを促進することを，同時に求められるようになってきた。図表8-5に示されるように，トランスナショナル企業は，これらの要求を同時に満たすことを目的として，分散型組織の特徴を持ち，本社を含めた各国の海外子会社間の「統合ネットワーク」において，経営資源や能力の蓄積・配分を相互依存的かつ最適に行う。また，知識の開発と普及においても，他の組織とは異なり，世界規模でイノベーションが行われる。

上述したように，多国籍企業の組織特性として，トランスナショナル企業を構築することが望ましいとされるが，トランスナショナル企業の実現には，解決すべき多くの課題がある。一朝一夕にトランスナショナル企業が生まれるわけではない（☞『グローバル』185-191頁）。

❸ 多国籍企業と国家

多国籍企業と国家は，現代社会における二大主権者である[15]，といえよう。国家主権は，国際社会において国家を代表する最上位の主体であり，国家は統治する限定された領域内で，外部からの干渉や権力に支配されることなく，排他的な権力を行使する。

第8章 グローバル経営

図表8-6 多国籍企業と国家の三角関係

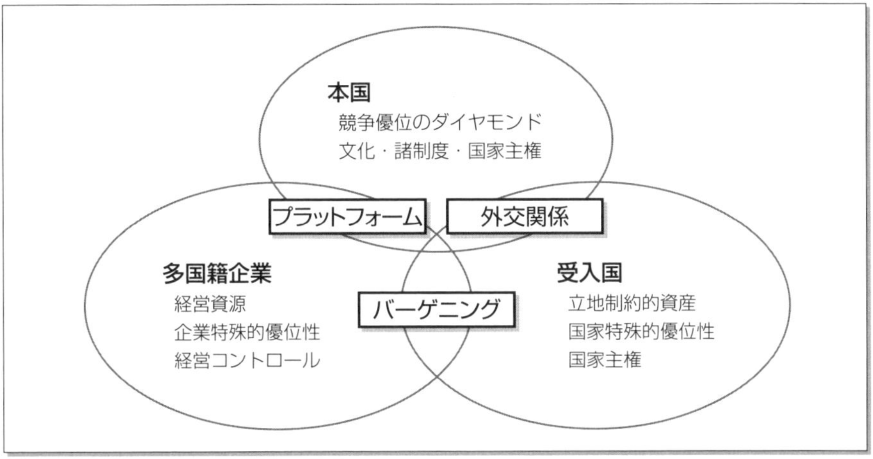

本国
競争優位のダイヤモンド
文化・諸制度・国家主権

プラットフォーム　外交関係

多国籍企業
経営資源
企業特殊的優位性
経営コントロール

バーゲニング

受入国
立地制約的資産
国家特殊的優位性
国家主権

（出所）　安室憲一編［2007］210頁を筆者が一部修正。

　一方，多国籍企業は，複数国に資産や活動拠点を保有し，国境を越えて，複雑・多様で機動性に富んだ行動をとり，多くの国家に多大な影響を与える主体として存在感を増大させてきた。両者の目標とするところは異なり，両者の関係には相対立する要因が内在している[16]。

　多国籍企業の経営は，図表8-6に示されるように[17]，本国，受入国の2つから強い影響を受ける。多国籍企業に対する本国からの影響，多国籍企業に対する受入国からの影響の2点は，多国籍企業のグローバル経営を考察する上で，極めて重要な要素である。

　多国籍企業に対する本国の影響について考察する。ポーター［1990］は，ある国が特定産業において，国際的に成功するのはなぜか，という問いに対して，国の競争優位の決定要因として，①要素条件，②需要条件，③関連・支援産業，④企業の戦略，構造およびライバル間競争，の4つの要素をあげた[18]。この4つの要素は，図表の形状から「ダイヤモンド」と名づけられた。いかなる多国籍企業も，最初はすべて本国という国家の枠組みの中で誕生し成長する。すなわち，多国籍企業は，本国のプラットフォームのもとで競争力を強化する。その意味で，本国は多国籍企業の母国そのものであるといえる（☞『グローバル』

215

20-21頁，174頁）。

　次に，多国籍企業に対する受入国の影響について考察する。受入国は，多国籍企業が自国にもたらす様々な影響（雇用創出や技術移転などのプラスの効果のみならず，政治的主権・文化的主権の侵害，各種摩擦などのマイナスの効果を含む）を評価し，外資政策という形で多国籍企業の活動や行動を，時には促進し，時には規制・介入することによって影響を及ぼす。

　ダニング（Dunning, J.H.）［1993］は，多国籍企業と受入国の関係を「バーゲニング」という概念を用いて考察した[19]。バーゲニングとは，多国籍企業が所有特殊的優位を持ち，受入国が立地特殊的優位を持ち，それぞれが異なる目標を持つという条件のもとで，それぞれの目標を達成するプロセスのことである。また，バーゲニング能力とは，ある特定の多国籍企業ないし受入国が，それぞれ自己の持つ優位性を，多国籍企業の活動と，受入国の政策展開の相互作用を通じて，成功裡にその目標に結び付ける能力のことである[20]。

　反グローバリズム運動が台頭する中で，多国籍企業は，相手国に対する配慮を示す必要がある。今後の多国籍企業と国家の関係について，多国籍企業の社会的責任は，理論と実践の両面で不可避の課題である。今後，多国籍企業と国家が発展していくためには，相手との相互発展を目指す「Win-Win関係」の構築が必要不可欠である（☞『グローバル』173-177頁）。

4　多国籍企業の機能別管理

❶ 多国籍企業の経営システム

　第5章（経営管理）で考察したように，「経営システムとは，環境主体との対境関係，すなわち環境との関わり方を重視する経営体・組織であり，かつ経営体・組織の機能（行動）を含む概念である」。

　この広義の経営システムは，①環境主体との対境関係，すなわち環境との関わり方を保持する狭義の経営システム，②価値の創出・提供のために直接必要

な業務システム，③狭義の経営システムおよび業務システムのフィードバック・コントロールを行う経営管理システム，の3つのサブシステムによって構成される。

多国籍企業の経営システムの構造も，基本的には国内企業の経営システムと変わらない。しかし，多国籍企業の経営システムには，全ての機能に「国・地域軸」が追加されるので，経営システムの構造は，その分質量ともに拡大する。

経営システムには，①価値の創出・提供と対価の獲得，②社会的責任の遂行，③経営システムの存続・発展，という3つの目的・使命がある。多国籍企業の経営システムにおいても，このことは変わらない。「国・地域軸」の追加によって，今後，多国籍企業と国家の双方が発展していくためには，相手との相互発展を目指す「Win-Win関係」の構築が必要不可欠であり，この3つの目的・使命の実現はその前提条件でもある。

❷ 多国籍企業の経営管理システム

経営管理システムは，①環境主体との対境関係，すなわち環境との関わり方を保持する狭義の経営システム，②価値の創出・提供のために直接必要な業務システムに対して，フィードバック・コントロール（feedback control）を行うことをその基本機能とする。フィードバック・コントロールは，①経営システム・業務システムの円滑な運営，②経営システム・業務システムのイノベーション，の2つを実現するために行われる。

本項では，経営管理システムの機能として，①人的資源管理，②財務管理，③情報管理，④法務管理，の4つの機能を取り上げて考察する。多国籍企業の経営管理システムには，これら全ての機能に「国・地域軸」が追加される

① 人的資源管理：経営資源の内，ヒトを対象とした経営管理である。具体的には，職務設計，人的資源フロー・マネジメント，報酬マネジメント，労働条件，労使関係などの機能によって構成される。従来の人的資源管理に「国・地域軸」が追加されることによって，企業価値と人的資源価値の双方の極大化を実現するために，国際人的資源管理が必要不可欠になった（☞『管理』161-163頁），（☞『グローバル』196-199頁）。

② 財務管理：経営資源の内，カネを対象とした経営管理である。具体的には，資金調達，資金運用，財務計画，経営分析，財務諸表などの機能によって構成される。従来の財務管理に「国・地域軸」が追加されることによって，為替リスクや国際会計基準への対応などを実現するために，国際財務管理が必要不可欠になった（☞『管理』163-165頁），（☞『グローバル』199-202頁）。

③ 情報管理：経営資源の内，情報を対象とした経営管理である。具体的には，情報戦略，情報資源管理，情報システム開発，情報システム運用などの機能によって構成される。従来の情報管理に「国・地域軸」が追加されることによって，国際的な電子商取引（EC）などを実現するために，国際情報管理が必要不可欠になった（☞『管理』165-167頁），（☞『グローバル』202-205頁）。

④ 法務管理：企業活動を正当に行うための経営管理を法務管理という。具体的には，M＆A，内部統制システム，知的財産権，会社法，コーポレート・ガバナンスなどの機能によって構成される。従来の法務管理に「国・地域軸」が追加されることによって，国際的な知的財産権のトラブルなどに対応するために，国際法務管理が必要不可欠になった（☞『管理』167-169頁），（☞『グローバル』206-209頁）。

❸ 多国籍企業の業務システム

業務システムは，企業が提供する価値（経済的効用）の生産システムのことである。最も機能（活動）の範囲が広い製造業を事例として，①研究開発，②調達，③生産，④マーケティング，⑤ロジスティクス，の5つの機能を取り上げて考察する。多国籍企業の業務システムは，これら全ての機能に「国・地域軸」が追加される。

① 研究開発：業務システムの機能の内，研究（基礎研究，応用研究），開発（製品開発，技術開発），製品化（設計，試作，生産技術支援）などが含まれる。従来の研究開発に「国・地域軸」が追加されることによって，研究開発の国際化が進展している（☞『管理』170-172頁），（☞『グローバル』209-212頁）。

② 調達：業務システムの機能の内，調達コスト管理，資材管理，在庫管理，購買管理，外注管理，倉庫管理などが含まれる。従来の調達に「国・地域軸」

第8章 グローバル経営

図表8-7 先端的・次世代グローバル調達モデル

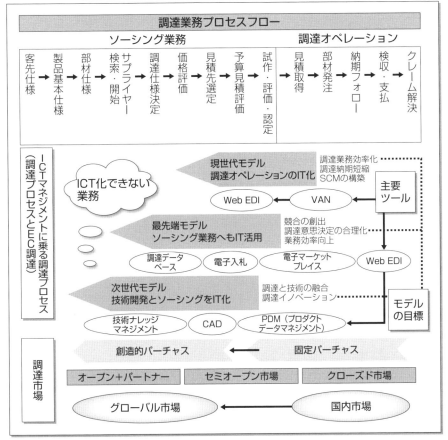

(出所) 山下洋史=諸上茂登=村田潔編 [2003] 119頁を筆者が一部修正。

が追加されることによって，図表8-7に示されるように[21]，先端的なグローバル調達が普及している（☞『管理』172-174頁），（☞『グローバル』212-215頁）。

③ 生産：業務システムの機能の内，生産計画，生産方式，生産管理，自動化，生産情報システムなどが含まれる。従来の生産に「国・地域軸」が追加されることによって，国際生産管理システムが急速に進展している（☞『管理』175-177頁），（☞『グローバル』215-218頁）。

④ マーケティング：業務システムの機能の内，マーケティング・システム，

219

図表8-8　国際標準の貨物識別子（UCR）による物流情報の共有

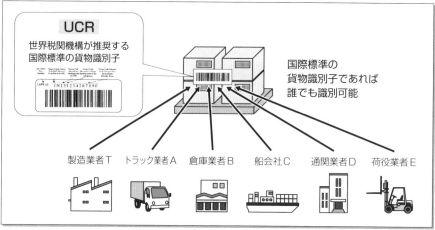

（出所）　日本ロジスティクス協会［2014］36頁。

戦略的マーケティング，マーケティング・ミックス，ソシオ・エコロジカル・マーケティングなどが含まれる。従来のマーケティングに「国・地域軸」が追加されることによって，国際マーケティングが必要不可欠になった（☞『管理』178-181頁），（☞『グローバル』218-221頁）。

⑤　ロジスティクス：業務システムの機能の内，ロジスティクス・システム，ロジスティクス・ネットワーク，物流センター，物流，ロジスティクス・コスト，在庫管理などが含まれる。従来のロジスティクスに「国・地域軸」が追加されることによって，図表8-8に示されるように[22]，国際標準を組み込んだ国際ロジスティクスが進展しつつある（☞『管理』181-183頁），（☞『グローバル』222-225頁）。

5　異文化マネジメント

❶　異文化マネジメントの意義

第8章 グローバル経営

　世界規模の効率，柔軟な各国対応，世界規模の学習とイノベーション，を目的とするグローバル経営において，異文化マネジメントは，極めて重要な課題である。文化的リスクを最小化し，文化的多様性を活用することができないと，様々な問題が発生し，組織の効果性・効率性を向上することはできない。

　国の文化や組織文化（organizational culture）の概念は，組織論（経営組織論），経営管理論，経営戦略論，グローバル経営論などの分野において，比較的新しい概念である。当初は，社会学・文化人類学・文化論から組織現象を分析する視角の1つとして借用していたにすぎない。ところが，国の文化や組織文化が，組織目的の実現，組織目標の達成に強い影響力をもつことが検証され，国の文化のマネジメントは流石に不可能に近いものの，組織文化のあり方，組織文化の変革など，いわゆる「組織文化のマネジメント」が，1980年代以降，重要な経営課題として認識されるようになった。

　文化の概念について，高橋正泰=山口善昭=磯山優=文智彦［1998］は，文化人類学における文化の定義を中心に，文化の定義に関する先行研究のいくつかを紹介している[23]（☞『グローバル』258頁）。また，ハッチ（Hatch, M.J.）［1997］によれば，文化概念は，①国の文化（社会文化・民族の文化など），②組織文化（企業，行政体，病院，宗教団体など組織レベルの文化），③組織文化のサブカルチャー，の三層構造によって構成される[24]。

　国の文化とは，国民がそれぞれに持っている多様な価値観と信念，理念と習慣，そして知識と技術など全てを含む巨視的・総合的な概念である。国の文化は，製品開発やマーケティング戦略など様々な局面において，グローバル経営活動に多大な影響を及ぼしており，進出先の国の文化を理解することは必要不可欠である。国の文化について，今ではかなりの数の研究の蓄積があるが，岸川善光編［2016］では，①ホフステッド（Hofsted, G.H.）［1980］/［1991］（☞『グローバル』260-261頁）と，②トランペナーズ=ハムデン・ターナー（Trompenaars, F.=Hampden-Turner, C.）［1993, 1997］（☞『グローバル』260-261頁），の2つに絞って考察している。

　次に，組織文化について考察する。岸川善光編［2016］は，ピーターズ=ウォーターマン（Peters, T.J.=Waterman, R.H.）［1982］，シャイン（Schein, E.H.）

[1985]，加護野忠男［1988a］らによる先行研究に基づいて，組織文化を「組織構成員によって共有化された基本的仮定，価値観，規範，信念のセット（集合体）である[25]」と定義している。本書では，この定義に基づいて議論を進める（☞『グローバル』263-264頁）。

上述した国の文化も組織文化も，グローバル経営に極めて大きな影響を及ぼす。また，その文化は，国内の経営における単一文化と異なり，多民族，多国籍，多国語による多文化にならざるをえない。多文化を対象とする異文化マネジメントについて，アドラー（Adler, N.J.）［1991］，吉原英樹編［2002］など，多くの研究者が様々な視点から定義を行っている（☞『グローバル』264-265頁）。

異文化マネジメントの目的として，上述したように，①文化的リスクの最小化，②文化的多様性の活用，の２つがあげられる。文化的リスクの最小化，文化的多様性の活用は，多民族，多国籍，多国語，多文化を対象とするグローバル経営において必要不可欠である。異文化マネジメントは，世界規模の効率，柔軟な各国対応，世界規模の学習とイノベーション，を目的とするグローバル経営において，欠かすことのできない前提条件であり，必要条件でもあるといえよう（☞『グローバル』265頁）。

❷ 異文化シナジーと異文化コミュニケーション

多文化を対象とする異文化マネジメントにおいて，異文化シナジーは重要なテーマである。異文化シナジー（cross-cultural synergy）を組織論にはじめて導入したアドラー［1991］は，異文化シナジーについて，「文化的多様性の影響を管理するアプローチである異文化シナジーには，組織のメンバーや顧客の文化様式を基礎として，マネジャーが組織の方針，戦略，構造，そして慣習を形成するプロセスが含まれる[26]」と述べている。

アドラー［1991］は，異文化マネジメントにおいて，文化的多様性（cultural diversity）が避けられないのであれば，その特徴を理解した上で管理して，効果的に活用すべきであると述べた。そして，異文化が接触することによって，創出される「相乗効果」を異文化シナジーと呼んだ（☞『グローバル』265-266頁）。

文化的多様性には，図表8-9に示されるように[27]，多くのメリットとデメリ

第8章 グローバル経営

図表8-9 文化的多様性のメリットとデメリット

メリット	デメリット
異文化シナジーのメリット： マルチカルチャー主義から組織が得る利益	文化的多様性のデメリット： マルチカルチャー主義が引き起こす組織的コスト
意味の拡大 　多様な視点 　新しいアイディアに対してよりオープン 　多様な解釈 選択肢の拡大 　創造性の増大 　柔軟性の増大 　問題解決スキルの増大	多様性は 　曖昧さ 　複雑さ 　混乱　を増大する 意味の統一が困難になる 　コミュニケーション・ミス 　1つの合意に達する困難性 行動の統一が困難になる 　具体的行動への合意が困難
特定の文化に関するメリット： 特定の国や文化と仕事をする場合の利益	特定の文化に関するデメリット： 特定の国や文化と仕事をする場合のコスト
外国人従業員に関するより良い理解 特定国の顧客とより効果的に仕事をする能力 特定国の顧客により効果的に販売する能力 外国の政治，社会，法律，経済，文化の環 　境に関する理解の増大	極端な一般化 　組織の政策 　組織の戦略 　組織の慣行 　組織の手続き 本国志向主義

（出所）Adler, N.J. [1991] 訳書97頁。

ットが存在する。主要なメリットとして，多様な視点を活かした経営ができること，デメリットとして，意思・意味の統一が困難であること，などがあげられる。また，文化的多様性から生まれる多様な視点は，イノベーションの源泉でもある。イノベーションを実現するには，知識を創造することが極めて重要である。様々な価値観からのアプローチを意味する多様な視点は，新たな知識創造に結び付き，イノベーションを推進する。このように，文化的多様性のメリットを活かすことは，多国籍企業において大きな競争力をもたらす（☞『グローバル』268-269頁）。

　次に，異文化コミュニケーションについて考察する。人間は，組織の中で様々

なコミュニケーションを行っている。個人行動の7割前後は，コミュニケーションに費やされているという調査結果さえある。コミュニケーションとは，一般的に，「情報を創造し，交換し，共有するプロセス」のことである。意思疎通，情報共有など，多くの類似概念が存在する（☞『グローバル』269-270頁）。

　異文化コミュニケーションの手段として，言語コミュニケーションがあげられる。わが国における世界共通語（英語）の修得の遅れは，周知の事実であり，グローバル経営を行う際に，大きな障害となっている。世界共通語としての英語の運用能力は，いまやコミュニケーション問題に留まらず，経営，経済問題に大きな影響を及ぼしている。現在，わが国の多くの企業では，日本語による経営を行っているのが実情であり，効率性の向上や海外の優秀な人材の確保などの観点から，英語による経営に切り替えていくことが急務であるといえる。

　多国籍企業では，この言語コミュニケーションだけでなく，非言語コミュニケーションも含めたマネジメント・スキルの獲得に向けて，積極的に異文化トレーニングを行っていくことが必要不可欠である。特に，グローバル経営における世界共通語である英語の修得は，極めて大きなかつ喫緊の課題であるというよう（☞『グローバル』270-271頁）。

❸ 組織文化の変革

　異文化マネジメントについて考察する上で，組織文化についての考察も欠かせない。グローバル経営において，国の文化と組織文化にいかに対応するか，国の文化に合わせて組織文化をいかに構築するか，また，組織文化をいかに変革するか，など組織文化に関する課題は多い。

　シャイン［1985］によれば，組織文化の機能は，①外部適応と存在，②内部統合，の2つに大別される（☞『グローバル』278-280頁）。

① 　外部適応と存在の課題：使命と戦略に関する理解，目的・目標に関するコンセンサス，手段（組織構造，作業の分担，報奨制度など）に関するコンセンサス，目標達成基準についてのコンセンサス，修正についてのコンセンサスなど。

② 　内部統合の課題：共通言語づくり，グループの境界線とメンバーの入会・

第8章 グローバル経営

退会基準の合意づくり，権力と地位に関する合意づくり，親密さ・友情・愛に関するルールづくり，報奨と制裁のルールづくり，イデオロギーと「宗教」に関するルールづくりなど。

この外部適応と内部統合によって，①判断基準の設定による意思決定と行動の迅速化，②組織の一体感と組織行動の整合性，③コミュニケーションの円滑化，④やる気や挑戦意欲の向上，⑤企業イメージの醸成，などの効果が得られる[28]。このように，組織文化の基本機能は，組織メンバー自らを「意味づける」ことにあり，経営環境や様々な組織規範との相互作用を通じた組織における歴史的積み重ねの結果であると考えられる[29]。組織文化の機能については，すでに多くの研究成果が蓄積されている（☞『グローバル』278-280頁）。

他方，ダンカン（Duncan, R.）[1979] は，組織文化の逆機能として，①組織の硬直化（価値観の均一化），②創造性の欠如，③自社の組織文化への過度の固執，④イノベーションの機能不全，という4点をあげている[30]。伊丹敬之＝加護野忠男 [1989] も，「共通の価値観やパラダイムが組織メンバーに共有されるという組織文化の生成と定着プロセスは，思考様式の均質化をもたらし，企業のビジョンや経営戦略を強く信奉してしまう」と組織文化の逆機能に関する危険性を指摘している[31]（☞『グローバル』280-281頁）。

上述したように，大きな成功をおさめた企業ほど，組織文化の逆機能が懸念される。成功体験の共有度が高ければ高いほど，自社が直面する経営環境への関心は低下することが多い。特に，強固な組織文化を有する場合，既存の価値観や思考様式以外の視点をもつことができず，組織メンバーの価値観，信念，行動規範がワンパターン化されてしまい，経営環境とのギャップを創出する原因となり得る。すなわち，「成功の罠」に陥ってしまう。

ところで，組織メンバーの価値観，信念，行動規範などのソフトな側面，すなわち組織文化の変革によって，真の意味で組織変革が達成されるという見方を採用する研究者は数多い。同様の見方を採る経営者も数多い。組織にとって普遍的で理想的な文化が存在するという主張は，「組織文化のマネジメント」に対する強い動機を生み出し，組織文化を重視すべき戦略的要因として捉えることになる。

図表8-10　成長段階別の文化の機能および変革メカニズム

成長段階	文化の機能／論点
Ⅰ　誕生および初期成長 　創業者の支配（同族による支配もありうる）	1　文化は特有の能力でありアイデンティティの源泉である 2　文化は組織を結束させる「糊」である 3　組織は一層の統一化，明確化を目指して進む 4　コミットメントを立証させるため，組織への同化を大いに重視する
後継局面	1　文化は保守派とリベラル派の闘争の場となる 2　後継者となるべき候補者は，文化要素を維持するか，変革するかにより判定を受ける

変革メカニズム

1　自然な進化
2　組織療法を通じての自律的進化
3　混成種による管理された進化
4　アウトサイダーによる管理された「革命」

Ⅱ　組織の中年期 　1　製品／市場の拡大 　2　垂直的統合 　3　地理的拡大 　4　買収，合併	1　新たな下位文化の大量出現により文化的統一性が弱まる 2　中核的目標，価値観，仮定が失われ，アイデンティティの危機が生じる 3　文化変革の方向を管理する機会が提供される

変革メカニズム

5　計画された変革および組織開発
6　技術的誘導
7　スキャンダルによる変革，神話の爆発
8　漸進主義

Ⅲ　組織の成熟時期 　1　市場の成熟または衰退 　2　社内的安定性の増加または（および）停滞 　3　変革への動機づけの不足	1　文化が革新への障害となる 2　文化は過去の栄光を保持し，その結果，自尊心や自己防衛の源泉として尊重される
変容的路線	1　文化の変革は必要かつ不可避である。しかし，すべての文化要素を変えることは不可能であるか，または行なうべきでない 2　文化の本質的要素は確認し，維持すべきである 3　文化の変革は管理可能であるか，または放置して進化するに委せることが可能
破壊的路線 　1　破産と再編 　2　乗取りと再編 　3　合併と同化	1　基本的パラダイム面での文化の変革 2　中枢的要因の大幅な更送による文化の変革

変革メカニズム

9　強制的説得
10　方向転換
11　再編，破壊，新生

（出所）　Schein, E.H. [1999a] 訳書347頁。

第8章 グローバル経営

　すなわち，真に適応力のある組織は，絶え間なく破壊と創造を繰り返す。破壊と創造のためには，組織内の人々の末端にいたるまで，いかにして組織変革の意義を浸透させるかが重要なキーコンセプトとなる。ダーウィンの進化論で主張されているように，「生き残ることができるのは，最も強いものや賢いものではなく，変化に適応できるものである」という命題は，組織文化の変革においてもそのままいえるであろう。

　シャイン［1999a］は，図表8-10に示されるように[32]，組織の成長段階（①誕生および初期成長，②組織の中年期，③組織の成熟時期）ごとに，組織文化の機能と変革メカニズムを一覧化している。図表8-10には，約40年間の長きにわたって組織コンサルティング（プロセス・コンサルティング）に従事した熟練コンサルタントの目配りを感じることができる。

　第一に，誕生および初期成長段階（創業者の支配）では，組織文化は，組織のアイデンティティの源泉であり，組織を結束させる「鍵」である。また，保守派とリベラル派の闘争の場にもなる。この時期の変革プロセスは，自然な進化や，アウトサイダーによる管理された「革命」，などがあげられる。

　第二に，組織の中年期の段階（製品・市場の拡大，垂直的統合，地理的拡大，買収・合併）では，新たな下位文化の大量出現により，文化的統一性が弱まり，中核的目標，価値観，仮定が失われ，アイデンティティの危機が生じる。この時期の変革プロセスは，計画された組織変革や組織開発などがあげられる。

　第三に，組織の成熟時期の段階（市場の成熟・衰退，社内的安定性の増加，変革への動機づけの不足）では，文化が革新への障害となる，文化は過去の栄光を保持し，その結果，自尊心や自己防衛の源泉として尊重されるなど，組織文化の逆機能が目立つ。この時期の変革プロセスは，強制的説得，方向転換，再編，破壊，新生などがあげられる。

　今日における経営環境の中で，企業組織が存続・発展するためには，変化を重視する価値観と柔軟な行動規範を中核とする「適応的な文化」を創造する必要がある。このような「適応的な文化」を創造し，経営環境に応じて変化させていくことこそが「組織文化のマネジメント」の本質であるといえよう。

1）岸川善光編［2016］11頁。

2）Bartlett, C.A.=Ghoshal, S.［1995］訳書48頁，江夏健一=桑名義晴編［2006］131頁，安室
憲一編［2007］ i 頁。

3）グローバル統合について，統一された定義はまだ存在しない。

4）経済企画庁調査局編［1990］257頁の5段階モデルに基づいて，筆者が分析枠組みを作成。

5）岸川善光編［2015a］242頁。

6）折橋靖介［2003］68頁を筆者が一部修正。

7）同上書69頁。

8）岸川善光編［2015a］243頁。

9）塩次喜代明［1998］61，63，76頁を参照した。

10）王効平=尹大栄=米山茂美［2005］82頁。

11）岸川善光［1999］217頁。

12）同上書217-218頁。

13）岸川善光編［2016］166頁。

14）Bartlett, C.A.=Ghoshal, S.［1989］訳書69頁に基づいて筆者が一部追加・修正。

15）折橋靖介［2003］ 1 頁。

16）同上書 5 頁。

17）安室憲一編［2007］210頁を筆者が一部修正。

18）Porter, M.E.［1990］訳書106-107頁。

19）Dunning, J.H.［1993］p.550.

20）同上書p.550.

21）山下洋史=諸上茂登=村田潔編［2003］119頁を筆者が一部修正。

22）日本ロジスティクス協会［2014］36頁。

23）高橋正泰=山口善昭=磯山優=文智彦［1998］186-187頁を筆者が抜粋し一部修正。

24）Hatch, M.J.［1997］p.227.

25）岸川善光編［2016］264頁。

26）Adler, N.J.［1991］訳書105頁。

27）同上書97頁。

28）Schein, E.H.［1985］訳書69，85頁。

29）梅澤正［1990］48-49頁。

30）Duncan, R.［1979］p.429を筆者が一部修正。

31）伊丹敬之=加護野忠男［1989］366頁。

32）Schein, E.H.［1999a］訳書347頁

第9章 経営診断

本章では，経営診断について考察する。環境－経営戦略－組織の適合度，それを主体的に遂行する経営管理と経営情報の妥当性，質的・量的発展を図るイノベーションとグローバル経営の妥当性などを，客観的に分析・評価する。

第一に，経営診断の意義について考察する。まず，経営診断の定義について理解する。次に，経営診断論の生成と発展について理解を深める。さらに，経営診断の体系について，5つの観点から言及する。

第二に，経営システムの診断について考察する。まず，環境－経営戦略－組織適合の診断について理解する。次いで，顧客適合・インターフェース適合の診断について理解を深める。さらに，内部適合の診断について言及する。

第三に，経営管理システムの診断について考察する。まず，経営管理システムの機能について理解する。次に，人的資源管理システムの診断・財務管理システムの診断について理解を深める。さらに，情報管理システムの診断・法務管理システムの診断について言及する。

第四に，業務システムの診断について考察する。まず，業務システムの機能について理解する。次いで，研究開発，調達，生産の診断について理解を深める。さらに，マーケティング，ロジスティクスの診断について言及する。

第五に，業種別の診断，新規・拡大領域の診断について考察する。まず，業種別の診断について理解する。次に，新規・拡大領域の診断について，NPOの診断を事例として理解を深める。さらに，経営コンサルタントの育成について言及する。

1 経営診断の意義

❶ 経営診断の定義

　中小企業診断協会編［2004a］は，当時の喫緊の経営課題として，①IT革命への対応，②グローバル化への対応，③日本的雇用制度の見直しへの対応，④環境配慮型経営の要請への対応，の４つをあげている[1]。そして，これらの経営課題に対応するために，パラダイムシフトの事例として，①経済価値の創造と社会価値の創造を共に実現する持続可能な成長[2]，②ゴーイングコンサーンとしての持続可能な成長の実現，③人間性・社会性・環境性の重視[3]，の３つをあげている（☞『診断』4-7頁）。

　環境変化，企業経営のパラダイムシフトに伴って，近年，経営診断のニーズは大きく拡大・変化しつつある。従来，経営診断の視点として，収益性，安全性，生産性，成長性の４つが重視されてきた。今後は，経済性（収益性，安全性，生産性，成長性）に加えて，人間性・社会性・環境性を加味した経営診断が求められる（☞『診断』7-8頁）。

　従来，経営診断の定義について，平井泰太郎=清水昌編［1962］，高野太門［1970］，並木高矣［1975］，三上富三郎［1992］，日本経営診断学会編［1994］，ILO=Kubr, M.［1996］など，すでに多くの先行研究が蓄積されている。わが国の研究者による経営診断の定義は，「分析⇒評価⇒問題点⇒改善案⇒勧告⇒（指導）」という経営診断のプロセスに着眼した定義という点で共通している。他方，ILO=Kubr, M.［1996］の定義のように，経営診断の「特性」「目的」「機能」に着眼した定義もいくつか存在する（☞『診断』9-10頁）。

　経営診断の「診断」という概念には，①分析，②監査，③指導，④支援，⑤教育，⑥訓練，⑦リサーチ，⑧助言，⑨コーチング，⑩メンタリング，など類似概念・関連概念が多数存在する。診断について深く理解するためには，これらの類似概念・関連概念との異同点について体系的に整理しておく必要がある

（☞『診断』10-12頁）。

　岸川善光［2007b］は，経営診断の定義にあたり，経営診断の目的，経営診断のプロセス，経営診断の特性，経営診断の主体・客体の４つを必要条件とし，「経営診断とは，各種経営システムの目的の実現，問題解決（ソリューション）の実現，イノベーションの実現を図るために，経営システムを分析・評価し，問題点を抽出し，課題および解決策を策定・提示し，課題および解決策の実現を支援する，一連の専門的サービスのシステムである[4]」と定義している（☞『診断』12-13頁）。

　この定義は，問題解決（ソリューション）およびイノベーションの重視，支援概念の重視，経営診断のプロフェッション化，新たな主体・客体モデルとしての協働創出モデルの提示など，従来の定義と比較すると多くの特徴を有しており，岸川善光［2007b］は，日本経営診断学会における学会賞を受賞している。

　上で，経営診断の定義を行ったが，この経営診断の目的として，①経営システム目的実現の支援，②問題解決（ソリューション）の支援，③イノベーションの支援，の３つがあげられる（☞『診断』13-19頁）。

① 　経営システム目的実現の支援：第５章（経営管理）で考察したように，経営システムには，３つの目的・使命が存在する。すなわち，1)価値の創出・提供と対価の獲得，2)社会的責任の遂行，3)経営システムの存続・発展，の３つが経営システムの目的・使命である。経営診断は，経営システム目的実現に向けて，問題解決（ソリューション）およびイノベーションを基軸として支援する。

② 　問題解決（ソリューション）の支援：あるべき姿と現状とのギャップである「問題点」は，企業の存続・発展において「宝の山」であるといえる。「問題点」のない状態は，「生き物」である企業にとって「死」を意味する。真の問題解決（ソリューション）を行うためには，経営診断によって，問題発見⇒問題解決のプロセスを効果的に支援する必要がある。

③ 　イノベーションの支援：第７章（イノベーション）で考察したように，岸川善光編［2004a］は，イノベーションの本質を，"知識創造による新価値の創出"と認識しており，企業経営におけるイノベーションの重要性を重視し

ている。イノベーションの実現のためには，問題発見⇒問題解決のプロセス
を効果的に支援する経営診断が必要である。

❷ 経営診断論の生成と発展

経営診断の生成・発展のプロセスは，①合理性の診断，②人間性の診断，③
システム性の診断，④条件適応性の診断，⑤戦略性の診断，⑥社会性の診断，
の6つの段階に分類することができる。この6つの発展段階には，経営組織論・
経営管理論と同様に，発展の方向性に「一定の法則性」が導出される。

① 合理性の診断：テイラー [1985]/[1903]/[1911]，ファヨール [1916]，ウ
ェーバー [1920]/[1922]，フォード [1926] にみられるように，古典的組織論・
古典的管理論では，組織構造や管理過程に焦点をあて，「合理性の追求」を
目指した。この古典的組織論・古典的管理論の時代は，実は，経営診断の生
成期でもある。例えば，テイラーは，能率技師（コンサルタント・エンジニ
ア：現在の経営コンサルタント）の始祖でもあり，合理的な組織・管理の発
展のために支援した（☞『診断』30-38頁）。

② 人間性の診断：メイヨー゠レスリスバーガー [1933]/[1952]，リッカート
[1961]/[1967]，マグレガー [1960]，ハーズバーグ [1966]，マズロー [1970]
など，新古典的組織論・新古典的管理論では，人間行動の研究，「人間性の
追求」を目指した。新古典的組織論・新古典的管理論の時代は，経営診断の
転換期であり，モティベーション，リーダーシップ，モラールなどに関する
診断技法が飛躍的に進展した（☞『診断』39-47頁）。

③ システム性の診断：バーナード [1938]，サイモン [1947, 1976]/[1969, 1981]/
[1977]，サイアート゠マーチ [1963] など，近代的組織論・近代的管理論では，
組織を意思決定のシステムとみなし，「システム性の追求」を目指した。近
代的組織論・近代的管理論の時代の経営診断は，シミュレーションモデルな
ど経営診断のシステム化が進展し，各種統計技法の開発，多変量解析などデ
ータ解析技法の開発など，今日の経営診断で用いられる診断技法が数多く開
発され，その活用範囲が拡大した（☞『診断』47-55頁）。

④ 条件適応性の診断：バーンズ゠ストーカー [1968]，ウッドワード [1965]/

[1970]，ローレンス=ローシュ［1967］など，適応的組織論・適応的管理論では，唯一最善の組織や管理の方法を否定し，「条件適応性の追求」を目指した。経営診断は，もともと一般論ではなく，診断対象であるクライアントの特殊性，個別性を重視する「中範囲理論」の特性を有するので，適応的組織論・適応的管理論の時代の「条件適応性の追求」と合致する（☞『診断』55-59頁）。

⑤ 戦略性の診断：チャンドラー［1977］，アンゾフ［1965］/［1988］，ポーター［1980］/［1985］/［1990］など，戦略的組織論・戦略的管理論では，環境という概念を不確実性や他組織に限定せず，広く企業活動を促進しあるいは制約する外的要因と解釈し，外的要因との関わり方の中で，企業の将来における発展の方向を探る「戦略性の追求」を目指した。戦略的組織論・戦略的管理論の時代の戦略性の診断において，世界的なコンサルティング・ファームやシンクタンクが続々と誕生した（☞『診断』59-66頁）。

⑥ 社会性の診断：地球環境問題，企業倫理，企業の社会的責任など，社会的組織論・社会的管理論では，「企業⇒社会」というアプローチではなく，「社会⇒企業」というアプローチを採用し，「社会性の追求」を目指した。特に，2000年以降，「戦略的社会性」という観点が，理論的にも実践的にも「時代の要請」として取り入れられ始めた。戦略的社会性の追求が，営利性・市場性の追求と何ら矛盾しない現実がある。社会的組織論・社会的管理論の時代の経営診断は，経営診断の社会化がますます進展すると思われる（☞『診断』66-72頁）。

❸ 経営診断の体系

本項では，経営診断の体系について，①経営診断のフレームワーク，②経営診断のアプローチ，③経営診断のプロセス，④経営診断の対象領域，⑤経営診断に関する知識・技法，の5つの観点から概観する。

① 経営診断のフレームワーク：伝統的な経営診断のフレームワークを構成する要素として，図表9-1に示されるように[5]，1)「診断の論理」の特質とアプローチ，2)「診断の論理」と「経営の論理」の接合，3)経営診断論の研究対象，4)経営診断の主体，5)経営診断の目的，6)経営診断の対象，7)経営診断

図表9-1　伝統的な経営診断論のフレームワーク

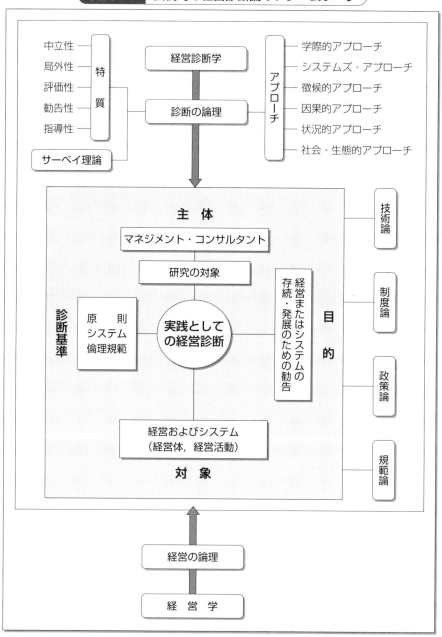

（出所）日本経営診断学会編［1994］3頁。

第9章 経営診断

基準,8)技術論・制度論・政策論・規範論,の8つがあげられる（☞『診断』76-82頁）。

② 経営診断のアプローチ：経営診断のアプローチとして，一般的に，1)学際的アプローチ,2)システムズ・アプローチ,3)兆候的アプローチ,4)因果的

図表9-2 中小企業診断士試験 第1次試験科目

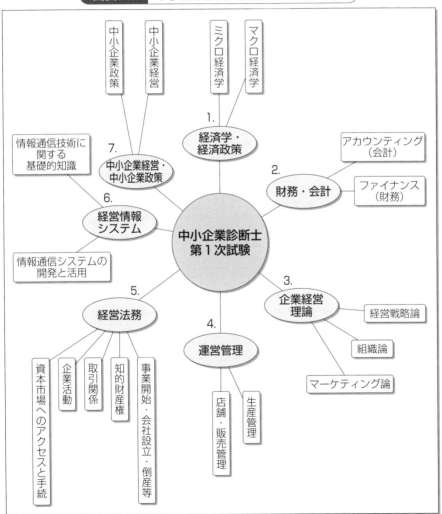

（出所） 中小企業診断士試験案内に基づいて筆者が図表化。

アプローチ，5)状況的アプローチ，6)社会・生態的アプローチ，の6つがあげられる。この他に観点を変えて，(A)分析型アプローチ，(B)プロセス型アプローチ，という分類もある（☞『診断』82-87頁）。

③　経営診断のプロセス：経営診断のプロセスについて，並木高矣［1975］，日本経営診断学会編［1994］，新井信裕［2001］など，多くの先行研究が存在する。それらの大半が，典型的な「勧告書方式」に準拠した経営診断のプロセスを採用している。しかし，近年では，診断⇒指導⇒支援を重視した経営診断のプロセスに変化しつつある。岸川善光［2007b］では，経営診断のプロセスを，1)分析・評価，2)問題点の抽出，3)課題および解決策の策定，4)実施支援，の4つに区分している（☞『診断』87-92頁）。

④　経営診断の対象領域：従来の経営診断の対象領域は，1)個別企業別，2)業種・業態別，3)機能別・部門別の診断がその中心であった。近年では，企業集団，工業集団，商業集団などの診断も増加しつつある。また，農林水産分野の診断，NPO診断，地域診断，企業連携診断，eビジネス診断，異業種交流診断など，新規・拡大領域の診断が増加しつつある（☞『診断』92-96頁）。

⑤　経営診断に関する知識・技法：経営診断に関する知識・技法は，様々な観点から分類できるものの，ここではまず，中小企業診断士試験の試験科目についてみてみよう。中小企業診断士試験は，第1次試験，第2次試験，実務補習によって構成される。例えば，第1次試験科目は，図表9-2に示されるように[6]，1)経済学・経済政策，2)財務・会計，3)企業経営理論，4)運営管理，5)経営法務，6)経営情報システム，7)中小企業経営・中小企業政策，の7科目である。経営診断技法は，1)各種分析技法，2)各種診断技法，3)各種支援技法，の3つに大別することができる（☞『診断』96-103頁）。

2　経営システムの診断

❶ 環境－経営戦略－組織適合の診断

第9章 経営診断

　本書では，環境（第2章）－経営戦略（第3章）－組織（第4章）の「適合」を極めて重視し，多面的に考察してきた。経営システムの診断においても，環境－経営戦略－組織適合の診断は，極めて重要な課題であることはいうまでもない。
　伊丹敬之［1984］は，図表9-3(A)に示されるように[7]，1980年代から「戦略的適合」を鍵概念として，経営戦略論を展開してきた。適合という概念は，語源的には静的な概念である。すなわち，ある特定の時空間において，経営システムの各構成要素間の関連性を分析し，それがマッチする場合，一般には適合性があるという。伊丹敬之［1984］は，経営戦略の構成要素として，①環境，②資源，③組織の3つを選択し，それぞれの要素と戦略との間に存在すべき適合

図表9-3　環境－戦略－組織の適合

(A) ストラテジック・フィット

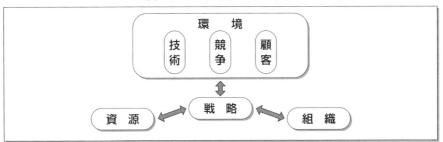

（出所）伊丹敬之［1984］6頁。

(B) 戦略的適合の全体像

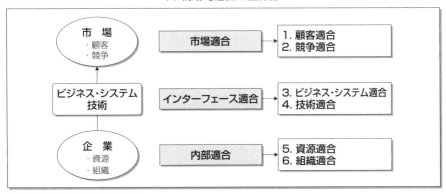

（出所）伊丹敬之［2003］25頁。

関係を，①環境適合，②資源適合，③組織適合と呼んだ。

伊丹敬之［2003］は，約20年が経過した後，図表9-3(B)に示されるように[8]，戦略的適合の全体像として，①市場適合，②インターフェース適合，③内部適合の３つに分類している。ここでは，適合という概念を環境のみならず，企業内の要素間適合へと拡張しつつあることが読み取れる。

適合パラダイムによる診断には，論理整合性，首尾一貫性など多くの利点が存在するが，他方，環境−経営戦略−組織の診断において，「不均衡（アンバランス）こそが，経営システムの存続・発展のバネになるのではないか」という見方が存在することも事実である（☞『診断』110-115頁）。

❷ 顧客適合の診断・インターフェース適合の診断

ドラッカーが主張したように，「顧客の創造」は，まさに経営システムの活動の基盤そのものである。対価を支払ってくれる顧客がいなければ，経営システムは存在できないからである。顧客の創造・維持がうまくマッチした状態を顧客適合と呼べば，経営システムにおいて顧客適合こそ，その他の何ものよりも最優先されるべき課題である。

顧客適合の診断において，顧客ニーズの診断がすべての出発点になる。顧客ニーズは常に変化するので，顕在化しているニーズのみならず，潜在的なニーズをいかに発掘し創造するかがポイントになる。診断技法として，ニーズ・シーズマトリックスなどが用いられる。

顧客の創造・維持のために，製品と市場がうまくマッチした状態を製品・市場適合と呼べば，製品・市場適合の診断も極めて重要である。製品・市場適合の診断技法として，製品・市場マトリックス，製品・チャネルマトリックスなどが用いられる。

顧客に価値を提供し，対価を獲得するためには，市場において，多くの競合企業との競争に打ち勝たなければならない。市場での競争構造にうまくマッチして，競争に勝てる状態であることを競争適合と呼べば，競争適合の診断では，①ポジションを基盤とする優位性の獲得，②資源・能力を基盤とする優位性の獲得，の２点が必要不可欠である（☞『診断』115-120頁）。

次に，インターフェース適合の診断について考察する。顧客を中核とした環境と，経営システムとの間のインターフェースは，①ドメインの設定，②ビジネスシステム戦略，の2つによって構成される。このインターフェースの構築が環境にうまくマッチした状態をインターフェース適合と呼べば，インターフェース適合を実現するためには，ドメイン適合，ビジネスシステム適合の2つが必須要件となる。すなわち，インターフェース適合の診断は，ドメイン適合の診断，ビジネスシステム適合の診断の2つによって構成される。

ドメイン適合の診断は，①ドメインの広がりと差別化，②物理的定義と機能的定義の選択，③ドメイン・コンセンサス，④経営システムの成長・発展とドメインの適合，の4点が主な診断領域である（☞『診断』121-124頁）。

ビジネスシステム適合の診断対象は，ビジネスシステムであることはいうまでもない。岸川善光[2006]は，「ビジネスシステムとは，顧客に価値を届けるための機能・経営資源を組織化し，それを調整・制御するシステムのことである」と定義した[9]。ビジネスシステムの主な構成要素として，①顧客，②顧客価値，③価値の提供方法，④対価の回収方法，⑤経営資源，の5つがあげられる。

ビジネスシステム適合の診断にあたり，ビジネスシステムの客観的な評価基準として，①効果性，②効率性，③模倣困難性，④持続可能性，⑤発展可能性，などがあげられる（☞『診断』124-125頁）。

❸ 内部適合の診断

上述した顧客の創造・維持，インターフェースの構築のためには，経営システム内部における経営資源の蓄積・配分，組織が必要不可欠である。経営システム内部の要因がうまくマッチした状態を内部適合と呼べば，内部適合を実現するためには，経営資源適合，組織適合の2つが必須要件となる。

経営資源適合の診断では，顧客の創造・維持やインターフェースの構築と経営資源（ヒト，モノ，カネ，情報）がうまくマッチしているかどうかがポイントになる。経営資源適合の診断において，経営資源の蓄積・配分における基礎的条件として，①経験曲線効果，②プロダクト・ライフサイクル，③限界収穫などがあげられる（☞『診断』125-129頁）。

次に,組織適合について考察する。組織はそれ自体,目的変数ではあり得ない。経営戦略と組織との適合,ビジネスシステムと組織との適合など,組織以外の目的変数が不可欠である。

例えば,経営戦略と組織との適合について,経営戦略の違いによって採用される組織の形態は異なるという見解が,チャンドラー［1962］の研究以降,多くの研究者によって提示されてきた。ガルブレイス゠ネサンソン (Galbraith, J.R.=Nathanson, D.A.)［1978］の組織の発展モデルは,図表9-4に示されるように[10],組織の形態は,ライン組織から職能組織へ,さらに職能組織から事業部制組織へ,究極的には世界的多国籍企業に進化すると述べている。しかし,組織適合の診断は,組織単独の診断ではその意義がない(☞『診断』130-131頁)。

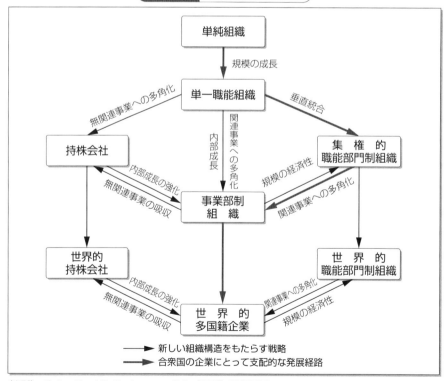

(出所) Galbraith, J.R.=Nathanson, D.A.［1978］訳書139頁。

第9章 経営診断

3 経営管理システムの診断

❶ 経営管理システムの機能

第5章（経営管理）で考察したように，経営管理システムは，①環境主体との対境関係，すなわち，環境との関わり方を保持する狭義の経営システム，②価値の創出・提供のために直接必要な業務システムに対して，フィードバック・コントロール（feedback control）を行うことをその基本機能とする。経営管理システムの機能は，具体的には，①狭義の経営システムおよび業務システムの円滑な運営，②狭義の経営システムおよび業務システムのイノベーション，の2つがあげられる。

経営管理システムは，①対象機能（研究開発，調達，生産，マーケティング，ロジスティクスなど），②経営資源（ヒト，モノ，カネ，情報），③意思決定（情報活動，設計活動，選択活動，検討活動），の3つの分類基準によって，体系的に考察することができる。

経営管理システムの診断プロセスは，先述したように，①分析・評価，②問題点の抽出，③課題および解決策の策定，④実施支援，の4つのプロセスを踏む。しかし，対象機能，対象とする経営資源の種類・特性によって，診断プロセスの重点は異なることが多い。利用する診断技法も異なることが多い。

ここでは，経営管理システムが対象とする経営資源の種類によって，人的資源管理システムの診断，財務管理システムの診断，情報管理システムの診断，法務管理システムの診断，の4つを取り上げて概観する。

❷ 人的資源管理システムの診断・財務管理システムの診断

まず，人的資源管理システムの診断についてみてみよう。従来，ヒトという経営資源に関する経営管理は，わが国では人事・労務管理といわれてきた。すなわち，ホワイトカラーを対象とする人事管理，ブルーカラーを対象とする労

241

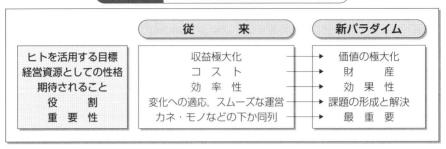

図表9-5　ヒトの管理のパラダイムシフト

(出所)　中小企業診断協会編［2004b］471頁を筆者が一部修正。

務管理に区分してきた経緯があるが，その後両者の境界線が必ずしも明確ではなくなり，従業員に対する管理のことを人事・労務管理と呼ぶことが一般化している。しかし，近年では，図表9-5に示されるように[11]，このヒトの管理に関するパラダイムが大きく変化している。すなわち，人的資源価値の極大化と企業価値の極大化の両立こそが，新たな人的資源管理の目的といえよう。人的資源価値の極大化と企業価値の極大化の両立を実現するためには，経営戦略と密着した戦略的人的資源管理が必要不可欠になる。

　人的資源管理の診断において，①組織運営（人的資源の確保・活用，コミットメントの極大化など），②人的資源フローマネジメント（採用，配置転換，昇進・昇格，人事考課，賃金管理，能力開発支援など），③報酬マネジメント（成果主義，人間性尊重の人事制度など），の3つが大きな診断テーマになる（☞『診断』141-146頁）。

　次に，財務管理システムの診断についてみてみよう。経営資源の内，カネを対象とする経営管理を財務管理という。財務管理は，①資金の調達管理と資金の運用管理，②利益管理と資金管理，③財務戦略⇒財務計画⇒財務統制，という3つの観点から体系化を図ることができる。

　資金の調達と運用については，貸借対照表に示されるので，各種指標を詳細に分析・評価すれば，問題点の抽出，課題・解決策の策定ができる。利益管理と資金管理についても，各種指標が開発されており，詳細に分析・評価すれば，問題点の抽出，課題・解決策の策定ができる。例えば，利益管理のために必要

図表9-6　損益分岐点図表

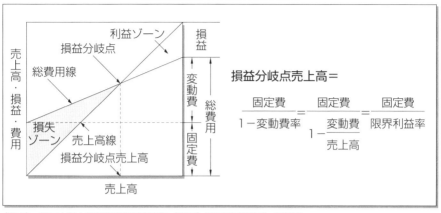

（出所）　神戸大学大学院経営学研究室編［1999］604頁を筆者が一部修正。

な分析技法・診断技法として，図表9-6に示されるように[12]，損益分岐点図表など多くの技法がすでに開発され活用されてきた。損益分岐点を引き下げる方策として，①固定費の低減，②変動費率の低減，③売上数量の増大，④売価の増大，の4つがあげられる。分析・評価を踏まえて，問題点を抽出し，課題・解決策を提示しなければならない（☞『診断』146-152頁）。

❸　情報管理システムの診断・法務管理システムの診断

まず，情報管理システムの診断についてみてみよう。経営資源の内，情報を対象とする経営管理を情報管理という。経営資源としての情報には，データ，情報，知識，技術，スキル，ノウハウ，ブランド，企業イメージ，暖簾などが含まれる。

情報管理システムの診断において，①情報戦略（経営戦略と情報管理システムとの整合性，情報基盤の確立など），②情報資源管理（ハードウェア，ソフトウェア，ネットワークなど），③情報システムの開発（情報システムの開発技法，開発のアウトソーシングなど），④情報システムの運用（運用管理，情報セキュリティ，運用のアウトソーシングなど），などが重要な診断テーマとしてあげられる（☞『診断』152-159頁）。

次に,法務管理システムの診断について考察する。企業活動を正当に行うための経営管理を法務管理という。具体的には,M&A,内部統制システム,知的財産権,会社法,コーポレート・ガバナンスなどの機能によって構成される。

法務管理システムの診断において,M&A,内部統制システム,知的財産権,コーポレート・ガバナンスなど,法務管理の分野の診断は,弁護士,弁理士,社会保険労務士,公認会計士,税理士など,法務に関するテクノクラートが担当してきた。今後は,経営コンサルタントなど経営に関するテクノクラートを含めて,専門家チームとしての取組みが望まれる(☞『診断』159-168頁)。

4 業務システムの診断

❶ 業務システムの機能

第5章(経営管理)で考察したように,業務システムは,企業が提供する価値の生産システムのことである。価値には有形財および無形財の双方が含まれる。有形財の生産,すなわち最も機能(活動)の範囲が広い製造業を例にとると,業務システムは,図表9-7に示されるように[13],①研究開発,②調達,③生産,④マーケティング,⑤ロジスティクス,の5つの機能によって構成される。

業務システムには,ビジネスシステム,ビジネスモデル,価値連鎖(バリュ

図表9-7 業務システム

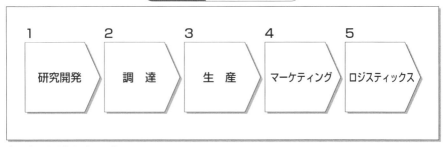

(出所) 岸川善光 [2007b] 170頁。

第9章 経営診断

ーチェーン），供給連鎖（サプライチェーン），需要連鎖（ディマンドチェーン），ロジスティクスなど，多くの類似概念が存在しており，これらの概念間に相互に重複がみられることはすでに述べた。

❷ 研究開発，調達，生産の診断

〈研究開発の診断〉

研究開発は，業務システムの機能の内，研究（基礎研究，応用研究），開発（製品開発，技術開発），製品化（設計，試作，生産技術支援）などが含まれる。

研究は，基礎研究，応用研究に大別される。その中で，特に基礎研究について，従来，欧米の研究に対する「フリーライダー」という批判があったことは否定できないが，近年，グローバルな研究開発戦略をとる企業が増加しつつある。その背景には，現地ニーズへの対応，海外の研究者の活用，国内外のシナジーなどに対する期待がある。

開発は，製品開発，技術開発に大別される。どの産業においても，新製品開発の成否によって，企業のランキングが目まぐるしく変化している。そのために新製品開発は，研究開発の機能の中でも，極めて重要でかつ中核的な機能として位置づけられる。

研究開発の診断のポイントとして，①経営戦略（ドメイン，事業ポートフォリオ，技術ポートフォリオなど）との整合性，②研究開発計画（経営計画との整合性，研究開発技術，研究開発組織など），③研究開発管理（テーマ設定，開発プロセス管理，研究開発予算管理など），④各機能間の連携（マーケティング，生産，財務など）などがあげられる（☞『診断』175-180頁）。

〈調達の診断〉

調達は，業務システムの機能の内，調達コスト管理，資材管理，在庫管理，購買管理，外注管理，倉庫管理などが含まれる。

調達は，製造業の場合，広義には生産機能に含まれ，その第一工程として位置づけられており，購買管理や資材管理と呼ばれてきた。流通業の場合，調達は仕入と呼ばれることが多く，販売の前工程として位置づけられてきた。

従来，調達は業務システム（価値の生産システム）において，極めて重視さ

245

れてきた。第一の理由は，製造業においても，流通業においても，調達コストは売上高および原価に占める構成比率が極めて高いからである。製造業の場合，原材料費，部品費，外注費などが調達コストの典型であるが，製造原価の過半を占めるといっても過言ではない。したがって，この調達コストの低減は，営業利益の増大と直結しており，どの製造業も調達コストの低減に注力してきた。流通業の場合も，仕入原価など調達コストの売上高に占める構成比率は極めて高く，その低減は売上総利益の増大にダイレクトにつながるので，どの流通業も仕入原価の低減に注力してきた。

　調達を重視してきた第二の理由は，調達にトラブルが発生すると，業務システムの円滑な運用に支障をきたすからである。業務システムの円滑な運用ができないと，不良率の増加，納期遅延の発生，製造原価の増大の原因になることは明白である。

　調達の診断のポイントとして，①調達コスト（コスト構成，コスト低減など），②資材管理（部品構成図，所要量展開，調達先展開など），③在庫管理（在庫管理方式，発注方式など），④購買管理（購買方針，購買先選定，購入量，購入価格など），⑤外注管理，⑥倉庫管理，などがあげられる（☞『診断』180-184頁）。

〈生産の診断〉

　生産は，業務システムの機能の内，生産計画，生産方式，生産管理，自動化，生産情報システムなどが含まれる。

　生産は，顧客ニーズの充足＝価値の創出のために，財（有形財・無形財）を産出することである。システム論的にいえば，生産は，原材料などのインプットから製品・サービスなどのアウトプットへの「変換プロセス」として位置づけられる。

　顧客ニーズの充足＝価値の創出のためには，産出する財（有形財・無形財）について，品質（quality），コスト（cost），納期（delivery）のいわゆるQCDや，その他にも，安全，環境など多くの要求事項をクリヤーしなければならない。上述したQCD（品質:quality，コスト:cost，納期:delivery）に関する問題点を解決するために，伝統的な生産管理の中で，第1次管理（primary control）と呼ばれる品質管理，コスト管理，工程管理がこれに対応している。

第9章 経営診断

生産管理を円滑に推進するために，テイラーの科学的管理法以来，多くの能率技師（現在の経営コンサルタント）を中心として，様々な生産管理技術が開発されてきた。主な生産管理技術として，IE（インダストリアル・エンジニアリング），QC（品質管理），OR（オペレーションズ・リサーチ），VE（バリュー・エンジニアリング），EE（エンジニアリング・エコノミー），SE（システム・エンジニアリング）などがあげられる。これらの生産管理技術は，診断技法としても多く用いられている。

生産診断のポイントとして，①生産計画（経営計画との整合性，利益計画との整合性，販売計画との整合性など），②生産方式（見込生産，受注生産），③生産管理（品質管理，コスト管理，納期管理），④自動化（加工工程，組立工程，運搬工程のロボットなど），⑤生産情報システム（CIM，FA，CAD/CA）などがあげられる（☞『診断』184-192頁）。

❸ マーケティング，ロジスティクスの診断

〈マーケティングの診断〉

マーケティングは，業務システムの機能の内，マーケティング・システム，戦略的マーケティング，マーケティング・ミックス，ソシオ・エコロジカル・マーケティングなどが含まれる。

マーケティングは，生産と消費のギャップ（乖離，隔たり）を克服し，生産と消費を架橋する機能を果たす。生産と消費のギャップ（乖離，隔たり）として，一般的に，①空間のギャップ（乖離，隔たり），②時間のギャップ（乖離，隔たり），③所有のギャップ（乖離，隔たり），④情報のギャップ（乖離，隔たり）などがあげられる。

マーケティングにおいて，マーケティング・ミックス（marketing mix）は，中心的な概念の1つである。マーケティング・ミックスとは，「マーケティングに課せられた目標を達成するために，マーケティング管理者にとってコントロール可能なマーケティングに関する諸手段の組合せのことである」。

マーケティング・ミックスの概念は，多くの研究者によって提唱されているものの，マッカーシー（McCarthy, E.J.）[1964, 1996]による4P（①product：

247

製品，②price：価格，③place：流通チャネル，④promotion：販売促進）が，ネーミングのよさもあって圧倒的な支持を得ている。その後，ローターボーン（Lauterborn, R.）［1990］による顧客志向のマーケティング・ミックスとして，4 C（①customer solution：顧客ソリューション，②customer cost：顧客コスト，③convenience：利便性，④communication：コミュニケーション）なども重視されている。ちなみに，4 Pは供給サイドのマーケティング・ミックスの概念であり，4 Cは顧客サイドのマーケティング・ミックスの概念であるので，この両者は実は，表裏の関係にあるといえよう。

近年，マーケティングの対象となる顧客の範囲が変わりつつある。具体的には，不特定多数の顧客をターゲットにして，同一製品を大量生産するマーケテ

図表9-8 ワントゥワンマーケティングにおける転換点

	従来の思考	新たな思考
思想としての ワントゥワン	平均的人間，標準的人間 合理的意思決定主体 マス・メディアによる画一化 物的生産中心 客観的実在としての需要 距離化，客観化 プロの手詰まり 規模の経済	異質な個別的人間 プロセスとしての人間 デジタル・メディアによる個人 　の表出と個別対応 意味と価値の創出中心 関係を通じた需要の創発 参加と相互作用 生活現場への回帰 「結合と関係」の経済
戦略としての ワントゥワン	顧客獲得 販売取引中心短期的一回性 　売上高志向 市場シェア中心 標準化大量生産方式 競争志向	顧客維持 関係づくり長期的継続性 顧客生涯価値の重視 顧客シェア中心 マス・カスタマイゼーション 共働・共創・共生志向
手法としての ワントゥワン	販売促進中心 製品差別化 製品マネジメント 満足度測定 プロダクト・マネジャー 効率化のためのICT	顧客サービス中心 顧客差別化 顧客エンパワーメント 継続的対話（学習関係） 顧客マネジャー ネットワークのためのICT

（出所）　Peppers, D.=Rogers, M.［1993］, Peppers, D.=Rogers, M.［1997］に基づいて筆者作成。

ィングから，企業は徐々に細分化されたセグメント（ニッチ，地域，個人）に目を向けるようになった。細分化が究極まで進んだマーケティング手法の1つとして，ペパーズ゠ロジャーズ（Peppers, D.゠Rogers, M.）［1993］／［1997］によって提唱されたワントゥワンマーケティングがあげられる。ワントゥワンマーケティングは，図表9-8に示されるように[14]，「思想面」「戦略面」「手法面」において，従来のマーケティングとは大きく異なっている。

マーケティング診断のポイントとして，①マーケティング・システム（マーケティング計画システム，マーケティング行動システムなど），②戦略的マーケティング（経営戦略との整合性，事業ポートフォリオとの整合性など），③マーケティング・ミックス（製品，価格，流通チャネル，販売促進など），④ソシオ・エコロジカル・マーケティング（省資源，省エネ，過大包装，環境保全提案）などがあげられる（☞『診断』192-198頁）。

〈ロジスティクスの診断〉

ロジスティクスは，業務システムの機能の内，ロジスティクス・システム，ロジスティクス・ネットワーク，物流センター，物流，ロジスティクス・コスト，在庫管理などが含まれる。

ロジスティクスとは，「顧客のニーズを満たすために，原材料，半製品，完成品およびそれらの関連情報の産出地点から消費地点に至るまでのフローとストックを，効率的かつ費用対効果を最大ならしめるように計画，実施，統制することである」。

ロジスティクスは，従来の物流とは異なる。すなわち，ロジスティクス・ネットワークは，物流ネットワークと情報通信ネットワークによって構成される。簡潔にいえば，ロジスティクス＝物流＋情報流という方程式が成り立つ。

ロジスティクスは，①多機能領域（生産，販売，物流など）の垂直的統合，②情報駆使，③ライフサイクル志向，④顧客満足志向，⑤活動の連鎖，⑥全体最適，⑦実需に応じた供給，⑧経営戦略と連動，⑨フレキシビリティなど，多くの目的と特徴を有している。

ロジスティクス診断のポイントとして，①ロジスティクス・システム（調達，生産，マーケティング，物流など），②ロジスティクス・ネットワーク（物流

ネットワーク，情報通信ネットワークなど），③物流センター（立地，設備，環境など），④物流（輸送，保管，荷役，包装，流通加工，情報など），⑤ロジスティクス・コスト（コスト計算，コスト構成，コスト低減など），⑥在庫管理（発注方式，保管）などがあげられる（☞『診断』198-202頁）。

5 業種別の診断，新規・拡大領域の診断

❶ 業種別の診断

　日本標準産業分類によれば，わが国には多くの産業分野が存在する。情報通信の高度化・サービス経済化の進展などに伴う産業構造の変化，統計の継続性に配慮しつつ的確な分類項目の設定と概念規定の明確化，国際標準産業分類など国際的な産業分類との比較可能性の向上などを目指して，日本標準産業分類自体も進展している。本節では，紙幅の制約があるので，日本標準産業分類の中から，①製造業，②卸売業，③小売業，④サービス業，⑤物流業，⑥農林水産業，の6つの産業分野を選択し，その診断について概観する。

① 　製造業：国際分業の進展とアジア諸国の製造業の台頭によって，わが国の製造業の空洞化の懸念がもたれている。空洞化は，わが国の雇用，技術開発など多くの側面において深刻な影響を及ぼすので，「ものづくり」の重要性を認識し，高付加価値化を目指す必要がある。診断のポイントとして，1)水平的ネットワークの構築，2)情報交換，3)技術交流，4)雇用調整，などがあげられる（☞『診断』207-212頁）。

② 　卸売業：卸売業には，伝統的なタイプの問屋（代理店，特約店），商社（総合商社，専門商社），メーカーの販売会社（販社），仲立・代理商，ブローカーなどが含まれる。「そうは問屋が卸さない」という言葉があるように，昔から問屋あるいは卸売業の力は強かった。問屋あるいは卸売業が果たした集荷・分散の機能が，生産と消費の架け橋として有効であったからである。

　しかし，1960年代以降，製造業が飛躍的な発展を遂げ，大量生産に見合う

第9章 経営診断

大量流通の必要性が生まれ，スーパーに代表される大量販売の担い手（新業態）が次々と生まれた。この時代に，「卸無用論」「中抜き論」と叫ばれ，大量生産・大量販売・大量物流という新たな図式の中で，卸売業のあり方が様々な論議を呼んだ。

診断のポイントとして，1)供給連鎖（サプライチェーン），2)生産者起点・消費者起点，3)情報化，4)リテール・サポート，5)ロジスティクス，などがあげられる（☞『診断』212-217頁）。

③　小売業：小売業は，流通活動の中で小分け機能を担っている。小売業は，店舗の有無によって，有店舗小売業（デパート，総合スーパー，衣料品専門スーパー，食料品専門スーパー，住関連専門スーパー，ホームセンター，コンビニエンス・ストア，専門店など）と，無店舗小売業（通信販売，訪問販売，カタログ販売，テレビ販売，自動販売機による販売，行商など）に区分される。

近年，インターネット通販など無店舗小売業の進展が著しい。「顔の見えない消費者」を相手にしてきた有店舗小売業と比較して，「顔の見える消費者」を相手にできる無店舗小売業は，「接点形成」と「接点のデータベース化」において圧倒的な優位性をもっている。有店舗小売業においても，「顔の見えない消費者」から「顔の見える消費者」にいかに転換するかということは，小売業の存立の大きな課題として認識されている。

診断のポイントとして，1)業種・業態の環境，魅力度，収益性など，2)チェーン・オペレーション，3)店舗オペレーション（店舗設計，売場設計，陳列，販売方法など），4)情報システム，などがあげられる（☞『診断』217-222頁）。

④　サービス業：経済のサービス化に伴って，サービス産業は，質量ともに著しく拡大・発展している。新卒大学生の就職先としても，サービス業は7割以上を受け入れている。しかし，サービス業には，需要量の伸び悩みがある，労働生産性の上昇が少ない，賃金上昇，コスト・アップを価格に転嫁せざるを得ないなど，製造業にはみられない独特の問題点が存在する。

これらの問題点の背景には，サービス財の特性がある。サービス財の特性は，図表9-9に示されるように[15]，①本質的特性（時間・空間の特定性，非自在性），②基本特性（非貯蔵性，一過性，不可逆性，無形性，認識の困難性）に大別さ

251

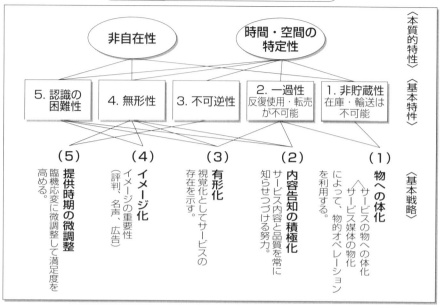

(出所) 野村清［1983］193頁を筆者が一部修正。

れる。これらのサービス財の特性を踏まえると，サービス業の基本戦略（物への体化，内容告知の積極化，有形化，イメージ化，提供時期の微調整）が生まれる。さらに，サービス業における喫緊の課題は，サービス・マネジメントの確立である。

　診断のポイントとして，1)サービス・マネジメント（物への体化，内容告知の積極化，有形化，イメージ化，提供時期の微調整など），2)サービス・マーケティング（PR，パブリシティ，顧客満足など），3)サービスの工業化（分業化，機械化，システム化，ブランド化，需給バランスの調整など），4)人的資源管理，などがあげられる（☞『診断』222-228頁）。

⑤　物流業：物流業は，有形財の供給者から需要者に至る「空間のギャップ（乖離，隔たり）」および「時間のギャップ（乖離，隔たり）」を克服する物理的な経済活動である。具体的には，1)輸送（配送を含む），2)保管，3)荷役，4)包装，5)流通加工，6)情報，の6つの機能によって構成される。

第9章 経営診断

　物流業は，国内物流と国際物流に区分される。わが国の主要な輸送機関とし
ては，トラック，鉄道，海運，航空などがある。輸送トン数ベースでみると，
自動車が約9割を占めている。輸送トンキロ（輸送トン×輸送距離）ベースで
みると，自動車が約6割弱，海運が約4割弱を占めている。近距離では自動車，
遠距離では海運が主役になっていることが分かる。

　物流業の主要課題は，①モーダル・シフト（トラック⇒鉄道，海運），②複
合一貫輸送（コンテナ，パレットなどの標準化）への対応，③物流機器（新型
コンテナ，超高速船，パイプラインなど）の改良，の3点である。

　診断のポイントとして，1)輸送（輸送ネットワーク，輸送機器，モーダル・
シフト，複合一貫輸送など），2)保管（流通センター，自動倉庫など），3)荷役，
4)包装，5)流通加工，6)情報（情報通信システム，グローバル・ロジスティク
ス情報ネットワーク），などがあげられる（☞『診断』229-235頁）。

⑥　農林水産業：農林水産業は，農業，林業，水産業とともに，典型的な第一
　次産業である。農林水産業は，GDPからみても，就業人口からみても，自
　給率からみても，大きな問題点・課題を抱えているといえよう。本書では，
　問題点は「宝の山」と位置づけてきた。

　現在，農林水産業において，新たなビジネスモデルが次々に生まれている。
例えば，農業分野では，食品企業，農産加工品企業だけでなく，メーカー，金
融，商社，外食産業など，様々な企業が農業分野に参入しつつある。新規参入
企業は，新たなビジネスモデルを導入することが多い。

　また，水産業を例にとると，乱獲による漁業資源の枯渇など，多くの問題点
を有していたが，水産業を再生するために，作り，育てる，いわゆる「栽培型
漁業」「資源管理型漁業」へと脱皮を図る動きが各地でみられる。「栽培型漁業」
「資源管理型漁業」には，多額の資金投入を必要とするが，水産業を経営システ
テムとして捉えると，方向性としては，「栽培型漁業」「資源管理型漁業」にな
らざるを得ない。

　診断のポイントとして，1)農業（アグリビジネスへの脱皮，ビジネスモデル
の再構築，農業技術開発など），2)林業（ビジネスモデルの再構築，資源の組
織化，人材の育成，林業技術開発など），3)水産業（ビジネスモデルの再構築，

253

新たな水産施設，資源の組織化，人材の育成，新たな水産技術開発など），があげられる（☞『診断』235-240頁）。

❷ 新規・拡大領域の診断

新規・拡大領域の診断として，①NPOの診断，②コミュニティ（地域）の診断，③企業間関係の診断，④工業集団の診断，⑤商業集団の診断，など枚挙にいとまがない。しかし，NPOの診断，コミュニティ（地域）の診断など，

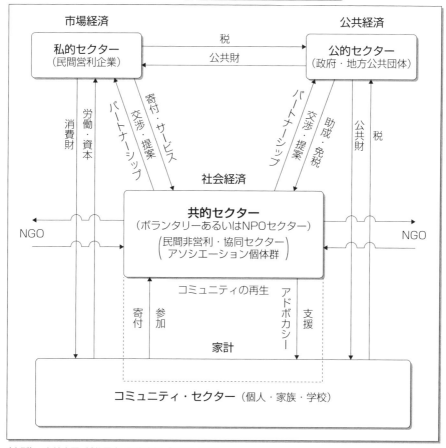

図表9-10　NPOセクターと社会システム

（出所）奥林康司=稲葉元吉=貫隆夫編［2002］10頁。

すでに数多く実施されているので，新規領域といわずに，単に拡大領域と理解するほうがいいのかも知れない。紙幅の制約があるので，新規・拡大領域の診断について，NPOの診断に絞って簡潔に考察する。

社会セクターには，図表9-10に示されるように[16]，①私的セクター（民間営利企業），②公的セクター（政府・地方行政体），③共的セクター（NPO），の３つのセクターが存在する。３つのセクターは，理念，目的，目標，基本的価値，資本，業務執行など，それぞれの分析項目において大きく異なる。

NPOは，図表9-10で明らかなように，独特の理念，目的，基本的価値によって運営される。政治的には北欧の社会民主主義，経済的にはイギリス発祥の生活協同組合（生協）を考えると理解しやすい。

私的セクターに「市場の失敗」があり，公的セクターに「政府の失敗」があるように，公的セクターには「ボランタリーの失敗」がある。「ボランタリーの失敗」を避けるためには，NPOを経営システムとして正しく位置づけ，経営診断のプロセス（①分析・評価，②問題点の抽出，③課題および解決策の策定，④実施支援）を踏んで，問題解決（ソリューション）およびイノベーションに着実に取り組む必要がある。

診断のポイントとして，1)ガバナンス（理事会，基金，予算など）のあり方，2)ビジョン・ミッションの吟味，3)社会貢献と経営効率のバランス，4)組織運営体系，5)業績評価制度の適否，6)監視システムの妥当性，などがあげられる（☞『診断』244-250頁）。

❸ 経営コンサルタントの育成

経営診断を実施する主体は，一般に，ビジネス・ドクター，アウトサイド・スペシャリスト，変革代理人（チェンジ・エージェント），問題解決者（プロブレム・ソルバー）などと呼ばれ，様々な局面において，様々な役割を担う経営コンサルタントである。

経営診断の生成期における代表的な経営コンサルタントは，米国では，テイラー，ガント，ギルブレス，エマースンに代表される能率技師たちであった。日本では，上野陽一，荒木東一郎など，テイラーに直接師事したり，関連のあ

る人たちが，経営診断の始祖とされている。

　経営コンサルタントは，経営のスキル，診断のスキル，問題解決（ソリューション）のスキル，イノベーションのスキル，人間関係のスキルなど，多種多様なスキルが要求される。また，問題解決（ソリューション）やイノベーションの局面では，常にトラブルに遭遇することが常態であるので，精神的・肉体的なタフさも要求される。たとえ各種スキルが豊富であっても，精神的・肉体的に強くなければ，経営コンサルタントは務まらない。

　従来，弁護士，弁理士，公認会計士，税理士などアウトサイド・スペシャリストであったプロフェッション（専門的職業）が，組織内部の専門家になったりするように，経営コンサルタントも，組織の外部か内部かということはさして問題にはならなくなると思われる。プロフェッション（専門的職業）として，経営コンサルタントの計画的・組織的な育成が望まれる（☞『診断』282-302頁）。

1）中小企業診断協会編［2004a］5-15頁の内容を筆者が要約し一部修正。
2）同上書45頁。
3）同上書27頁。
4）岸川善光［2007b］12-13頁。
5）日本経営診断学会編［1994］3頁。
6）中小企業診断士試験案内に基づいて筆者が図表化。
7）伊丹敬之［1984］6頁。
8）伊丹敬之［2003］25頁。
9）岸川善光［2006］193頁。
10）Galbraith, J.R.=Nathanson, D.A.［1978］訳書139頁。
11）中小企業診断協会編［2004b］471頁を筆者が一部修正。
12）神戸大学大学院経営学研究室編［1999］604頁を筆者が一部修正。
13）岸川善光［2007b］170頁。
14）Peppers, D.=Rogers, M.［1993］，Peppers, D.=Rogers, M.［1997］に基づいて筆者作成。
15）野村清［1983］193頁を筆者が一部修正。
16）奥林康司=稲葉元吉=貫隆夫編［2002］10頁。

第10章 経営学の今日的課題

　本章では、経営学の今日的課題について、重要なテーマを5つに絞って考察する。

　第一に、組織空間の拡大について考察する。まず、インターネット・イントラネット・エクストラネットの普及が原動力となって、時間的制約、空間的制約、組織的制約を意識することの少ない組織空間が拡大している現状について理解する。さらに、今後の課題として　組織間関係や共的セクターとの協働などについて理解を深める。

　第二に、情報空間の拡大について考察する。まず、ユビキタスネットワークの普及によって、情報空間が拡大したことを理解する。さらに、eビジネスやバーチャル・コーポレーションの出現によって、今後の経営学の各領域においてどのような課題があるかについて理解を深める。

　第三に、経営空間の拡大について考察する。まず、マクロ（経済）－セミマクロ（産業）－ミクロ（企業）の関連性について、その現状を理解する。さらに、今後の課題として　マクロ（経済）－セミマクロ（産業）－ミクロ（企業）の三位一体化について理解を深める。

　第四に、ガバナンスの多様化・複雑化について考察する。まず、日本・米国・ドイツのガバナンス機構の現状について理解する。さらに、今後の課題として、内部統制制度、株式会社の機関設計、ガバナンスの基準、ガバナンスの主体について理解を深める。

　第五に、倫理問題の深耕について考察する。まず、「社会⇒企業」というアプローチについて理解する。さらに、今後の課題として、「戦略的社会性」の追求など、「世のため人のため」の存在になることについて理解を深める。

組織空間の拡大

❶ 現状

　第6章（経営情報）において，インターネット・ユビキタスネットの進展によって，わが国では，情報社会からネットワーク社会に移行しつつあると述べた。ネットワーク社会の原動力は，図表10-1に示されるように[1]，①インターネット，②イントラネット，③エクストラネット，であることはいうまでもない。

① 　インターネット：インターネット（internet）とは，「TCP/IP」と総称される標準化された通信規約群を用いて，全世界の膨大な数のコンピュータや通信機器を相互に繋いだ巨大なネットワークのことをいう。「ネットワークのネットワーク」として，世界中の情報通信システム，情報通信ネットワークの様相を劇的に革新させつつある。

② 　イントラネット：イントラネット（intranet）とは，上述したTCP/IPなどのインターネット標準技術を用いて構築された「企業内ネットワーク」のことである。インターネットの標準技術を用いることによって，システム構築上コスト面で有利であり，また，アクセスできる端末を制限することによって安全性を高めたネットワークである。イントラ（intra）とは「内部の」という意味であり，インター（inter）の「間の」との対比で用いられる。

③ 　エクストラネット：エクストラネット（extranet）とは，上述したTCP/IPなどのインターネット標準技術を用いて，複数のイントラネットを相互に繋いだネットワークのことである。もともとは，イントラネットを拡張したネットワークという程度の位置づけであったが，現在では，アウターネット（outer-net）ともいわれるように，電子商取引（EC）や電子データ交換（EDI）などを行う「企業間ネットワーク」のことを指す。

　組織空間，情報空間の観点からいえば，インターネット・イントラネット・エクストラネットは，主に組織間・個人間をカバーし，次項で考察するユビキ

第10章 経営学の今日的課題

図表10-1 インターネット・イントラネット・エクストラネット

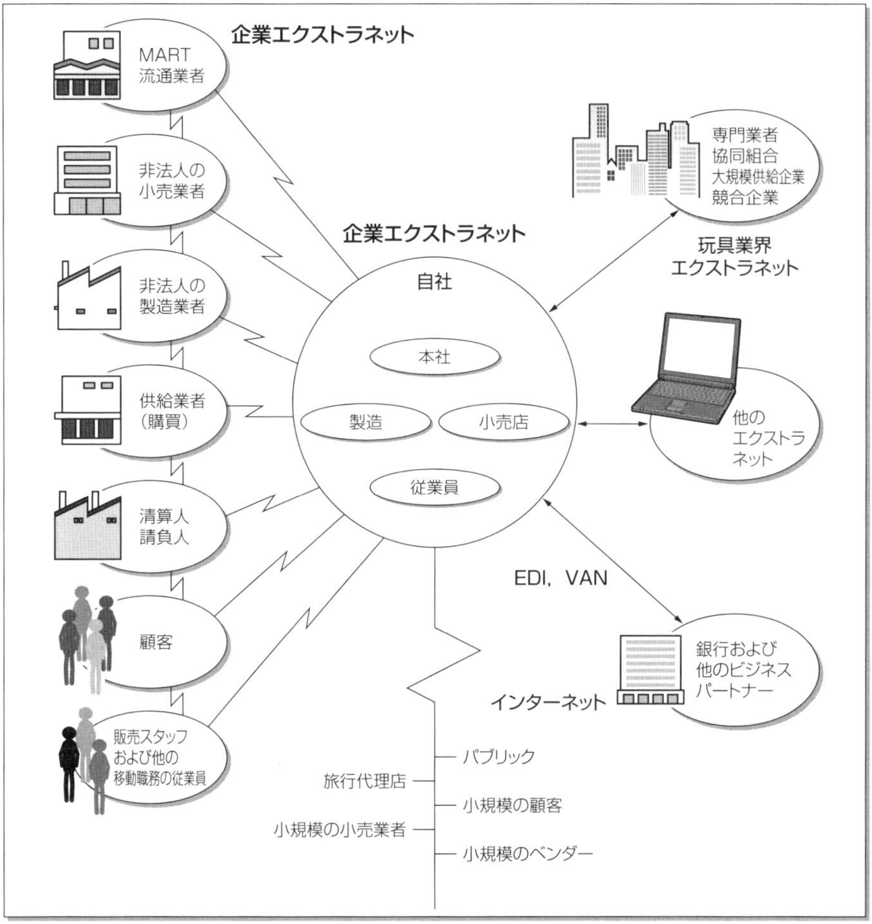

（出所） Turban, E.=Lee, J.=King, D.=Chung, H.M.［2000］訳書43頁を筆者が一部修正。

タスネットは，組織間・個人間・物質間をくまなくカバーする。本項で考察するインターネット・イントラネット・エクストラネットは，図表10-1で明らかなように，企業内各部門，顧客，原材料供給企業，提携企業，流通企業，物流企業，金融機関，旅行代理店，協同組合，競合企業など，ありとあらゆる世界中の利害関係者（ステークホルダー）をネットワークで繋ぐことができる。

このインターネット・イントラネット・エクストラネットの普及によって，

259

時間的制約，空間的制約，組織的制約など，各種の制約を意識することが極めて少ない組織空間を有することができるので，顧客，原材料供給企業，流通企業，物流企業，金融機関など，各種利害関係者（ステークホルダー）との協働の中で，新たな価値を提供するためのビジネスモデルを確立することができるようになった。

❷ 今後の課題

　従来の経営学では，経営環境論，経営戦略論，経営組織論，経営管理論，経営情報論，イノベーション論，グローバル経営論，経営診断論など，ほとんど全ての領域において，時間的制約，空間的制約，組織的制約など，各種の制約を踏まえて考察してきたことはいうまでもない。現実は，何でもすぐにやれるドラえもんの世界ではなかったのである。

　組織空間の拡大に対して，経営戦略論の分野では，供給連鎖（サプライチェーン）に代表されるビジネスシステム戦略において，各種利害関係者（ステークホルダー）との協働の中で，新たな価値を提供するためのビジネスモデルを

図表10-2　経済社会セクターの3類型

セクター／組織特性	私的セクター	公的セクター	共的セクター
組織形態	企業官僚制	国家官僚制	アソシエーション
組織化原理	利害・競争	統制・集権	参加・分権
制御媒体	貨幣	法権力	対話（言葉）
社会関係	交換	贈与	互酬
基本的価値	自由	平等	連帯
利益形態	私益	公益	共益
経済・経営主体	私企業	公共団体	民間非営利協同組織
経済形態	市場経済	公共経済	社会経済
合理性	目的合理性	目的合理性	対話的合理性
問題点	市場の失敗	政府の失敗	ボランタリーの失敗

（出所）　奥林康司＝稲葉元吉＝貫隆夫編［2002］13頁。

第10章 経営学の今日的課題

確立する動きが急速に進展しており，研究も多面的に進展しつつある。

経営組織論の分野では，組織間関係を研究対象とする組織間関係論が，すでにマクロ組織論の中核的分野になりつつあるように，組織空間の拡大に対して，経営学の中では最も先進的に取り組んできたといえよう。研究成果もかなり蓄積されてきた。しかし，図表10-2に示されるように[2]，経済社会セクター（私的セクター，公的セクター，共的セクター）の相互の協働が必要とされているにも関わらず，企業以外の組織および組織間関係に関する研究は必ずしも十分とはいえない。組織空間の拡大という視点が不足しているものと思われる。

従来，経営管理論，経営情報論，イノベーション論，グローバル経営論，経営診断論においても，組織空間の拡大は，情報化・業際化・国際化の文脈の中でそれなりに意識されてきたが，今後の経営学において，時間的制約，空間的制約，組織的制約など，各種の制約を意識することが極めて少ない組織空間を真正面に据えて，多角的かつ積極的に考察する必要があると思われる。

2 情報空間の拡大

❶ 現状

今日のネットワーク社会は，情報面からみると，次の10のキーワードに集約することができよう[3]。

① 広域化：時間的制約，空間的制約，組織的制約など，各種制約の克服に伴う企業活動の広域化（グローバル化を含む）。

② 迅速化：情報通信技術の進展に伴う情報処理スピードの飛躍的な向上。

③ 共有化：情報の共有に伴う意思決定，価値観，行動様式の共有。

④ 統合化：生産，マーケティング，物流など経営諸機能の再統合・再構築。

⑤ 同期化：情報の共有に伴う意思決定，企業活動の同期化。

⑥ 双方向化：情報発信者と情報受信者との区別の曖昧さに伴う行動様式の変化。

⑦　多様化：価値観，行動様式の個性化・多様化。
⑧　組織化：新たな組織形態，新たな組織間関係の創出。
⑨　ソフト化：財貨中心ではなく，サービスなどソフト中心へのシフト。
⑩　自働化：機械的発想・行動ではなく，生態的発想・行動へのシフト。

　ネットワーク社会（高度情報社会）では，情報空間が飛躍的に拡大している。情報空間（infosphere）とは，情報（information）と球・空間（sphere）の混成語で，物理空間とは別の独自の秩序を，比喩的に表現した用語である。この用語が最初に用いられたのは，1971年の米国タイム誌におけるシェパード（Sheppard, R.Z.）による書評とされている。シェパードの情報空間－物理空間，また，ギブスン（Gibson, W.）のサイバースペース（仮想空間）－リアルスペース（実体空間）など，物理空間とは別の独自の秩序を表した類似の概念は，情報と実体を「二元論的」「二項対立的」に捉えていることが多い。

　しかし，ワイザー（Weiser, M.）のユビキタス・コンピューティング，わが国の総務省のu-Japanなどが提唱している「ユビキタスネットワーク社会」では，

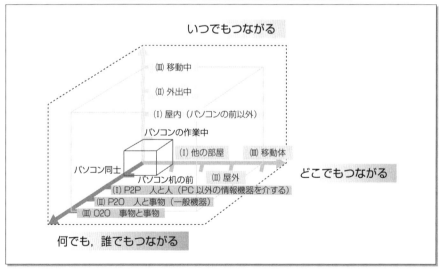

図表10-3　ユビキタスネットワーク社会の概念

（出所）　総務省［2004］『平成16年版情報通信白書』「ユビキタスネットワーク社会の概念」
　　　　〈http://www.soumu.go.ja/johotsusintokei/whitepaper/ja/h16/html/G1401000.html〉

第10章 経営学の今日的課題

情報空間はもはや物理空間の単なる「写像」ではない。「写像」であったはずの情報空間が，ある意味で「実体的で先端的な空間」として意識され，現実に，実体的で先端的なビジネスモデル，ビジネスシステムが続々と生まれつつある。

ユビキタスネットワーク社会は，図表10-3に示されるように[4]，「いつでも，どこでも，何でも，誰でも」ネットワークにつながる社会のことである。
① いつでも：仕事中，外出中，移動中など。
② どこでも：オフィス，自宅，屋内，屋外，移動体など。
③ 何でも：自動車，飛行機，船舶，家電製品など。
④ 誰でも：ヒトとヒト，ヒトとモノ，ヒトと動物など。

「いつでも，どこでも，何でも，誰でも」ネットワークにつながるというと，ほとんどの人は移動体通信を思い浮かべるであろう。移動体通信とは，移動可能な通信端末（モバイル端末）を使用して行う通信のことである。移動通信とも呼ばれる。具体的には，携帯電話・スマートフォン・モバイルノートパソコンなどを使用する通信を指す。

例えば，スマートフォンの機能を，仮に顧客の大半が100％使いこなすことができれば，eビジネス／eコマース（電子商取引）のBtoCにおける受発注，広告・宣伝，電子決済，配送依頼・荷物追跡，ビジネス・コミュニケーションなど，ほとんど全ての局面において，スマートフォンは「いつでも，どこでも，何でも，誰でも」ネットワークにつながり，必要とされる機能を実現することができる。すなわち，情報空間が飛躍的に拡大する。

❷ 今後の課題

情報空間が拡大すると，従来の経営学の対象領域とは異なる領域が，極めて重要な研究領域になる場合がある。重要な研究課題の1つがeビジネスであることはいうまでもない。eビジネスについて，経営環境論，経営戦略論，経営組織論，経営管理論，経営情報論，イノベーション論，グローバル経営論，経営診断論の全ての領域において，それぞれの視点から解明されていない問題点や研究課題がまだ山積している。しかし，eビジネスについては，第6章（経営情報）において節を独立して考察したので，ここでは繰り返さない。

図表10-4	ヒエラルキー企業とバーチャル・コーポレーションの異同点	
	ヒエラルキー企業	バーチャル・コーポレーション
組織形態	ピラミッド型	ネットワーク型
組織間関係	支配─従属の関係	ボーダレスかつ柔軟な結合関係
取引形態	閉鎖的かつ排他的	開放的かつ自律的
組織の構成要素	生産者	生産者と消費者
情報の取り扱い	秘匿性	公開性
組織の中心	ひとつの中心	脱中心，あるいは多中心的
メンバーの行動特性	制限的，中央からの指令	自律的，自発的連帯
環境適合	同質的，高い安定性	異質的，高い不確実性
経済性	規模，効率	スピード，多様性，創造性
一般的概念	相互作用する諸要素の統一体	独立したものの水平的結合
原理	統合	自律
機能	自己調節	自己秩序化
境界	明確	ファジー
価値基準	最適	調和

（出所）　伊藤孝夫［1999］37頁および寺本義也［1990］159頁に基づいて筆者作成。

　情報空間の拡大において，今後の重要な研究課題の1つとして，バーチャル・コーポレーションがあげられる。バーチャル・コーポレーションという用語は，ダビドゥ゠マローン（Davidow, W.H.゠Malone, M.S.）［1992］によって提唱された概念である。筆者は当時，シンクタンク（日本総合研究所）の役員（理事）の傍ら，通商産業省（現経済産業省）機械情報局監修『情報サービス産業白書』の編集に従事していた。すなわち，1993年版白書は白書部会副部会長，1994年版白書および1995年版白書は，白書部会長として白書のとりまとめにあたった。

バーチャル・コーポレーションという概念は，現在ではいわば当たり前の概念になってしまい，あまり使用されなくなったが，当時は，情報ネットワークを介在して，複数の自律的な企業が，対等な立場で緩やかに（ルースに）連結され，相互に資源や能力を補完しあう「新たな組織」の出現に胸を躍らせたものである。バーチャル・コーポレーションは，図表10-4に示されるように[5]，一般的なヒエラルキー企業と比較すると，新規性・多様性・革新性に富み，かつユニークな組織構造・組織過程を有している。

情報空間の拡大の事例として，バーチャル・コーポレーションを取り上げだが，このバーチャル・コーポレーションについて，経営環境論，経営戦略論，経営組織論，経営管理論，経営情報論，イノベーション論，グローバル経営論，経営診断論の各領域において，まだ解明されていない問題点や研究課題が山積している。

例えば，バーチャル・コーポレーションを，ビジネス提携としてどのように位置づけるか（経営戦略論），バーチャル・コーポレーションを，組織間関係としてどのように位置づけるか（経営組織論），バーチャル・コーポレーションを，抜本的な改革にどのように位置づけるか（イノベーション論），バーチャル・コーポレーションを，グローバルなビジネス展開においてどのように位置づけるか（グローバル経営）など，枚挙にいとまがない。

3 経営空間の拡大

❶ 現状

従来，マクロ（経済）－セミマクロ（産業）－ミクロ（企業）の関連性は，図表10-5に示されるように[6]，相互に関連はあるものの，他方では独立していた。ほとんどの大学において，マクロ（経済）を対象とする経済学およびセミマクロ（産業）を対象とする産業組織論は，経済学部の主要科目として位置づけられており，ミクロ（企業）を対象とする経営学は，経営学部や商学部の主

図表10-5 マクロ（経済）－セミマクロ（産業）－ミクロ（企業）の関連性

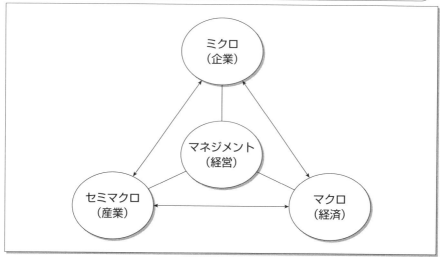

(出所) 筆者作成。

要科目として位置づけられている。

　マクロ（経済）を対象とする経済学およびセミマクロ（産業）を対象とする産業組織論と，ミクロ（企業）を対象とする経営学は，研究対象の違いだけでなく，学問の背景，学問の特性，また，同じく社会科学に属していながら方法論が大きく異なるなど，異同点分析をすると違いが大きく目立つことに驚かされる。学部や科目を選択する学生の性格さえ異なるようにみえる。

　ところが，情報化・業際化・国際化が進展するに伴って，マクロ（経済）－セミマクロ（産業）－ミクロ（企業）を厳密に区分して研究しようとすると，それぞれに無力さが目立つようになってきた。

　例えば，「プラザ合意」以降，世界経済は一挙に円高・ドル安（1ドル240円から2年後には120円台）が進行し，図表10-6に示されるように[7]，①円の力の増大（軍事費負担の要請，海外旅行の増加など），②輸出入の構造変化（船舶・鉄鋼・白物家電などの輸出半減，産業構造の変化，産業の空洞化など），③日本市場の巨大化（規制緩和の要請など），④地価高騰（オフィス不足，格差拡大など），⑤内需拡大の要請（公共投資の増大など），⑥農産物自由化問題の顕

第10章 経営学の今日的課題

図表10-6 1985年9月からの円高がもたらしたもの

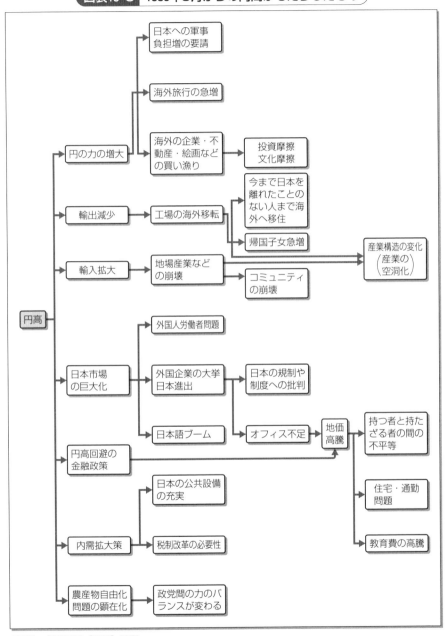

（出所）伊藤元重［1989］55頁。

在化，など日本経済に多大なインパクトを及ぼした。特に，船舶・鉄鋼・白物家電（洗濯機，冷蔵庫）などの日本の多国籍企業は，壊滅的なダメージを受け，その後も回復の足取りが重い。

❷ 今後の課題

　上述した問題点は，なぜ発生したのだろうか。結論から先にいえば，マクロ（経済）－セミマクロ（産業）－ミクロ（企業）の三位一体化が，意識的・無意識的に欠落・不足していたからである。

　当時，マクロ（経済）を対象とする経済学は，金利や為替レートなど，国際金融システムに関する分析に終始し，セミマクロ（産業）やミクロ（企業）の動きにほとんど目を向けていなかった。国際金融は，経済学の応用分野として位置づけられている。例えば，東京大学大学院経済学研究科金融システム専攻のカリキュラムでは，①基礎科目群（ミクロ経済学，マクロ経済学，統計学，計量経済学），②金融戦略（資金運用と金融工学，企業金融，企業会計），③金融政策（金融システム分析，マクロ金融政策）という編成になっており，船舶・鉄鋼・白物家電（洗濯機，冷蔵庫）などのセミマクロ（産業）や，船舶・鉄鋼・白物家電（洗濯機，冷蔵庫）などのミクロ（企業）との接点が見出しづらい。

　セミマクロ（産業）を対象とする産業組織論は，メイスン（Mason, E.S.），ベイン（Bain, T.S.），シェアラー（Sherer, F.M.）など，ハーバード学派の影響を受けて，市場における価格機構の動きを，市場構造(S)，市場行動(C)，市場成果(P)という3つの概念を使い，S→C→Pという因果関係において分析する。ちなみに，市場構造(S)には，市場に参加する企業数や規模格差，製品差別化の程度，新規参入の難易度など，企業間競争の構造的要因のことである。市場行動(C)は，市場における企業の意思決定行動のことを指す。市場成果(P)は，生産の技術的効率性，価格と費用との関係，技術進歩などからみて，どのような市場成果が達成されているかを明らかにする。産業組織論では，このS→C→Pパラダイムによって，市場メカニズムについて分析する政策的志向の強いミクロ経済学の応用分野でもある。「プラザ合意」以降の円高・ドル安の局面において，船舶・鉄鋼・白物家電（洗濯機，冷蔵庫）などのセミマクロ（産業）に関する分析は，

的格でタイムリーであったかと問われれば，大いに問題が残ったといえよう。

ミクロ（企業）を対象とする経営学，この場合，主としてグローバル経営論ということになるが，先述したように，船舶・鉄鋼・白物家電（洗濯機，冷蔵庫）などの産業における当時の多国籍企業は，壊滅的なダメージを受け，その後も回復の足取りが重い。グローバル経営論の存在理由を考えると，多国籍企業に対する的確な処方箋が必要であった。今後のマネジメント（経営）は，図表10-5に示されるように，困難ではあるものの，マクロ（経済）－セミマクロ（産業）－ミクロ（企業）の三位一体化に取り組むべきである。

4 ガバナンスの多様化・複合化

❶ 現状

近年，不正や不法などの企業犯罪をはじめとする企業不祥事が，一流企業を含めて多発している。経営者に直接起因するこのような企業不祥事の原因を調査すると，コーポレート・ガバナンス（corporate governance）に関する構造的な要因によるものが多い。

企業に対する信頼性を確保することを大きな目的として，2006年5月から，新会社法が施行された。新会社法の施行に伴って，コーポレート・ガバナンス，内部統制システム，コンプライアンス（法令遵守），情報開示など，いわゆる企業の法務管理に対する社会の関心も一気に高まりつつある。

コーポレート・ガバナンスは，従来，長谷川俊明［2005］が指摘したように，「主権者である株主が，その利益をはかるための経営が行われているかどうかを監視する仕組み・体制」であると理解されてきた[8]。

近年では，もう少し視野を拡大して，①利害関係者（株主か，株主・従業員か，すべての利害関係者か），②事業の存続・発展（株主利益の最大化か，株主・従業員の利益の最大化か，すべての利害関係者の利益の調和か），の2軸を用いたマトリックスを作成すると，その意義を体系的に把握することができる。

本書では，企業の社会的責任（CSR）の遂行，戦略的社会性の追求が企業経営には不可欠であるという観点から，「企業経営が利害関係者によって監視され，望ましい発展を実現するための仕組み」と定義して議論を進める。まず，日本，米国，ドイツにおけるコーポレート・ガバナンス機構について概観する。

〈日本企業のガバナンス機構〉

　日本企業のガバナンス機構は，会社法が施行される前まで，三権分立の思想のもと，①意思決定機関としての株主総会，②執行機関としての取締役会および代表取締役，③監督機関としての監査役（会），の３つの機関によって構成されてきた。

　日本企業における株主は，企業の最高機関である株主総会において，取締役の任免権を有することから，企業の主権者として位置づけられてきた。すなわち，株主が自らの出資に基づいて，会社の業務に対する意思表明を行う最高意思決定機関としての機能が期待されてきた。株主の意思決定は，具体的には議決権の行使という形式がとられる。ところが，法の趣旨に反して，株主総会の形骸化が指摘されてすでに久しい。その形骸化の主な原因として，①株式の高度分散，②株式の相互持合い，の２点があげられる。

　取締役会は，株主総会で選任された取締役全員によって構成される。取締役会は，三権分立思想のもと，業務執行（経営管理）に関する最高意思決定機関として位置づけられてきた。取締役会は，代表取締役を選任して業務執行にあたらせるとともに，代表取締役の業務執行を監督する。取締役会の機能としては，①最高経営政策の決定，②最高経営執行責任者の選任，③業務執行の監督，などがあげられる。

　この取締役会も，上でみた株主総会と同様に，その形骸化が指摘されている。形骸化の主な原因として，①内部取締役による構成，②常務会の存在，の２点があげられる。

　監査役（会）は，新会社法の施行の前まで，三権分立思想のもと，監督機関としてわが国の株式会社では必置の機関であった。監査役は株主総会において選任され，取締役の執行を監査する機能が期待されてきた。監査役には，取締役会への出席権，意見陳述権，子会社調査権などが与えられ，商法改正ととも

第10章 経営学の今日的課題

にその権限は拡大してきた。

　わが国の監査役の制度には，様々な特徴があるものの，監査役の機能については，その形骸化が従来から指摘されてきた。現実に，不正，不法などの企業犯罪，企業不祥事が多発しており，これらの諸問題に対して監査役の機能が効果的に作用しているとは言い難い。その原因として，監査役制度自体の不備，監査役の資質上の問題，監査の技法に関する不備などがあげられる。

〈米国企業のガバナンス機構〉

　米国の株式会社の機関は，株主総会および取締役会によって構成される。日本やドイツと異なり，監査役（会）をもたない米国企業では，業務執行に関するコントロール権限を取締役会に委ねており，法的にみると，取締役会による一元的なコーポレート・ガバナンスの構造となっている。

　米国企業の株主は，日本企業の株主と同様に，取締役の任免権を有するという意味で，コーポレート・ガバナンスの主権者として位置づけられている。米国では各州の会社法によって「会社事業の運営（企業経営）は取締役会により，または取締役会の指示の下になされるものとする」と定められており，日本の企業と同様に，取締役会に業務執行の権限が与えられている。しかし，特に大企業では，すべての日常業務を取締役会が執行することは困難である。

　このため取締役会は，その専決事項を留保した上で，取締役会の内部に下部機関として，①業務執行委員会，②監査委員会，③取締役候補指名委員会，④役員報酬委員会，などの委員会組織を設置して，各委員会に取締役会の権限を委譲するのが一般的である。これらの委員会は，取締役会において人員構成上多数を占める社外取締役を中心に編成される。

　ここで，日本と米国のコーポレート・ガバナンス機構を簡潔に比較してみよう。日本型と米国型のコーポレート・ガバナンス機構は，図表10-7に示されるように[9]，大きく異なっている。すなわち，日本型のコーポレート・ガバナンス機構は，米国型のコーポレート・ガバナンス機構と比較すると，株主や地域社会からの圧力は相対的に小さい。反面，従業員と顧客の影響力を強く受けている。また，代表取締役社長が，株主総会における委任状を握ることから，取締役や監査役の実質的な任免権を持っており，代表取締役社長によるセルフ・

図表10-7 日米のコーポレート・ガバナンス機構の比較

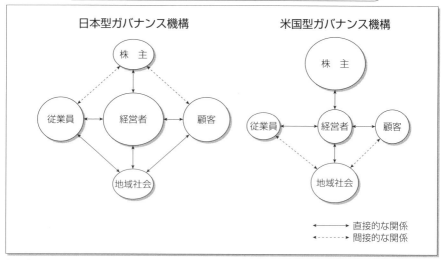

(出所) 寺本義也編 [1997] 245頁。

ガバナンスという性格が強い。

　これに対して，米国型のコーポレート・ガバナンス機構は，株主を重視したものになっている。もちろん，この場合の株主には，個人株主の他に，年金基金や投資信託などの機関株主がその中核をなす。米国型のコーポレート・ガバナンス機構は地域社会のもつ影響力が大きい半面，従業員や顧客の影響力が日本型のコーポレート・ガバナンス機構と比較して極めて低い。

〈ドイツ企業のガバナンス機構〉

　ドイツの株式会社の機関は，株主総会，監査役会，取締役会によって構成される。この中で，監督機関である監査役会と業務執行機関である取締役会がガバナンス機構として位置づけられる。

　ドイツ企業の株主総会は，監査役や会計監査人の選任，定款の変更，会社の解散などの権限を有するものの，日本企業や米国企業の株主総会と異なり，株式会社の最高機関として位置づけられていない。

　ドイツ企業で最高機関として位置づけられているのは監査役会であり，監査役会は，取締役の任免，取締役会に対する監督，年次決算書の確定など，様々

な権限を有しており，取締役をコントロールする機能が期待されている。

ドイツの監査役会には，「共同決定法」によって，労働者の経営参加が定められている。したがって，監査役会は，株主総会で選出される株主（資本）の代表および労働者によって選出される労働者の代表によって構成される。

このように，法的には取締役会は監査役会の下に位置づけられているものの，現実には，監査役会の業務執行に関する監査は，年2回程度しか実施されないために，監査役会のモニタリング機能が作動しないことが多い。近年，モニタリング機能の欠如による企業不祥事が増加しつつある。

❷ 今後の課題

上で概観したように，日本，米国，ドイツにおけるコーポレート・ガバナンス機構は，どの国も大きな問題点・課題を抱えている。これらの問題点・課題を踏まえて，わが国におけるコーポレート・ガバナンスの今後の課題として，まず，①内部統制システム，②株式会社の機関設計，についてみてみよう。

① 内部統制システム：会社法は，大会社に対して，内部統制システムの整備義務を課した。内部統制システムの目的は，1)コンプライアンス（法令遵守），2)財務報告の信頼性，3)業務の効率化の3つとされている。内部統制システムは，リスク管理体制を確立するという意味でも必要不可欠のシステムといえよう。大会社以外でも，効果的かつ効率的な内部統制システムの導入が望まれる。

② 株式会社の機関設計：新会社法では，株式会社における機関設計における自由裁量の範囲が格段に広くなった。新会社法において，株式会社が必ず置かなければならない機関は，株主総会と取締役だけで，それ以外の取締役会，代表取締役，監査役（監査役会），会計参与，会計監査人，執行役（代表執行役）などは，いわばオプション仕様となった。公正で透明性の高い経営を確保するために，効果的なコーポレート・ガバナンスを推進するためには，このような機関設計に関する創意工夫が欠かせない。

わが国のコーポレート・ガバナンス機構は，先述したように，代表取締役のセルフ・ガバナンスともいえる状況にあるので，適法性，効率性，倫理性など

に関連して，様々な問題が発生する要因となっている。

今後，企業活動のグローバル化が進展する中で，コーポレート・ガバナンスの水準を向上するために，上述した内部統制システム，株式会社の機関設計に加えて，①ガバナンスの基準，②ガバナンスの主体，の2つが重要なテーマとしてあげられる。

① ガバナンスの基準：コーポレート・ガバナンスにおいて何が重要か。先行研究によれば，1)適法性（法律の規定や市場のルールに反していないか），2)効率性（経営資源の活用は適切か），3)倫理性（法律の規定や市場のルールを超えて，社会の要請に応えているか），の3つがガバナンスの基準として重要である。

② ガバナンスの主体：コーポレート・ガバナンスにおいて，誰がモニタリングとコントロールを実行するか。先行研究によれば，1)組織によるガバナンス（株主総会，取締役会，監査役(会)，労働組合などの利害関係者（ステー

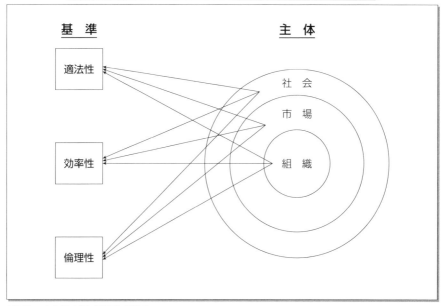

図表10-8 重層的・複合的なコーポレート・ガバナンス

(出所) 寺本義也編［1997］254頁。

クホルダー）による制度的メカニズムを通じたモニタリングとコントロール），
2)市場によるガバナンス（投資家，消費者，労働者による市場を通じた企業
活動のモニタリングとコントロール），3)社会によるガバナンス（市場メカ
ニズムを超えて，時には市場の失敗を克服するために，地域社会や政府がモ
ニタリングやコントロールを実行），の3つがガバナンスの主体としてあげ
られる。

ガバナンスの基準とガバナンスの主体の関連性は，図表10-8に示されるよう
に[10]，重層的・複合的なものにならざるを得ない。重層的・複合的なコーポ
レート・ガバナンスを構築することによって，コーポレート・ガバナンスに要請
される透明性，社会性，革新性が実現できるであろう。従来，コーポレート・
ガバナンスは，経営管理論で取り上げられたり，経営組織論で取り上げられた
り，研究者によって様々であったが，コーポレート・ガバナンスが経営管理の
適否をチェックする重要な機能を果たすことを考えると，その位置づけから再
考すべきであると思われる。

5 倫理問題の深耕

❶ 現状

近年，不正や不法などの企業犯罪をはじめとする企業不祥事が，一流企業を
含めて多発している。経営者に直接起因するこのような企業不祥事の原因を調
査すると，先述したコーポレート・ガバナンスの不備と並んで，企業倫理
（business ethics）の欠落・不全に関するものが多い。

鈴木辰治=角野信夫編［2000］が指摘するように[11]，企業倫理は，「企業と社会」
の関わり方が，企業からの観点ではなく，社会からの観点にあり，従来の観点
とは全く異なる。すなわち，「企業⇒社会」というアプローチではなく，「社会
⇒企業」というアプローチが企業倫理ということになる。

鈴木辰治=角野信夫編［2000］によれば[12]，企業倫理の研究と教育の基盤をな

すのは，企業の社会的責任（social responsibility）である。1960年代以降，米国の大学では，「企業と社会（business and society）」と呼ばれる学問的領域が生じ，企業の社会的責任問題を中心に研究と教育が開始された。

ボーエン（Bowen, H.R.）などが当時の代表的な研究者であった。この「企業と社会」論は，企業の社会的責任問題を背景に論じられたが，その本質的な問題点は，会社権力の正当性とその根拠にあった。その後，企業の社会的責任論は，誰に対する責任かという観点から，ステークホルダー・アプローチをめぐる議論へと発展・展開された。

バーリ（Berle, A.A.）の後継者の1人とされるエプスタイン（Epstein, E.M.）[1969] は，巨大株式会社が及ぼす会社権力の領域を，①経済権力，②社会・文化権力，③個人に対する権力，④技術的権力，⑤環境に対する権力，⑥政治的権力，の6つに区分し，会社権力の及ぼす対象と範囲の拡大に対応した現代企業の社会的責任問題の対象と内容がほぼ網羅的に示された。すなわち，企業の社会的責任問題に対するステークホルダー・アプローチの枠組みが用意されたのである。

エプスタインは，その後の社会的責任論の新たな展開を取り入れ，「社会的即応性」「企業倫理」といった概念を導入した。すなわち，1970年代から1980年代にかけて，社会的責任論は，企業行動を「結果責任」としてのみ論ずるのではなく，企業の意思決定過程をも含めた「過程責任」にも遡り分析すべきであると考えるようになった。具体的には，企業は事前的かつ計画的に社会に期待されているので，責任ある行動をとるべきであるとする企業の社会的即応性（social responsiveness）概念が受け入れられるようになり，社会会計，社会監査，会社の倫理的行動基準などを導入し，企業の意思決定過程を社会化する「価値志向的経営」が求められ始めた。

エプスタインは，「社会的責任論」ではなく，「経営社会政策過程」という新しいアプローチを提唱している。すなわち，「経営社会政策過程＝企業倫理＋企業の社会的責任＋企業の社会即応性」と捉え，「企業と社会」の問題を分析しようとした。

わが国においても，1980年代以降，「社会的即応性」「企業倫理」といった概

念を取り入れた高田馨［1974］，森本三男［1994］といった研究者が「新しい社会的責任論」を展開した。

高田馨［1974］は，今日の企業倫理研究の基盤は，企業の社会的責任論にあるとはいえ，今日の社会的責任論は，企業倫理に関する研究によって補足・再構築され，企業の社会的即応性（反応）という活動概念を含むものであると主張した。

森本三男［1994］の研究も，基本的に高田馨［1974］と同じく企業の社会的責任論の発展・展開として論じられている。しかしその研究は，より実践的な企業の社会的責任論の遂行・成果の測定に向けられ，企業の社会業績・評価に関わる社会会計，社会監査に目を向ける社会的責任の実践論を指向している。

❷ 今後の課題

今後の企業倫理のもつ基本的視点として，水谷雅一［1995］は，図表10-9に示されるように[13]，①経営経済性（「効率性原理」「競争性原理」），②経営公共性（「人間性原理」「社会性原理」），の2つに求め，両者の対話的かつコミュニケーション的な「均衡」を図ることが企業倫理の実践であると指摘した。

図表10-9 「経営経済性」と「経営公共性」

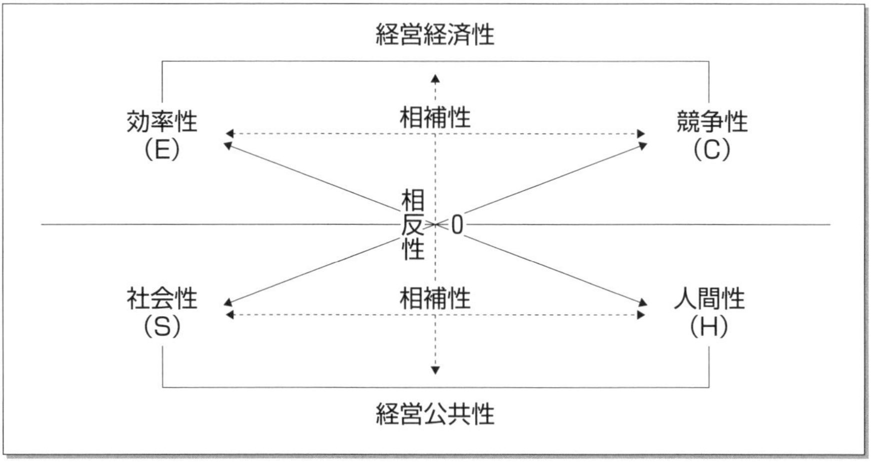

経営経済性

効率性（E）　相補性　競争性（C）

相反性　0

社会性（S）　相補性　人間性（H）

経営公共性

（出所）　水谷雅一［1995］52頁。

水谷雅一［1995］のいう経営経済性とは，効率と競争によって利益増大を図る経済合理性の追求思想であり，経営公共性とは，企業を社会的公器と見る考え方に近いコンセプトである。

　従来，図表10-9に示されている「効率性原理」と「人間性原理」の相反性と均衡化の問題は，主として企業内部の経営のあり方の問題として捉えられてきたが，他方，主として企業外部における「競争性原理」と「社会性原理」の相反性とその克服も重要な課題となってきた。

　例えば，地球環境問題に対応するための経営戦略を考える場合，環境＝マクロにやさしい経営戦略が，結果として企業＝ミクロにも有効な時代になりつつある。すなわち，「社会性原理」と「競争性原理」の「両立」が可能な時代になりつつある。このようなマクロとミクロの双方を考慮した「戦略的社会性」

図表10-10　経営における人間性・社会性に関する主要項目

	人間性	社会性
反	• 過労死，準過労死 • 超長時間労働 • サービス残業 • 差別待遇 　　人種差別 　　年齢差別 　　性差別 　　身障者差別 • 不当労働行為	• 独禁法違反（談合，取引制限） • 利益誘導型献金 • 外国人不法就労 • 総会屋（暴力）との癒着 • 武器輸出など不正取引 • 廃棄物投棄，PL責任回避 • 公害垂れ流しの被害者救済拒否 • 地球環境破壊
促	• 労働時間短縮の推進 • 自己申告制 • フレックスタイム制 • 介護休暇（有給） • ボランティア休暇（有給） • ゆとりと豊かさライフ • 職住接近 • 単身赴任の廃止	• 監査役機能の強化 • 企業行動倫理委員会の設置と充実 • 企業行動憲章の制定と社員研修 • 公害防止・環境保護の積極化 • 社会貢献活動（メセナ，フィランソロピー） • 社外ボランティア活動への物心の支援 • 情報公開の推進 • 社会，地球との共生歓迎

（出所）　水谷雅一［1995］116頁。

にもとづく経営戦略は，ある意味では企業のしたたかさを必要とする。

　「社会性原理」と「競争性原理」の「両立」を図るためには，人徳に該当する社徳，人格に該当する社格が，今後ますます重要性を増すであろう。

　水谷雅一［1995］は，図表10-10に示されるように[14]，企業倫理で重要とされる人間性と社会性について，主要項目を例示している。具体的には，企業ないし企業人にとって，やってはならないこと＝「反人間性と反社会性の項目」を自己規制によって禁止することが，企業倫理の実現にとって不可欠とされる。

　企業活動（ビジネス）と企業倫理の両者は，そもそも水と油であるので相容れず，企業倫理は自己撞着的な概念だとする見方も一部にあるが，これは明らかに皮相的な考え方である。水谷雅一［1995］が指摘するように，これからの時代は，「効率性原理」「競争性原理」による利益追求だけを考え過ぎると，企業活動そのものが社会に受容されなくなる。「人間性原理」「社会性原理」による「社会生活中心主義」も併せて追求しなければならない。企業活動は，つまるところ，「世のため人のため」になる存在でなければならない。

　企業が真に「世のため人のため」の存在になるには，従来の「企業⇒社会」というアプローチだけでなく，「社会⇒企業」というアプローチが必要であり，その１つが企業倫理ということになる。従来の単に不正や不法をしないというだけの企業倫理ではなく，企業倫理の深耕が望まれる。

---

1 ）Turban, E.=Lee, J.=King, D.=Chang, H.M.［2000］訳書43頁を筆者が一部修正。
2 ）奥林康司=稲葉元吉=貫隆夫編［2002］13頁。
3 ）岸川善光［1999］150-151頁。
4 ）総務省［2004］『平成16年版情報通信白書』「ユビキタスネットワーク社会の概念」
　　〈http://www.soumu.go.jp/johotsusintokei/whitepaper/ja/h16/html/G1401000.html〉
5 ）伊藤孝夫［1999］37頁および寺本義也［1990］159頁に基づいて筆者作成。
6 ）筆者作成。
7 ）伊藤元重［1989］55頁。
8 ）長谷川俊明［2005］29頁。
9 ）寺本義也編［1997］245頁。
10）同上書254頁。
11）鈴木辰治=角野信夫編［2000］１頁。
12）同上書1-23頁。企業倫理の背景について，体系的かつ簡潔にまとめられているので参照されたい。

13）水谷雅一［1995］52頁。

14）同上書116頁。

参考文献

Aaker, D.A. [1984], *Strategic Market Management*, John-Wiley & Sons.（野中郁次郎＝北洞忠宏＝嶋口充輝＝石井淳蔵訳 [1986]『戦略市場経営』ダイヤモンド社）

Aaker, D.A. [1991], *Managing Brand Equity*, The Free Press.（陶山計介＝中田善啓＝尾崎久仁博＝小林哲訳 [1994]『ブランド・エクイティ戦略』ダイヤモンド社）

Aaker, D.A. [1996], *Building Strong Brands*, The Free Press.（陶山計介＝小林哲＝梅本春夫＝石垣智徳訳 [1997]『ブランド優位の戦略』ダイヤモンド社）

Aaker, D.A. [2001], *Developing Business Strategies*, 6th ed., John-Wiley & Sons.（今枝昌宏訳 [2002]『戦略立案ハンドブック』東洋経済新報社）

Abegglen, J.C. [1958], *The Japanese Factory:Aspect of Its Social Organization*, The Free Press.（占部都美監訳 [1958]『日本の経営』ダイヤモンド社）

Abegglen, J.C. [2004], *21st Century Japanese Management:New Systems, Lasting Values*, Palgrave Macmillan.（山岡洋一訳 [2004]『新・日本の経営』日本経済新聞社）

Abell, D.F. [1980], *Defining the Business:The Starting Point of Strategic Planning*, Prentice-Hall.（石井淳蔵訳 [1984]『事業の定義』千倉書房）

Abell, D.F. [1993], *Managing with Dual Strategies*, The Free Press.（小林一＝二瓶喜博訳 [1995]『デュアル・ストラテジー』白桃書房）

Abell, D.F.＝Hammond, J.S. [1979], *Strategic Market Planning*, Prentice-Hall.（片岡一郎＝古川公成＝滝沢茂＝嶋口充輝＝和田充夫訳 [1982]『戦略市場計画』ダイヤモンド社）

Abernathy, W.J. [1978], *The Productivity Dilemma*, The John Hopkins University Press.

ACME（Association of Consulting Management Engineers）[1976], *Common Body of Knowledge for Management Consultants*, ACME.（日本能率協会コンサルティング事業本部訳 [1979]『マネジメントの基礎知識』日本能率協会）

Adams, J.S. [1965] "Inequity in Social Exchanges", *Advances in Experimental Psychology*, Vol.2, in Berkowitz, L.（ed.）

Adler, N.J. [1991], *International Dimensions of Organizational Behavior*, 2nd ed., PWS-KENT.（江夏健一＝桑名義晴監訳 [1992]『異文化組織のマネジメント』マグロウヒル）

Adriaans, P.＝Zantinge, D. [1996], *Data Mining*, Addison-Wesley.（山本英子＝梅本恭司訳 [1998]『データマイニング』共立出版）

Alderfer, C.P. [1972], *Existence, Relatedness, and Growth*, The Free Press.

Allport, G.W. [1961], *Personality:A Psychological Interpretation*, Rheinhart & Winston.（詫摩武俊＝青木孝悦＝近藤由紀子＝堀正訳 [1982]『パーソナリティ―心理学的解釈―』新曜社）

Anderson, J.W.Jr. [1989], *Corporate Social Responsibility*, Greenwood Publishing Group.（百瀬恵夫監訳 [1994]『企業の社会的責任』白桃書房）

Ansoff, H.I. [1965], *Corporate Strategy:An Analytic Approach to Business Policy for Growth and Expansion*, McGraw-Hill.（広田寿亮 [1969]『企業戦略論』産能大学出版部）

Ansoff, H.I. [1979], *Strategic Management*, The Macmillan Press.（中村元一訳 [1980]『戦略経営論』産能大学出版部）

Ansoff, H.I. [1988], *The New Corporate Strategy*, John Wiley & Sons.（中村元一＝黒田哲彦訳 [1990]『最新・経営戦略』産能大学出版部）

Anthony, R.N. [1965], *Planning and Control Systems:A Framwork for Analysis*, Harvard University Press.（高橋吉之助訳 [1968]『経営管理システムの基礎』ダイヤモンド社）

Aoki, M.＝Dore, R.P.（ed.）[1994], *The Japanese Firm : Source of Competitive Strength*, Oxford University Press.（NTTデータ通信システム科学研究所訳 [1995]『国際・学際研究　システムとしての日本企業』NTT出版）

Argyris, C. [1957], *Personality and Organizations:The Conflict between the System and Indi-*

vidual, Harper.（伊吹山太郎＝中村実訳［1970］『組織とパーソナリティ』日本能率協会）

Argyris, C.=Schön, D.A.［1974］, *Theory in Practice:Increasing Professional Effectiveness*. Jossey-Bass.

Argyris, C.=Schön, D.A.［1978］, *Organizational Learning:A Theory of Action Perspective*, Addison-Wesley.

Arrow, K.J.［1974］, *The Limits of Organization*, W.W.Norton & Co.（村上泰亮訳［1999］『組織の限界』岩波書店）

Ashby, W.R.［1956］, *An Introduction to Cybernetics*, Champman & Hall.（篠塚武＝山崎英三＝銀林浩訳［1967］『サイバネティクス入門』宇野書店）

Astley, W.G.=Fombrum, C.J.［1983］, "Collective Strategy:Social Ecology of Organizational Environments", *Academy of Management Review*, 8.

Bain, J.S.［1968］, *Industrial Organization*, 2nd ed., John Wiley & Sons.（宮澤健一監訳［1970］『産業組織論』丸善書店）

Barnard, C.I.［1938］, *The Functions of the Executive*, Harvard University Press.（山本安次郎＝田杉競＝飯野春樹訳［1968］『新訳　経営者の役割』ダイヤモンド社）

Barnard, C.I.［1948］, *Organization and Management: Selected Papers*, Harvard University Press.（飯野春樹監訳［1990］『組織と管理』文眞堂）

Barney, J.B.［2002］, *Gaining and Sustaining Competitive Advantage*, 2nd ed., Pearson Edcation.（岡田正太訳［2003］『企業戦略論　上・中・下』ダイヤモンド社）

Bartlett, C.A.=Ghoshal, S.［1989］, *Managing Across Borders:The Transnational Solution*, Harvard Business School Press.（吉原英樹監訳［1990］『地球市場時代の企業戦略』日本経済新聞社）

Bartlett, C.A.=Ghoshal, S.［1992, 1995］, *Transnational Management*, 2nd ed., Times Mirror Higher Education Group.（梅津祐良訳［1998］『MBAのグローバル経営』日本能率協会マネジメントセンター）

Bartlett, C.A.=Ghoshal, S.［1998］, *Managing Across Borders*, 2nd ed., Harvard Business School Press.

Bell, D.［1973］, *The Coming of Post-Industrial Society*, Basic Books.（内田忠夫他訳［1975］『脱工業社会の到来（上）・（下）』ダイヤモンド社）

Berle, A.A.=Means, G.C.［1932］, *The Modern Corporation and Private Property*, Macmillan.（北島忠男訳［1958］『近代株式会社と私的財産』文雅堂書店）

Bernstein, P.L.［1996］, *Against The Gods*, John Wiley & Sons.（青山護訳［1998］『リスク—神々への反逆—』日本経済新聞社）

Blake, R.R.=Mouton, J.S.［1964, 1978］, *The New Management Grid*, Gulf Publishing Campany.（田中敏夫＝小宮山澄子訳［1969］『期待される管理者像』産業能率大学出版部）

Block, Z.=MacMillan, I.C.［1993］, *Corporate Venturing:Creating New Business within the Firm*, Harvard Business School Press.（松田修一監訳［1994］『コーポレートベンチャリング』ダイヤモンド社）

Botkin, J.［1999］, *Smart Business*, The Free Press.（米倉誠一郎監訳［2001］『ナレッジ・イノベーション』ダイヤモンド社）

Boulding, K.［1956］, "General Systems Theory:The Skelton of Science", *Management Science*, Vol.2, pp.197-208.

Bowersox, D.J.［1990］, *Logistics Management*, 3rd ed., Macmillan.

Bowersox, D.J.［1996］, *Logistics Management:The Integrated Supply Chain Process*, McGraw-Hill.

Bratton, J.=Gold, J.［2003］, *Human Resource Management:Theory and Practice*, 3rd ed., Palgrave Macmillan.（上林憲雄＝原口恭彦＝三崎秀央＝森田雅也訳［2009］『人的資源管理—理論と

実践―』文眞堂）

Bressand, A. [1990], *Networld*, Promethee.（会津泉訳 [1991] 『ネットワールド』東洋経済新報社）

Burnham, J. [1941], *The Managerial Revolution*, The John Day Company.（武山泰雄訳 [1965] 『経営者革命論』東洋経済新報社）

Burns, T.=Stalker, G.M. [1968], *The Management of Innovation*, 2nd ed., Tavistock.

Burrell, G.=Morgan, G. [1979], *Sociological Paradigms and Organizational Analysis:Elements of the Sociology of Corporate Life*. Heinemann.（鎌田伸一=金井一頼=野中郁次郎訳 [1986] 『組織理論のパラダイム―機能主義の分析枠組―』千倉書房）

Chandler, A.D.Jr. [1962], *Strategy and Structure*, The MIT Press.（有賀裕子訳 [2004] 『組織は戦略に従う』ダイヤモンド社）

Chandler, A.D.Jr. [1964], *Giant Enterprise*, Brace & World Inc.（内田忠夫=風間禎三郎訳 [1970] 『競争の戦略』ダイヤモンド社）

Chandler, A.D.Jr. [1977], *The Visible Hand:The Managerial Revolution*, The Belknap Press of Harvard University Press.（鳥羽欽一郎=小林袈裟治訳 [1979] 『経営者の時代』東洋経済新報社）

Checkland, P. [1981], *Systems Thinking, Systems Practice*, John Wiley & Sons.（高橋康彦=中野文平監訳 [1985] 『新しいシステムアプローチ』オーム社）

Christensen, C.M. [1997], *The Innovator's Dilemma*, Harvard Business School Press.（伊豆原弓訳 [2000] 『イノベーションのジレンマ（増補改訂版）』翔泳社）

Coase, R.H. [1937], "The Nature of the Firm", *Econometria*, n.s.Vol.4 (November), pp.386-405.

Coase, R.H. [1988], *The Firm, The Market, The Law*, The University of Chicago Press.（宮澤健一=後藤晃=藤垣芳彦訳 [1992] 『企業・市場・法』東洋経済新報社）

Collins, J.=Porras, J. [1994], *Built to Last*, Curtis Brown Ltd.（山岡洋一訳 [1995] 『ビジョナリーカンパニー』日経BP出版センター）

Collis, D.J.=Montgomery, C.A. [1998], *Corporate Strategy：A Resource-Based Approach*, Mc-Graw-Hill.（根来龍之=蛭田啓=久保恭一訳 [2004] 『資源ベースの経営戦略論』東洋経済新報社）

Crainer, S. [2000], *The Management Century*, Booz-Allen & Hamilton Inc.（嶋口充輝監訳 [2000] 『マネジメントの世紀1901〜2000』東洋経済新報社）

Cyert, R.M.=March, J.G. [1963], *A Behavioral Theory of the Firm*, Prentice-Hall.（松田武彦監訳 [1967] 『企業の行動理論』ダイヤモンド社）

Daft, R.L. [2001], *Essentials of Organization Theory and Design*, 2nd ed., South Western College Publishing.（高木晴夫訳 [2002] 『組織の経営学』ダイヤモンド社）

Davenport, T.H. [1993], *Process Innovation : Reengineering Work through Information Technology*, Harvard Business School Press.（卜部正夫=杉野周=松島桂樹訳 [1994] 『プロセス・イノベーション』日経BP出版センター）

Davenport, T.H. [2000], *Mission Critical*, Harvard Business School Press.（アクセンチュア訳 [2000] 『ミッション・クリティカル―ERPからエンタープライズ・システムへ―』ダイヤモンド社）

Davidow, W.H.=Malone, M.S. [1992], *The Virtual Corporation*, Harper Collins Publishers.（牧野昇監訳 [1993] 『バーチャル・コーポレーション』徳間書房）

Davis, G.B. [1974], *Management Information Systems:Conceptual Foundations, Structure, and Development*, McGraw-Hill.

Davis, G.B.=Olson, M.H. [1985], *Management Information Systems:Conceptual Foundations, Structure, and Development*, McGraw-Hill.

Davis, G.B.=Hamilton, S. [1993], *Managing Information:How Information System Impact Orga-*

nization Strategy, Richard D. Irwin.（島田達巳=佐藤修=花岡菖訳［1995］『マネージング・インフォメーション─経営戦略への影響─』日科技連出版社）

Davis, S.M.［1984］，*Managing Corporate Culture*, Harper & Row.（河野豊弘=浜田幸雄訳［1985］『企業文化の変革』ダイヤモンド社）

Davis, S.M.=Lawrence, P.R.［1977］，*Matrix*, Addison-Wesley.（津田達男=梅津裕良訳［1980］『マトリックス組織─柔構造組織の設計と運用─』ダイヤモンド社）

Day, G.S.=Reibstein, D.J.［1997］，*Wharton on Dynamic Competitive Strategy*, John Wiley & Sons.（小林陽太郎監訳［1999］『ウォートン・スクールのダイナミック競争戦略』東洋経済新報社）

Deal, T.E.=Kennedy, A.A.［1982］，*Corporate Cultures*, Addison-Wesley.（城山三郎訳［1983］『シンボリック・マネジャー』新潮社）

DeGeorge, R.T.［1989］，*Business Ethics*, 3rd.ed., Macmillan Publishing.（永安幸正=山田經三監訳［1995］『ビジネス・エシックス─グローバル経済と論理的要請─』明石書店）

Donovan, J.=Tully, R.=Wortman, R.［1998］，*The Value Enterprise*, McGraw-Hill.（デロイト・トーマツ・コンサルティング戦略事業本部訳［1999］『価値創造企業』日本経済新聞社）

Dos, Y.L.=Hamel, G.［1998］，*Alliance Advantage*, Harvard Business School Press.（志太勤一=柳孝一監訳, 和田正春訳［2001］『競争優位のアライアンス戦略』ダイヤモンド社）

Drucker, P.F.［1954］，*The Practice of Management*, Harper & Brothers.（野田一夫監修［1965］『現代の経営（上）・（下）』ダイヤモンド社）

Drucker, P.F.［1967］，*The Effective Executive*, Harper & Row.（上田惇生訳［2006］『経営者の条件』ダイヤモンド社）

Drucker, P.F.［1974］，*Management*, Harper & Row.（野田一夫=村上恒夫監訳［1974］『マネジメント（上）・（下）』ダイヤモンド社）

Drucker, P.F.［1985］，*Innovation and Entrepreneurship*, Heinemann.（上田惇生訳［1997］『〔新訳〕イノベーションと起業家精神（上）・（下）』ダイヤモンド社）

Drucker, P.F.［1993］，*Post-Capitalist Society*, Harper Business.（上田惇夫=佐々木実智男=田代正美訳［1993］『ポスト資本主義社会:21世紀の組織と人間はどう変わるか』ダイヤモンド社）

Duncan, R.［1979］，"What is Right Organization Structure? Decision Tree Analysis the Answer", *Organizational Dynamics*.

Dunning, J.H.［1979］，"Explaining Changing Patterns of International Production: In Defense of the Eclectic Theory", *Oxford Bulletin of Economics and Statics*, November.

Dunning, J.H.［1988］，*Explaining International Production*, Unwin Hyman.

Dunning, J.H.［1993］，*Multinational Enterprises and the Global Economy*, Addison-Wesley.

Easton, D.［1965］，*A Framework for Political Analysis*, Prentice-Hall.（岡村忠夫訳［1968］『政治分析の基礎』みすず書房）

Emery, J.C.［1987］，*Management Information System:The Critical Strategic Resource*, Oxford University Press.（宮川公男訳［1989］『エグゼクティブのための経営情報システム─戦略的情報管理─』TBSブリタニカ）

Epstein, E.M.［1969］，*The Corporation in American Politics*, Prentice-Hall.

Epstein, E.M.［1989］，"Business Ethics, Corporate Good Citizenship and the Corporate Social Policy Process", *Journal of Business Ethics*, August.（中村瑞穂=風間信隆=角野信夫=出見世信之=梅津光弘訳［1996］『企業倫理と経営社会政策過程』文眞堂, 所収）

Evan, W.M.［1972］，"An Organizational-Set Model of Interorganizational Relations", in Tuide, M. ed., *Interorganizational Decision Making*, Aldine.

Evans, P.=Wurster, T.S.［1999］，*BLOWN to BITS*, Harvard Business School Press.（ボストン・コンサルティング・グループ訳［1999］『ネット資本主義の企業戦略』ダイヤモンド社）

Fayerweather, J.［1968］，*International Business Management*, Dickson Publishing.（ファーマ

一編，江夏健一=中村元一他訳［1970］『国際経営管理論』好学社）

Fayerweather, J. [1969], *International Business Management*, McGraw-Hill.（戸田忠一訳 ［1975］『国際経営論』ダイヤモンド社）

Ferraro, G.P. [1990], *The Cultural Demension of International Business*, Prentice-Hall.（江夏 健一=太田正孝監訳［1992］『異文化マネジメント』同文舘出版）

Fayol, H. [1916], *Administration Industrielle et Générale*, Paris.（山本安二郎訳［1985］『産業 ならびに一般の管理』ダイヤモンド社）

Fielder, F.E. [1967], *A Theory of Leadership Effectiveness*, McGraw-Hill.（山田雄一訳［1970］ 『新しい管理者像の探究』産業能率大学出版部）

Follett, M.P. [1973], *Dynamic Administration*, Pitman.（米田清貴=水戸公訳［1997］『組織行動 の原理—動態的管理—』未来社）

Ford, H. [1926], *Today and Tommorow*, William Heinemann.（稲葉襄監訳［1978］『フォード 経営』東洋経済新報社）

Ford, D. et al. [1998], *Managing Business Relationships*, John Willey & Sons.（小宮路雅博訳 ［2001］『リレーションシップ・マネジメント—ビジネス・マーケットにおける関係性管理と戦 略—』白桃書房）

Foster, R.N.=Kaplan, S. [2001], *Creative Destruction*, McKinsey & Company, Inc.（柏木亮二訳 ［2002］『創造的破壊』翔泳社）

Freeman, R.E.=Gilbert, D.R. [1988], *Corporate Strategy and the Search of Ehtics*, Prentice-Hall. （笠原清志訳［1998］『企業戦略と倫理の探求』文眞堂）

Galbraith, J.R. [1973], *Designing Complex Organizations*, Addison-Wesley.（梅津裕良訳［1980］ 『横断組織の設計』ダイヤモンド社）

Galgraith, J.R. [1977], *The Age of Uncertainty*, British Broadcasting Corporation.（津留重人監 訳［1978］『不確実性の時代』TBSブリタニカ）

Galgraith, J.R. [1995], *Designing Organizations:An Executive Briefing on Strategy, Structure, and Process*, Jossey-Bass.（梅津裕良訳［2002］『組織設計のマネジメント—競争優位の組織づ くり—』生産性出版）

Galgraith, J.R. [2000], *Designing the Global Corporation*, Jossey-Bass.（斉藤彰吾=平野和子訳 ［2002］『グローバル企業の組織設計』春秋社）

Galbraith, J.R.=Nathanson, D.A. [1978], *Strategy Implementation : The Role of Structure and Process*, West Publishing.（岸田民樹訳［1989］『経営戦略と組織デザイン』白桃書房）

Galgraith, J.R.=Lawler, E.E.Ⅲ. [1993], *Organizing for the Future:The New Logic for Managing Comlex Organizations*, Jossey-Bass.（柴田高=竹田昌弘=柴田道子=中條尚子訳［1996］『21世紀 企業の組織デザイン—マルチメディア時代に対応する—』産業能率大学出版部）

Gallagher, J.D. [1961], *Management Information Systems and the Computer*, The American Managemet Association.（岸本英八郎訳［1967］『MIS』日本経営出版協会）

Glaser, B.G.=Straus, A.L. [1967], *The Discovery of Grounded Theory:Strategy for Qualitative Research*, Alidine Publishing Company.（後藤隆=大出春江=水野節夫訳［1996］『データ対話 型理論の発見—調査からいかに理論をうみだすか—』新曜社）

Gompers, P.A.=Lerner, L. [1999], *The Venture Capital Cycle*, MIT Press.（吉田和男=富田賢訳 ［2002］『ベンチャーキャピタル・サイクル—ファンド設立から投資回収までの本質的理解—』 ジュブリンガー・フェアラーク東京）

Gorry, G.A.=Scott Morton, M.S. [1971], "A Framework for Management Information Sys-tems", *Sloan Management Review*, Vol.13, No.1.pp.55-70.

Hamel, P.=Prahalad, C.K. [1994], *Competing for the Future*, Harvard Business School Press. （一條和生訳［1995］『コア・コンピタンス経営』日本経済新聞社）

Hammer, M.=Champy, J. [1993], *Reengineering the Corporation : A Manifest for Business*

Revolution, Harper Business. (野中郁次郎監訳 [1993]『リエンジニアリング革命』日本経済新聞社)

Harsey, P.=Blanchard, K.H. [1969], *Management of Organizational Behavior,* Prentice-Hall. (山本成二=水野基=成田攻訳 [1978]『行動科学の展開―人的資源の活用―』日本生産性本部)

Harsey, P.=Blanchard, K.H.=Johnson, D.E. [1996], *Management of Organizational Behavior,* Prentice-Hall. (山本成二=山本あづさ訳 [2000]『行動科学の展開（新版）』生産性出版)

Hart, S.L. [1997], "Beyond Greenig:Strategies for a Sustainable World", *Harvard Business Review,* Vol.75, No.1, January-February, pp.66-77.

Hatch, M.J. [1997], *Organization Theory:Modern, Symbolic, and Postmodern Perspectives,* Oxford University Press.

Heenan, D.A.=Perlmutter, H.V. [1979], *Multinational Organization Development,* Addison-Wesley. (江夏健一=奥村皓一 [1990]『グローバル組織開発―企業・都市・地域・社会・大学の国際化を考える―』文眞堂)

Herzberg, F. [1966], *Work and the Nature of Man,* The World Publishing Co. (北野利信訳 [1968]『仕事と人間性』東洋経済新報社)

Herzberg, F. [1976], *The Managerial Choice, To Be Efficient and To Be Human,* Dow Jones-Irwin. (北野利信訳 [1978]『能率と人間性―絶望の時代における経営―』東洋経済新報社)

Hofer, C.W.=Shendel, D.E. [1978], *Strategy Formulation : Analytical Concept,* West Publishing. (奥村昭博=榊原清則=野中郁次郎訳 [1981]『戦略策定』千倉書房)

Hofsted, G.H. [1980], *Culture's Consequences:International Differences in Work-Related Values,* Sage Publishing. (萬成博=安藤文四郎監訳 [1984]『経営文化の国際比較』産業能率大学出版部)

Hofsted, G.H. [1991], *Cultures and Organizations:Software of the Mind,* McGraw-Hill. (岩井紀子=岩井八郎訳 [1995]『多文化世界:違いを学び共存への道を探る』有斐閣)

Holsapple, C.W.=Whinston, A.B. [1987], *Business Expert Systems,* Irwin,

Hymer, S.H. [1960, 1976], *The International Operations of National Firms and Other Essays,* The MIT Press. (宮崎義一編訳 [1979]『多国籍企業論』岩波書店)

ILO=Kubr, M. [1996], *Management Consulting:A Guide to the Profession,* 3rd ed., ILO. (水谷榮二監訳 [1999]『経営コンサルティング（第3版）』生産性出版)

ILO=Kubr, M.ed. [2002], *Management Comsulting:A Guide to the Profession,* 4th ed., International Labor Organization. (水谷榮二監訳 [2004]『経営コンサルティング（第4版）』生産性出版)

IMF [2010], *World Economic Outlook Database,* April. (経済産業省『日本の産業をめぐる現状と課題』経済産業省)

IPCC [2007], *Climate Change 2007:Impacts, Adaptation and Vulnerability,* Cambridge University Press. (文部科学省他訳 [2009]『IPCC地球温暖化第四次レポート』中央法規出版)

Jackson, R.=Wang, P. [1994], *Strategic Database Marketing,* NTC Contemporary Publishing Group. (日柴喜一史訳 [1999]『戦略的データベース・マーケティング―顧客リレーションシップの実践技法―』ダイヤモンド社)

Jones, G. [1995], *The Evolution of International Business:An Introduction,* International Thompson Publishing. (桑原哲也=安室憲一=川辺信雄=榎本悟=梅野巨利訳 [1998]『国際ビジネスの進化』有斐閣)

Jones, G. [2005], *Multinationals and Global Capitalism,* Oxford University Press. (安室憲一=梅野巨利訳 [2007]『国際経営講義:多国籍企業とグローバル資本主義』有斐閣)

Kaplan, R.=Norton, D. [1996], *The Balanced Scorecard,* Harvard Business School Press. (吉川武男訳 [1997]『バランス・スコアカード』生産性出版)

Kaplan, R.=Norton, D. [2001], *The Strategy-Focused Organization,* Harvard Business School

Press.（櫻井通晴監訳［2001］『キャプランとノートンの戦略バランスト・スコアカード』東洋経済新報社）

Katz, R.L.［1955］, "Skills of an Effective Administration", *Harvard Business Review*, Jan.-Feb. pp.33-42.

Kauffman, S.［1995］, *At Home in the Universe:The Search for Law of Self-Organization and Complexity*, Oxford University Press.（米沢富美子監訳［1999］『自己組織化と進化の論理』日本経済新聞社）

Keller, K.L.［1998］, *Strategic Brand Management*, Prentice-Hall.

Kim, W.C.=Mauborgne, R.［1997］, *How to Create Uncontested Market Space and Make the Competition Irrelevant*, Harvard Business School Press.（有賀裕子訳［2005］『ブルー・オーシャン戦略』ランダムハウス講談社）

Kindleberger, C.P.［1969］, *American Business Abroad: Six Lectures on Direct Investment*, Yale University Press.（小沼敏監訳［1970］『国際化経済の論理』ぺりかん社）

Koonts, H.［1960］, "Management Theory Jungle", *Journal of the Academy of Management*, Vol.3.

Koonts, H.［1964］, *Toward a Unified Theory of Management*, McGraw-Hill.（鈴木英寿訳［1968］『管理の統一理論』ダイヤモンド社）

Kotler, P.［1980］, *Marketing Management*, 4th ed., Prentice-Hall.（村田昭治監修［1983］『マーケティング・マネジメント』プレジデント社）

Kotler, P.［1984］, *Marketing Management Analysis, Planning, and Control*, 5th ed., Prentice-Hall.

Kotler, P.［1989a］, *Social Marketing*, The Free Press.（井関利明［1995］『ソーシャル・マーケティング』ダイヤモンド社）

Kotler, P.［1989b］, *Principles of Marketing*, 4th ed., Prentice-Hall.（和田充夫=青井倫一訳［1995］『新版 マーケティング原理』ダイヤモンド社）

Kotler, P.=Armstrong, G.［2001］, *Principles of Marketing*, 9th ed., Prentice-Hall.（和田充夫監訳［2003］『マーケティング原理（第9版）』ダイヤモンド社）

Kotler, P.=Hayes, T.=Bloom, P.N.［2002］, *Marketing Professional Services*, 2nd ed., Pearson Education.（平林祥訳［2002］『コトラーのプロフェッショナル・サービス・マーケティング』ピアソン・エデュケーション）

Kotler, P.=Keller, K.L.［2006］, *Marketing Management*, 12th ed., Prentice-Hall.（恩蔵直人監修［2008］『コトラー＆ケラーのマーケティング・マネジメント（第12版）』ピアソン・エデュケーション）

Kotler, P.=Keller, K.L.［2007］, *Marketing Management*, 3rd., Prentice-Hall.（恩蔵直人監修，月谷真紀訳［2008］『コトラー＆ケラーのマーケティング・マネジメント（基本編）』ピアソン・エデュケーション）

Kotter, J.P.［1996］, *Leading Chang*, Harvard Business School Press.（梅津裕良訳［2002］『企業変革力』日経BP出版センター）

Kotter, J.P.=Hesket, J.L.［1992］, *Corporate Culture and Performance*, The Free Press.（梅津裕良訳［1994］『企業文化が好業績を生む―競争を勝ち抜く「先見のリーダーシップ」207社の実証研究―』ダイヤモンド社）

Kuhn, T.S.［1962］, *The Structure of Scientific Revolution*, The University of Chicago Press.（中山茂訳［1971］『科学革命の構造』みすず書房）

Lauterborn, R.［1990］, "New Marketing Litany：4P's Passe:C-Words Take Over", *Advertising Age*, October 1.

Lawrence, P.R.=Lorsch, J.W.［1967］, *Organization and Environment : Managing Differentiation and Integration*, Harvard University Press.（吉田博訳［1977］『組織の条件適応理論』産能大

学出版部)

Levitt, T. [1960], "Marketing Myopia", *Harvard Business Review*, July-Aug.

Levitt, T. [1974], *Marketing for Business Growth*, McGraw-Hill.（土岐坤訳 [1975]『発展のマーケティング』ダイヤモンド社）

Levitt, T. [1983], "The Globalization of Market", *Harvard Business Review*.（土岐坤訳 [1983]「地球市場は同質化に向かう」『ダイヤモンド・ハーバード・ビジネス・レビュー』, 所収）

Lewin, K. [1951], *Field Theory in Social Science*, Harper & Row.（猪俣佐登留訳 [1979]『社会科学における場の理論』誠信書房）

Likert, R. [1961], *New Patterns of Management*, McGraw-Hill.（三隅二不二訳 [1964]『経営の行動科学—新しいマネジメントの探究—』ダイヤモンド社）

Likert, R. [1967], *The Human Organization*, McGraw-Hill.（三隅二不二訳 [1971]『組織の行動科学』ダイヤモンド社）

Lincolin, Y.S. [1985], *Organizational Theory and Inquiry:The Pradigm Evolution*, Sage Publications.（寺本義也=福田良一=小林一=岸眞理子訳 [1990]『組織理論のパラダイム革命』白桃書房）

Looy, B.V.=Gemmel, P.=Dierdonck, R.V. [1998], *Service Management:An Integrated Approach*, 2nd ed., Finantial Times Management.（平林祥訳 [2004]『サービス・マネジメント—統合的アプローチ—（上）・（中）・（下）』ピアソン・エデュケーション）

Lovelock, C.H.=Weinberg, C.B. [1989], *Public & Nonprofit Marketing*, 2nd ed., Scientific Press.（渡辺好章=梅沢昌太郎監訳 [1991]『公共・非営利組織のマーケティング』白桃書房）

Lovelock, C.H.=Wright, L.K. [1999], *Principles of Service and Management*, Prentice-Hall.（小宮路雅博監訳 [2002]『サービス・マーケティング原理』白桃書房）

Lovelock, C.H.=Wirtz, J. [2007], *Service Marketing: People, Technology, Strategy*, 6th ed., Prentice-Hall.（武田玲子訳 [2008]『ラブロック&ウィルツのサービス・マーケティング』ピアソン・エデュケーション）

March, J.G.=Simon, H.A. [1958], *Organizations*, John Wiley & Sons.（土屋守章訳 [1977]『オーガニゼーションズ』ダイヤモンド社）

March, J.G.=Olsen, J.P. [1976, 1979], *Ambiguity and Choice in Organization*, Universitesforlaget.（遠田雄志=アリソン・ユング訳 [1986]『組織におけるあいまいさと決定』有斐閣）

Maslow, A.H. [1954], *Motivation and Personality*, Harper & Row.（小口忠彦監訳 [1971]『人間性の心理学』産能大学出版部）

Maslow, A.H. [1970], *Motivation and Personality*, 2nd ed., Harper & Row.（小口忠彦監訳 [1981]『人間性の心理学』産業能率大学出版部）

Mason, R.O. [1986], "Four Ethical Issues of the Information Age", *MIS Quarterly*, Vol.10, No.1, pp.5-12.

Mayo, G.E. [1933], *The Human Problems of an Industrial Civilization*, Macmillan.（村本栄一訳 [1967]『産業文明における人間問題』日本能率協会）

McCarthy, E.J. [1964, 1996], *Basic Marketing:A Managerial Approach*, 12th ed., Irwin.

McClelland, D.C. [1961], *The Achieving Society*, Van Nostrand.

McGrath, R.G.=MacMillan, I. [2000], *The Entrepreneurial Mindset*, Harvard Busibess School Press.（大江建監訳 [2002]『アントレプレナーの戦略思考技術—不確実性をビジネスチャンスに変える—』ダイヤモンド社）

McGregor, D. [1960], *The Human Side of Entrprise*, McGraw-Hill.（高橋達男訳 [1971]『新版・企業の人間的側面』産業能率大学出版部）

Merrill, H.F. [1966], *Classics in Management*, AMA Press.（上野一郎監訳 [1978]『経営思想変遷史』産業能率大学出版部）

Merton, R.K. [1949], *Social Theory and Social Structure:Toward the Codification of Theory and Research*, The Free Press.（森東吾=森好夫=金沢実=中島竜太郎訳 [1961]『社会理論と社

会構造』みすず書房）

Miles, R.E.=Snow, C.C.［1978］, *Organizational Strategy, Structure, and Process*, McGraw-Hill.（土屋守章=内野宗=中野工訳［1983］『戦略型経営』ダイヤモンド社）

Milgram, P.=Roberts, J.［1992］, *Economics, Organization & Management*, Prentice-Hall.（奥野正寛=伊藤秀史=今井晴雄=西村理=八木甫訳［1997］『組織の経済学』NTT出版）

Minoli, D.［1995］, *Analyzing Outsourcing*, McGraw-Hill.

Mintzberg, H.［1973］, *The Nature of Managerial Work*, Prentice-Hall.（奥村哲史=須貝栄訳［1993］『マネジャーの仕事』白桃書房）

Mintzberg, H.［1989］, *Mintzberg on Management*, The Free Press.（北野利信訳［1991］『人間感覚のマネジメント―行き過ぎた合理性への抗議―』ダイヤモンド社）

Mintzberg, H.=Ahlstrand, B.=Lampel, J.［1998］, *Strategy Safari: A Guided Tour Through the Wilds of Strategic Management*, The Free Press.（斎藤嘉則監訳［1999］『戦略サファリ―戦略マネジメント・ガイドブック―』東洋経済新報社）

Nadler, D.A.=Shaw, R.B.=Walton, A.E.［1995］, *Discontinuous Change*, Jossey-Bass.（斎藤彰吾監訳［1997］『不連続の組織変革―ゼロベースから競争優位を創造するノウハウ―』ダイヤモンド社）

Nolan, R.N.［1979］, "Managing the Crises in Data Processing", *Harvard Business Review*, Mar.-Apr., Vol.57, No.2.pp.115-126.

Nonaka, I.=Takeuchi, H.［1995］, *The Knoeledge-Creating Company:How Japanese Companies Create the Dynamics of Innovation*, Oxford University Press.（梅本勝博訳［1996］『知識創造企業』東洋経済新報社）

OECD［1972］, *Manpower Policy in Japan*, OECD.（労働省訳・編［1972］『OECD対日労働報告書』日本労働協会）

OECD［1996］, *Venture Capital and Innovation*, OECD.

OECD［2001］, *Innovation and Productivity in Service*, OECD.（財団法人日本経済調査協会訳［2002］『サービス産業におけるイノベーションの生産性』非売品）

O'Reilly, C.A.=Chatman, J.=Caldwell, D.F.［1991］, "People and Organizational Culture : A Profile Comparison Approach to Assessing Person-Organizational Fit", *Academy of Management Journal*, Sept., pp.487-516.

Outsourcing Working Group［1995］, *Outsourcing*, KPMG.

Penrose, E.T.［1959, 1980］, *The Theory of the Growth of the Firm*, Basil Glackwell.（末松玄六訳［1980］『企業成長の理論（第2版）』ダイヤモンド社）

Peppers, D.=Rogers, M.［1993］, *The One to One Future*, Doubleyday.（井関利明監訳［1995］『One to One マーケティング―顧客リレーションシップ戦略―』ダイヤモンド社）

Peppers, D.=Rogers, M.［1997］, *Enterprise One to One*, Doubleyday.（井関利明監訳［1997］『One to One 企業戦略』ダイヤモンド社）

Peters, T.J.=Waterman, R.H.［1982］, *In Search of Excellence*, Harper & Row.（大前研一訳［1983］『エクセレント・カンパニー』講談社）

Pfeffer, J.=Salancik, G.R.［1978］, *The External Control of Organizations*, Harper & Row.

Polanyi, M.［1966］, *The Tacit Dimension*, Routledge & Kogan Paul.（佐藤敬三訳［1980］『暗黙知の次元』紀伊国屋書店）

Porter, L.W.=Lawler, E.E.Ⅲ［1968］, *Managerial Atttudes and Performance*, Richard D.Irwin.

Porter, M.E.［1980］, *Competitive Strategy*, The Free Press.（土岐坤=中辻萬治=服部照夫訳［1982］『競争の戦略』ダイヤモンド社）

Porter, M.E.［1985］, *Competitive Advantage*, The Free Press.（土岐坤=中辻萬治=小野寺武夫訳［1985］『競争優位の戦略』ダイヤモンド社）

Porter, M.E. ed.［1986］, *Competition in Global Industries*, Harvard Business School Press.（土

岐坤＝中辻萬治＝小野寺武夫訳［1989］『グローバル企業の競争戦略』ダイヤモンド社）

Porter, M.E.［1990］, *The Competitive Advantage of Nations*, The Free Press.（土岐坤＝中辻萬治＝小野寺武夫＝戸成富美子訳［1992］『国の競争優位』ダイヤモンド社）

Porter, M.E.［1998a］, *On Competition*, Harvard Business School Press.（竹内弘高訳［1999］『競争戦略論 I』ダイヤモンド社）

Porter, M.E.［1998b］, *On Competition*, Harvard Business School Press.（竹内弘高訳［1999］『競争戦略論 II』ダイヤモンド社）

Powell, W.W.＝Dimaggio, P.J.（ed.）［1991］, *The New Institutionalism in Organizational Analysis*, The University of Chicago Press.

Prahalad, C.K.［2004］, *The Fortune at the Bottom of the Pyramid:Eradicating Poverty Through Profit*, Warton School Publishing.（スカイライトコンサルティング訳［2005］『ネクスト・マーケット─「貧困層」を「顧客」に変える次世代ビジネス戦略─』英治出版）

Price Waterhouse Financial & Cost Management Team［1997］, *CFO*, Barlow Lyde & Gilbert.（中沢恵監訳［1998］『事業価値創造のマネジメント─企業の未来を設計する─』ダイヤモンド社）

Pugh, D.S.＝Hickson, D.J.［2002］, *Great Writers on Organizations*, 2nd ed., Ashgate Publications.（北野利信訳［2003］『現代経営学説の偉人たち─組織パラダイムの生成と発展の軌跡─』有斐閣）

Robbins, S.P.［2005］, *Essentials of Organizational Behavior*, Pearson Education.（高木晴夫訳［2009］『新版 組織行動のマネジメント』ダイヤモンド社）

Robinson, R.D.［1984］, *Internationalization of Business:An Introduction*, Holt, Renehart and Winston.（入江猪太郎監訳［1985］『基本国際経営論』文眞堂）

Roethlisberger, F.J.［1952］, *Management and Morale*, Harvard University Press.（野田一夫＝川村欣也訳［1954］『経営と勤労意欲』ダイヤモンド社）

Rogers, E.M.［1983］, *Diffusion of Innovations*, 3rd ed., The Free Press.（青池慎一＝宇野善康監訳［1990］『イノベーション普及学』産業能率大学出版部）

Rumelt, R.P.［1974］, *Strategy, Structure, and Economic Performance*, Harvard University Press.（鳥羽欽一郎＝山田正喜子＝川辺信雄＝熊沢孝訳［1977］『多角化戦略と経済成果』東洋経済新報社）

Salamon, L.M.＝Anheier, H.K.［1996］, *The Emerging Sector*, The Johns Hopkins University.（今田忠監訳［1996］『台頭する非営利セクター』ダイヤモンド社）

Saloner, G.＝Shepard, A.＝Podolny, J.［2001］, *Strategic Management*, John Wiley ＆Sons.（石倉洋子訳［2002］『戦略経営論』東洋経済新報社）

Savitz, A.W.＝Weber, K.［2006］, *The Triple Bottom Line:How Today's Best-Run Companies are Achieving Economic, Social and Environmental Success and How Tou Can Too*, Jossey-Bass.（中島早苗訳［2008］『サスティナビリティ』アスペクト）

Schein, E.H.［1978］, *Career Dynamic Matching Individual and Organizational Needs*, Addison-Wesley.（二村敏子＝三善勝代訳［1991］『キャリア・ダイナミクス』白桃書房）

Schein, E.H.［1985］, *Organizational Culture and Leadership*, Jossey-Bass.（清水紀彦＝浜田幸男訳［1989］『組織文化とリーダーシップ─リーダーは文化をどう変革するか─』ダイヤモンド社）

Schein, E.H.［1999a］, *The Corporate Culture Survival Guide*, Jossey-Bass.（金井壽宏監訳［2004］『企業文化─生き残りの指針─』白桃書房）

Schein, E.H.［1999b］, *Process Consultation Revisited:Building the Helping Relationship*, Addison-Wesley.（稲葉元吉＝尾川丈一訳［2002］『プロセス・コンサルテーション─援助関係を築くこと─』白桃書房）

Schein, E.H.［2010］, *Organizational Culture and Leadership*, 4th.ed., John Willey & Sons.（梅津裕良＝横浜哲夫［2012］『組織文化とリーダーシップ』白桃書房）

Schumpeter, J.A. [1926], *Theories Der Wirtschaftlichen Entwicklung*, (塩野谷祐一=中山伊知郎=東畑精一郎訳 [1977]『経済成長の理論（上）・（下）』岩波書店)

Scott, W.R. [1987], "The Adolescense of Institutional Theory", *Administrative Science Quarterly*, pp.493-511.

Scott, W.R. [1995], *Institutions and Organizations*, Sage Publications. (河野昭三=板橋慶明訳 [1998]『制度と組織』税務経理協会)

Senge, P.M. [1990], *The Fifth Disciplin*, Doubleday/Currency. (守部信之訳 [1995]『最強組織の法則—新時代のチームワークとは何か—』徳間書店)

Shannon, C.E.=Weaver, W. [1967], *A Mathmatical Theory of Communication*, University of Illinois Press. (長谷川淳=井上光洋訳 [1969]『コミュニケーションの数学的理論』明治図書出版)

Shapio, C.=Varian, H.R. [1998], *Information Rules*, Harvard Business School Press. (千本倖生監訳 [1999]『ネットワーク経済の法則』IDGコミュニケーションズ)

Simon, H.A. [1947], *Administrative Behavior: A Study of Decision-Making Processes in Administrative Organization*, The Free Press. (松田武彦=高柳暁=二村敏子訳 [1965]『経営行動』ダイヤモンド社)

Simon, H.A. [1969], *The Sciences of the Artificial,*, MIT Press. (倉井武夫=稲葉元吉=矢矧晴一郎訳 [1969]『システムの科学』ダイヤモンド社)

Simon, H.A. [1976], *Administrative Behavior: A Study of Decision-Making Processes in Administrative Organization*, 3rd ed., Macmillan. (松田武彦=高柳暁=二村敏子訳 [1989]『経営行動』ダイヤモンド社)

Simon, H.A. [1977], *The New Science of Management Decision*, Revised ed., Prentice-Hall. (稲葉元吉=倉井武夫訳 [1979]『意思決定の科学』産業能率大学出版部)

Simon, H.A. [1981], *The Sciences of the Artificial,* 2nd ed., MIT Press. (稲葉元吉=吉原英樹訳 [1887]『システムの科学』パーソナルメディア)

Simon, H.A. [1997], *Administrative Behavior: A Study of Decision-Making Processes in Administrative Organizations*, 4th ed., Macmillan. (二村敏子=桑田耕太郎=高尾義明=西脇暢子=高柳美香訳 [2009]『経営行動』ダイヤモンド社)

Smith, A. [1776, 1950], *An Inquiry into the Nature and Causes of the Wealth of Nations*, (ed.), Edwin Cannan. (大内兵衛=松川七郎訳 [1969]『諸国民の富Ⅰ・Ⅱ』岩波書店)

Sprague, R.H.Jr.=Carlson, E.D. [1982], *Building Effective Decision Support Systems*, Prentice-Hall. (倉谷好郎=土岐大介訳 [1986]『意思決定支援システムDSS：実効的な構築と運営』東洋経済新報社)

Stalk, G.Jr.=Hout, T.M. [1990], *Competing against Time:How Time-Based Competition is Reshaping Global Markets*, The Free Press. (中辻萬治=川口恵一訳 [1993]『タイムベース競争戦略：競争優位の新たな源泉　時間』ダイヤモンド社)

Steiner, G.A. [1969], *Top Management Planning*, Macmillan.

Steiner, G.A. [1977], *Strategic Managerial Planning*, The Planning Executives Institute. (河野豊弘訳 [1978]『戦略経営計画』ダイヤモンド社)

Steiner, G.A. [1979], *Strategic Planning*, The Free Press.

Stiglitz, J.E. [1993], *Economics,* W.W.Norton & Company. (藪下史郎=秋山太郎=金子能弘=木立力=清野一治 [1995]『スティグリッツマクロ経済学』,『スティグリッツミクロ経済学』東洋経済新報社。

Stopford, J.M.=Wells, L.T.Jr. [1972], *Managing and Multinational Enterprise*, Basic Books. (山崎清訳 [1976]『多国籍企業の組織と所有政策—グローバル構造を超えて—』ダイヤモンド社)

Strange, S. [1994], *States and Markets:An Introduction to Political Economy*, 2nd ed., Pinter Publishers. (西川潤=佐藤元彦訳 [1994]『国際政治経済学入門—国家と市場—』東洋経済新報社)

Stuart, C. [2000], *The Management Century:A Critical Review of 20th Century Thought and Practice*, Jossey-Bass. （嶋口充輝監訳 [2000]『マネジメントの世紀』東洋経済新報社）

Sullivan, P.H. [2000], *Value-Driven Intellectual Capital*, John Wiley & Sons. （森田松太郎監修 [2002]『知的経営の真髄』東洋経済新報社）

Szuprowicz, B. [1998], *Extranet and Internet:E-commerce Strategies for the Future*, Computer Technology Research Corp.

Tanenbaum, A.S. [2002], *Computer Networks*, 4th ed., Prentice-Hall. （水野忠則他訳 [2003]『コンピュータネットワーク（第 4 版）』日経BP社）

Taylor, D.H. [1997], *Global Cases in Logistics and Supply Chain Management*, International Thompson Business Press.

Taylor, F.W. [1895], *A Piece Rate System*, Harper & Brothers. （上野陽一訳編 [1984]『差別出来高給制』（『科学的管理法』, 所収）産業能率大学出版部）

Taylor, F.W. [1903], *Shop Management*, Harper & Brothers. （上野陽一訳編 [1984]『工場管理法』（『科学的管理法』, 所収）産業能率大学出版部）

Taylor, F.W. [1911], *Principles of Scientific Management*, Harper & Brothers. （上野陽一訳編 [1984]『科学的管理法』産業能率大学出版部）

Teece, D.J. (ed.) [1987], *The Competitive Challenge : Strategies for Industrial Innovation and Renewal*, Ballinger Publishing Company. （石井淳蔵他訳 [1988]『競争への挑戦』白桃書房）

Terry, G.R.=Franclin, S.G. [1982], *Principles of Management*, 8th ed., Richard Irwin.

Thompson, J.D. [1967], *Organization in Action*, McGraw-Hill. （大月博司=廣田俊郎訳 [2012]『行為する組織』同文舘出版）

Timmons, J.A. [1994], *New Venture Creation*, 4th ed., Richard D.Irwin. （千本倖生=金井信次訳 [1997]『ベンチャー創造の理論と戦略―起業機会探索から資金調達までの実践的方法論』ダイヤモンド社）

Toffler, A. [1980], *The Third Wave*, William Morrow. （徳山二郎監修 [1980]『第三の波』日本放送出版協会）

Tracy, L. [1989], *The Living Organization:System of Behavior*, Greenwood Publishing. （廣井孝訳 [1991]『組織行動論―生きている組織を理解するために―』同文舘出版）

Trompenaars, F.=Hampden-Turner, C. [1993, 1997], *Riding The Waves of Cultere*, 2nd ed., Nicholas Brealey. （須貝栄訳 [2001]『異文化の波』白桃書房）

Trompenaars, F.=Woolliams, P. [2003], *Business Across Cultures*, Capstone Publishing. （古屋紀人監訳 [2005]『異文化のビジネス戦略―多様性のビジネス・マネジメント―』白桃書房）

Turban, E.=Mclean, E.=Wetherbe, J. [1999], *Information Technology for Management*, 2nd ed., John Willey & Sons.

Turban, E.=Lee, J.=King, D.=Chung, H.M. [2000], *Electronic Commerce : A Managerial Perspective*, Prentice-Hall. （阿保栄司=木下敏=浪平博人=麻田孝治=牧田行雄=島津誠=秋川卓也訳 [2000]『e-コマース―電子商取引のすべて―』ピアソン・エデュケーション）

U.N. [1974], *The Impact of Multinational Corporations on Development and International Relations*, U.N.

U.N. [1978], *Transnational Corporations in World Development:A Re-Examination*, U.N.

Utterback, J.M. [1994], *Mastering the Dynamics of Innovation*, Harvard Business School Press. （大津正和=小川進監訳 [1998]『イノベーション・ダイナミクス』有斐閣）

Vernon, R. [1966], "International Investment and International Trade", *Quarterly Journal of Economics*, May.

Vernon, R. [1971], *Sovereignty at Bay*, Basic Books. （霍見芳浩訳 [1973]『多国籍企業の新展開』ダイヤモンド社）

Vesper, K.H. [1990], *New Venture Strategies*, revised ed., Prentice-Hall. （徳永豊他訳 [1999]

『ニューベンチャー戦略』同友館）

Vincent, D.R. [1990], *The Information-Based Corporation*, Richard D. Irwin.（真鍋龍太郎訳 [1993]『インフォメーション・ベースト・コーポレーション』ダイヤモンド社）

Vogel, E.F. [1979], *Japan as Number One*, Harvard University Press.（広中和歌子=木本彰子訳 [1979]『ジャパン アズ ナンバーワン―アメリカへの教訓―』TBSブリタニカ）

Vogel, E.F. [1984], *Comegack*, Simon & Shuster.（上田惇夫訳 [1984]『ジャパン アズ ナンバーワン再考―日本の成功とアメリカのカムバック―』TBSブリタニカ）

von Bertalanffy, L. [1968], *General System Theory*, George Braziller.（長野敬=太田邦昌訳 [1971]『一般システム理論』みすず書房）

Vroom, V.H. [1964], *Work and Motivation*, John Wiley.（坂下昭宣=小松陽一=城戸康彰=榊原清則訳 [1982]『仕事とモチベーション』千倉書房）

Walton, R.E. [1989], *Up and Running:Integrating Information Technology and the Organization*, Harvard Business School Press.（高木晴夫訳 [1993]『システム構築と組織整合』ダイヤモンド社）

Watkins, K.=Marsick, V. [1993], *Sculpting the Learning Organization*, Jossey-Bass.（神田良=岩崎尚人訳 [1995]『学習する組織をつくる』日本能率協会）

Wayland, R.E.=Cole, P.M. [1997], *Customer Connections:New Strategies for Growth*, Harvard Business School Press.（入江仁之監訳 [1999]『ディマンドチェーン・マネジメント』ダイヤモンド社）

Weber, M. [1920], *Die Protestantische Ethik Und Der Geist Des Kapitalismus.*（梶山力=大塚久雄訳 [1955, 1962]『プロテスタンティズムの倫理と資本主義の精神（上・下巻）』岩波書店）

Weber, M. [1922], *Soziologie der Herrshaft*, Mohr.（世良晃志郎訳 [1960]『支配の社会学I』創文社）

Weick, K.E. [1979], *The Social Psychology of Organizing*, 2nd ed., Addison-Wesley.（遠田雄志訳 [1997]『組織化の社会心理学』文眞堂）

Weick, K.E. [1991], *Sensemaking in Organizations*, Sage Publications.（遠田雄志=西本直人訳 [2001]『センスメイキング・イン・オーガニゼーションズ』文眞堂）

Weihrich, H.=Koontz, H. [1993], *Management-A Global Perspective*, 10th ed., McGraw-Hill.

Weizer, N. et al. [1991], *The Arthur D. Little Forecast on Information Technology & Productivity—Making the Integrated Enterprise Work*, John Wiley & Sons.（梅田望夫訳 [1992]『[予測] 情報技術の進化とその生産性』ダイヤモンド社）

Williamson, O.E. [1975], *Market and Hierarchies*, The Free Press.（浅沼萬里=岩崎晃訳 [1980]『市場と企業組織』日本評論社）

Wiener, N. [1949], *The Human Use of Human Beings, Cybernetics and Society*, Houghton Mifflin.（池原止才夫訳 [1954]『人間機械論 サイバネティクスと社会』みすず書房）

Wiseman, C. [1988], *Strategic Information Systems*, Richard D. Irwin.（土屋守章=辻新六訳 [1989]『戦略的情報システム』ダイヤモンド社）

Woodward, J. [1965], *Industrial Organization:Theory and Practice*, Oxford University Press.（矢嶋鈞次=中村嘉雄訳 [1970]『新しい企業組織』日本能率協会）

Woodward, J. (ed.) [1970], *Industrial Organization:Behavior and Control*, Oxford University Press.（都築栄=風間禎三郎=宮城弘裕訳 [1971]『技術と組織行動』日本能率協会）

World Bank [1993], *The East Asian Miracle:Economic Growth and Public Policy*, Oxford University Press.（白鳥正喜監訳 [1994]『東アジアの奇跡―経済成長と政府の役割―』東洋経済新報社）

Wren, D.A. [1994], *The Evolution of Management Thought*, 4th ed., John Wiley & Sons.（佐々木恒夫監訳 [2003]『マネジメントの進化（第4版）』文眞堂）

Yoshino, M.Y.=Rangan, U.S. [1995], *Strategic Alliance:A Entrepreneurial Approach to Global-*

ization, Harvard Business School Press.

和文文献

IBMコンサルティング・グループ［2000］『最適融合のITマネジメント』ダイヤモンド社。

青木淳［1999］『価格と顧客価値のマーケティング戦略―プライス・マネジメントの本質―』ダイヤモンド社。

青木武典［1996］『会計情報システム』日科技連出版社。

青木昌彦［1989］『日本企業の組織と情報』東洋経済新報社。

青木昌彦［1995］『経済システムの進化と多元性』東洋経済新報社。

青木昌彦［1996］『経済システムの比較制度分析』東京大学出版会。

青木昌彦=ロナルド・ドーア編［1995］『国際・学際研究　システムとしての日本企業』NTT出版。

青木昌彦=安藤晴彦編［2002］『モジュール化』東洋経済新報社。

青山監査法人システム監査部編［1984］『高度情報化時代のシステム監査の方法』中央経済社。

アクセンチュア調達戦略グループ［2007］『強い調達』東洋経済新報社。

アーサー・アンダーセン［2000］『図解eビジネス』東洋経済新報社。

アーサーアンダーセンビジネスコンサルティング［1999］『ナレッジマネジメント』東洋経済新報社。

アーサー・D・リトル社環境ビジネス・プラクティス［1997］『環境ビジネスの成長戦略』ダイヤモンド社。

浅川和宏［2003］『グローバル経営入門』日本経済新聞社。

浅川浩=鳩原啓二編［2006］『図解よくわかるISO27001』日本実業出版社。

浅田孝幸編［1994］『情報ネットワークによる経営革新』中央経済社。

浅羽茂［1995］『競争と協力の戦略』有斐閣。

アジア経済研究所編［2009］『アジ研ワールド・トレンドNo.171』アジア経済研究所。

あずさ監査法人=KPMG［2009］『内部統制ガイドブック』東洋経済新報社。

アベグレン=ボストン・コンサルティング・グループ編［1977］『ポートフォリオ戦略』プレジデント社。

安保哲夫［1994］『日本的経営・生産システムとアメリカ』ミネルヴァ書房。

安保哲夫=板垣博=上山邦雄=河村哲二=公文溥［1997］『アメリカに生きる日本的経営システム』東洋経済新報社。

新井信裕［2001］『マネジリアル・コンサルテーション』同友館。

安熙錫［1996］『多角化戦略の日韓比較』税務経理協会。

アンダーセン=朝日監査法人［2001］『図解リスクマネジメント』東洋経済新報社。

飯島淳一［1993］『意思決定支援システムとエキスパートシステム』日科技連出版社。

飯野春樹編［1979］『バーナード：経営者の役割』有斐閣。

井熊均編［2003］『図解　企業のための環境問題（第2版）』東洋経済新報社。

池田理知子編［2010］『よくわかる異文化コミュニケーション』ミネルヴァ書房。

伊佐田文彦［2007］『組織間関係のダイナミズムと競争優位―バーチャル・プロジェクト・カンパニーのビジネス・モデル―』中央経済社。

石井敏=久米昭元=遠山淳=平井一弘=松本茂=御堂岡潔編［1997］『異文化コミュニケーション・ハンドブック』有斐閣。

石井淳蔵=奥村昭博=加護野忠男=野中郁次郎［1996］『経営戦略論』有斐閣。

石井真一［2003］『企業間提携の戦略と組織』中央経済社。

石井逸郎編［2006］『図解　会社法のしくみと実務知識』同文舘出版。

石倉洋子=藤田昌久=前田昇=金井一頼=山崎朗［2003］『日本の産業クラスター戦略―地域における競争優位の確立―』有斐閣。

石黒憲彦=奥田耕士［1995］『CALS―米国ネットワークの脅威―』日刊工業新聞社。

参考文献

石黒憲彦編 [2000]『ベンチャー支援政策ガイド―詳解・新事業創出促進法改正―』日経BP社。
石田晴久 [1991]『コンピュータ・ネットワーク』岩波書店。
石田晴久 [1998]『インターネット自由自在』岩波書店。
石渡徳彌 [1993]『販売情報システム』日科技連出版社。
石名坂邦昭 [1994]『リスク・マネジメントの理論』白桃書房。
井関利明 [1997]「ワン・トゥ・ワン・マーケティングの発想と戦略」『ハーバード・ビジネス・
　レビュー　1997年5月号』ダイヤモンド社。
磯辺剛彦=牧野成史=クリスティーヌ・チャン [2010]『国境と企業―制度とグローバル戦略の実
　証分析―』東洋経済新報社。
伊丹敬之 [1984]『新・経営戦略の論理』日本経済新聞社。
伊丹敬之 [1999]『場のマネジメント』NTT出版。
伊丹敬之 [2003]『経営戦略の論理（第3版）』日本経済新聞社。
伊丹敬之 [2004]『経営と国境』白桃書房。
伊丹敬之=加護野忠男 [1989]『ゼミナール経営学入門』日本経済新聞社。
伊丹敬之=加護野忠男=伊藤元重編 [1993a]『日本の企業システム2　組織と戦略』有斐閣。
伊丹敬之=加護野忠男=伊藤元重編 [1993b]『日本の企業システム4　企業と市場』有斐閣。
伊丹敬之=加護野忠男=宮本又郎=米倉誠一郎編 [1998]『イノベーションと技術蓄積』有斐閣。
伊丹敬之=松島茂=橘川武郎編 [1998]『産業集積の本質』有斐閣。
伊丹敬之=西口敏弘=野中郁次郎編 [2000]『場のダイナミズムと企業』東洋経済新報社。
伊丹敬之=加護野忠男 [2003]『ゼミナール経営学入門（第3版）』日本経済新聞社。
伊丹敬之=西野和美 [2004]『ケースブック経営戦略の論理』日本経済新聞社。
伊丹敬之=森健一 [2006]『技術者のためのマネジメント入門』日本経済新聞社。
伊藤孝夫 [1999]『ネットワーク組織と情報』白桃書房。
伊藤孝夫 [2002]『ネットワーク組織と情報〔増補版〕』白桃書房。
伊藤元重 [1989]『ゼミナール国際経済入門』日本経済新聞社。
伊藤元重 [2005]『ゼミナール国際経済入門（改訂3版）』日本経済新聞社。
稲葉元吉=貫隆夫=奥村康治編 [2004]『情報技術革新と経営学』中央経済社。
稲葉元吉=山倉健嗣編 [2007]『現代経営行動論』白桃書房。
井上善海 [2002]『ベンチャー企業の成長と戦略』中央経済社。
井原智人=柴田英樹 [2000]『ビジネスモデル特許戦略』東洋経済新報社。
今井賢一編 [1986]『イノベーションと組織』東洋経済新報社。
今井賢一編 [1989]『プロセスとネットワーク―知識・技術・経済制度―』NTT出版。
今井賢一 [1992]『資本主義のシステム間競争』筑摩書房。
今井賢一 [2008]『創造的破壊とは何か―日本産業の再挑戦―』東洋経済新報社。
今井賢一=伊丹敬之=小池和夫 [1983]『内部組織の経済学』東洋経済新報社。
今井賢一=金子郁容 [1988]『ネットワーク組織論』岩波書店。
今井賢一=小宮隆太郎編 [1989]『日本の企業』東京大学出版会。
今井賢一=國領二郎 [1994]『プラットフォーム・ビジネス―オープン・アーキテクチャ時代のス
　トラテジック・ビジョン―』情報通信総合研究所。
今口忠政=李新建=申美花 [2003]『事業再構築のための撤退戦略とマネジメント調達』三田商学
　研究。
今田高俊 [1986]『自己組織性―社会理論の復活―』創文社。
岩田龍子 [1977]『日本的経営の編成原理』文眞堂。
岩田龍子 [1984]『「日本的経営」論争』日本経済新聞社。
植草益 [2000]『産業融合―産業組織の新たな方向―』岩波書店。
植草益=井手秀樹=竹中康治=堀江明子=菅久修一 [2002]『現代産業政策論』NTT出版。
植之原道行 [2004]『戦略的技術経営のすすめ』日刊工業新聞社。

上田和勇［2007］『企業価値創造型リスクマネジメント―その概念と事例―』白桃書房。

上田泰［2003］『組織行動研究の展開』白桃書房。

上田泰＝宮川公男［1995］『組織の人間行動』中央経済社。

植田和弘［1996］『環境経済学』岩波書店。

植竹晃久＝仲田正機編［1999］『現代企業の所有・支配・管理―コーポレート・ガバナンスと企業
　管理システム―』ミネルヴァ書房。

魚田勝臣＝小碇暉雄［1993］『データベース』日科技連出版社。

宇野善康［1990］『〈普及学〉講義』有斐閣。

梅澤正［1990］『企業文化の革新と創造』有斐閣。

梅澤正［2003］『組織文化　経営文化　企業文化』同文舘出版。

梅棹忠夫［1963］「情報産業論」『放送朝日1月号』4-17頁。

梅津裕良［2003］『MBA　人材・組織マネジメント』生産性出版。

浦田秀次郎＝財務省財務総合政策研究所編［2009］『グローバル化と日本経済』勁草書房。

占部都美［1981］『現代経営組織論』白桃書房。

占部都美［1991］『改訂経営学総論』白桃書房。

映像情報メディア学会編［2002］『ネットワーク技術―基本からブロードバンドまで―』オーム社。

江上豊彦［2000］（BMP研究会編［2000］『図解でわかるビジネスモデル特許』日本能率協会マ
　ネジメントセンター，所収）

SCM研究会［1999］『〔図解〕サプライチェーン・マネジメント』日本実業出版社。

江夏健一＝桑名義晴編［2006］『新版　理論とケースで学ぶ国際ビジネス』同文舘出版。

江夏健一＝太田正孝＝藤井健［2008］『国際ビジネス入門』中央経済社。

江夏健一＝桑名義晴＝岸本寿生編［2008］『国際ビジネス研究の新潮流』中央経済社。

江夏健一＝長谷川信次＝長谷川礼［2008］『国際ビジネス理論』中央経済社。

海老澤栄一［1992］『組織進化論』白桃書房。

海老澤栄一＝一瀬益夫＝堀内正博＝佐藤修＝上田泰［1988］『例解情報管理』同友館。

王効平＝尹大栄＝米山茂美［2005］『日中韓企業の経営比較』税務経理協会。

大阪市立大学商学部編［2001］『国際ビジネス』有斐閣。

大阪市立大学商学部編［2003］『経営情報』有斐閣。

太田雅晴［1994］『生産情報システム』日科技連出版社。

大滝精一＝金井一頼＝山田英夫＝岩田智［1997］『経営戦略―創造性と社会性の追求―』有斐閣。

大滝精一＝金井一頼＝山田英夫＝岩田智［2006］『経営戦略―創造性と社会性の追求―（新版）』有
　斐閣。

大塚久雄［1966］『社会科学の方法』岩波書店。

大月博司［1999］『組織変革とパラドックス』同文舘出版。

大月博司＝高橋正泰編［2003］『経営組織』学文社。

大月博司＝山口善昭＝高橋正泰［2008］『経営学―理論と体系―』同文舘出版。

大坪稔［2005］『日本企業のリストラクチャリング』中央経済社。

大野健一［2000］『途上国のグローバリゼーション』東洋経済新報社。

大野耐一［1978］『トヨタ生産方式―脱規模の経営をめざして―』ダイヤモンド社。

大前研一編［1979］『マッキンゼー　現代の経営戦略』プレジデント社。

大前研一［1984］『ストラテジック・マインド』プレジデント社。

岡田昌也＝永田誠＝吉田修［1980］『ドイツ経営学入門』有斐閣。

小川進［2000］『ディマンド・チェーン経営―流通業の新ビジネスモデル―』日本経済新聞社。

小河光生［2001］『分社経営―最高組織はカンパニー制か持ち株会社か―』ダイヤモンド社。

奥林康司＝稲葉元吉＝貫隆夫編［2002］『NPOと経営』中央経済社。

奥村昭博［1989］『経営戦略』日本経済新聞社。

奥村皓一＝夏目啓二＝上田慧［2006］『テキスト多国籍企業』ミネルヴァ書房。

奥村恵一［1997］『経営管理論』有斐閣。

小椋康宏編［2001］『経営環境論（第2版）』学文社。

小樽商科大学ビジネススクール編［2004］『MBAのためのケース分析』同文舘出版。

尾花兼司［2001］「ベンチャー企業支援型税制に関する一考察—21世紀を担う起業家の輩出と支援税制の確立に向けて—」『経済学年誌（帝京大学）』第9号，223-273頁。

折橋靖介［2003］『多国籍企業の意思決定と行動原理』白桃書房。

外務省監修［1973］『多国籍企業と国際開発』国際開発ジャーナル。

角瀬保雄＝川口清史編［1999］『非営利・協同組織の経営』ミネルヴァ書房。

加護野忠男［1980］『経営組織の環境適応』白桃書房。

加護野忠男［1988a］『組織認識論』千倉書房。

加護野忠男［1988b］『企業のパラダイム革命』講談社。

加護野忠男［1999］『〈競争優位〉のシステム』PHP研究所。

加護野忠男＝野中郁次郎＝榊原清則＝奥村昭博［1983］『日米企業の経営比較—戦略的環境適応の理論—』日本経済新聞社。

加護野忠男＝井上達彦［2004］『事業システム戦略』有斐閣。

片岡雅憲［2003］（國領二郎＝野中郁次郎＝片岡雅憲［2003］『ネットワーク社会の知識経営』NTT出版，所収）

片山修［2011］『サムスンの戦略的マネジメント』PHP研究所。

加藤秀樹編［1996］『アジア各国の経済・社会システム　インド・インドネシア・韓国・タイ・中国』東洋経済新報社。

金井一頼＝角田隆太郎編［2002］『ベンチャー企業経営論』有斐閣。

金井壽宏［1991］『変革型ミドルの探究』白桃書房。

金井壽宏［1999］『経営組織』日本経済新聞社。

金井壽宏＝高橋潔［2004］『組織行動の考え方』東洋経済新報社。

蟹江章［2008］『会社法におけるコーポレート・ガバナンスと監査』同文舘出版。

金森久雄＝土志田征一編［1991］『景気の読み方』有斐閣。

金子郁容［1986］『ネットワーキングへの招待』中央公論社。

上林憲雄＝厨子直之＝森田雅也［2010］『経験から学ぶ人的資源管理』有斐閣。

亀井利明＝亀井克之［2009］『リスクマネジメント総論（増補版）』同文舘出版。

河合忠彦［1996］『戦略的組織革新』有斐閣。

河合忠彦［2004］『ダイナミック戦略論—ポジショニング論と資源論を超えて—』有斐閣。

企業倫理研究グループ［2007］『日本の企業倫理—企業倫理の研究と実践—』白桃書房。

岸川善光［1990］『ロジスティクス戦略と情報システム』産業能率大学。

岸川善光［1999］『経営管理入門』同文舘出版。

岸川善光［2000］「ビジネス・ロジスティクスの現状およびその企業業績に及ぼす効果に関する研究—SCM（Supply Chain Management）の進展を踏まえて—」東京大学。

岸川善光［2002］『図説経営学演習』同文舘出版。

岸川善光他［2003］『環境問題と経営診断』同友館。

岸川善光編［2004a］『イノベーション要論』同文舘出版。

岸川善光［2004b］「バリュー・チェーンの再構築」『ビジネス研究のニューフロンティア』五絃舎。

岸川善光［2006］『経営戦略要論』同文舘出版。

岸川善光編［2007a］『ケースブック経営診断要論』同文舘出版。

岸川善光［2007b］『経営診断要論』同文舘出版。

岸川善光編［2008］『ベンチャー・ビジネス要論（改訂版）』同文舘出版。

岸川善光編［2009a］『ケースブック経営管理要論』同文舘出版。

岸川善光［2009b］『図説経営学演習（改訂版）』同文舘出版。

岸川善光編［2010a］『エコビジネス特論』学文社。

岸川善光編 ［2010b］『アグリビジネス特論』学文社。
岸川善光編 ［2010c］『コンテンツビジネス特論』学文社。
岸川善光編 ［2011］『サービス・ビジネス特論』学文社。
岸川善光編 ［2012a］『スポーツビジネス特論』学文社。
岸川善光編 ［2012b］『経営環境要論』同文舘出版。
岸川善光編 ［2015a］『経営管理要論』同文舘出版。
岸川善光編 ［2015b］『経営組織要論』同文舘出版。
岸川善光編 ［2016］『グローバル経営要論』同文舘出版。
岸川善光編 ［2017］『経営情報要論』同文舘出版。
岸田民樹編 ［2005］『現代経営組織論』有斐閣。
岸田民樹 ［2006］『経営組織と環境適応』白桃書房。
岸田民樹＝田中正光 ［2009］『経営学説史』有斐閣。
岸田雅雄 ［2006］『ゼミナール会社法入門（第6版）』日本経済新聞社。
北野利信編 ［1977］『経営学説史入門』有斐閣。
木村眞人編 ［1997］『土壌圏と地球環境問題』名古屋大学出版会。
QC手法開発部会編 ［1979］『管理者・スタッフのための新QC七つ道具』日科技連出版社。
清成忠男＝中村秀一郎＝平尾光司 ［1971］『ベンチャー・ビジネス―頭脳を売る小さな大企業―』
　　日本経済新聞社。
清成忠男＝田中俊見＝港徹雄 ［1996］『中小企業論』有斐閣。
楠田喜宏 ［2005］「サービスロボット技術発展の系統化調査」（国立科学博物館＝産業技術史資料
　　情報センター ［2005］『技術の系統化調査報告第5集』国立科学博物館）。
國友義久 ［1994］『情報システムの分析・設計』日科技連出版社。
久保田正道他 ［2009］『情報通信技術と経営』日科技連出版社。
公文俊平 ［1994］『情報文明論』NTT出版。
栗林世＝谷口洋史 ［2007］『現代経済政策』文眞堂。
車戸實編 ［1987］『新版　経営管理の思想家たち』早稲田大学出版部。
黒須誠治 ［1997］『次世代生産システム』白桃書房。
株式会社グロービス ［1995］『MBAマネジメント・ブック』ダイヤモンド社。
株式会社グロービス ［1996］『MBAアカウンティング』ダイヤモンド社。
株式会社グロービス ［1997］『MBAマーケティング』ダイヤモンド社。
株式会社グロービス ［1998］『MBAビジネスプラン』ダイヤモンド社。
グロービス・マネジメント・インスティテュート編 ［1999b］『MBAファイナンス』ダイヤモン
　　ド社。
グロービス・マネジメント・インスティテュート編 ［1999c］『MBAゲーム理論』ダイヤモンド社。
グロービス・マネジメント・インスティテュート編 ［2002］『MBA人材マネジメント』ダイヤモ
　　ンド社。
グロービス経営大学院編 ［2010］『グロービスMBA事業開発マネジメント』ダイヤモンド社。
桑田耕太郎＝田尾雅夫 ［1998］『組織論』有斐閣。
桑田耕太郎＝田尾雅夫 ［2010］『組織論（補訂版）』有斐閣。
桑田秀夫 ［1998］『生産管理概論（第2版）』日刊工業新聞社。
慶應義塾大学ビジネススクール編 ［2004］『人的資源マネジメント戦略』有斐閣。
慶應義塾大学ビジネススクール編 ［2005］『組織マネジメント戦略』有斐閣。
景気循環学会＝金森久雄編 ［2002］『ゼミナール　景気循環入門』東洋経済新報社。
経済企画庁調査局編 ［1990］『平成2年度版　日本経済の現状』大蔵省印刷局。
経済産業省（当時は通商産業省） ［1999］『企業のITガバナンス向上に向けて：情報化レベル自
　　己診断スコアカードの活用』日本情報処理開発協会。
経済産業省 ［2002］『産業競争力と知的財産を考える研究会　報告書』経済産業省。

経済産業省監修［2004］『新版　システム監査基準／システム管理解説書（平成16年基準策定版）』日本情報処理開発協会。

経済産業省編［2005］『先進企業から学ぶ事業リスクマネジメント実践テキスト』経済産業省。

経済産業省企業行動課編［2007］『コーポレート・ガバナンスと内部統制―信頼される経営のために―』経済産業調査会。

経済産業省［2009］『情報セキュリティガバナンス導入ガイガンス』経済産業省。

経済産業省［2010］『「国境を越える電子商取引の法的問題に関する検討会」報告書』経済産業省。

経済産業省貿易協力局通商金融・経済協力課［2010］『グローバル金融メカニズム分科会最終報告書』経済産業調査会。

経済産業省=厚生労働省=文部科学省編［2009］『ものづくり白書　2009年版』佐伯印刷。

経済同友会［1985］『1990年代の企業経営のあり方に関する提言』㈳経済同友会。

KPMGビジネスアシュアランス［2004］『情報セキュリティ監査制度―管理態勢の構築と監査の実施―』中央経済社。

小池晃［2002］『知的財産戦略大綱と知的財産基本法』日本法令。

小池和男［1994］『日本の雇用システム』東洋経済新報社。

小池澄男［1995］『新・情報社会論』学文社。

小池澄男［1998］『新・情報社会論（改訂版）』学文社。

河野豊弘［1985］『現代の経営戦略―企業文化と戦略の統合―』ダイヤモンド社。

神戸大学大学院経営学研究室編［1999］『経営学大辞典　第2版』中央経済社。

国領二郎［1995］『オープン・ネットワーク経営』日本経済新聞社。

国領二郎［1999］『オープン・アーキテクチャ戦略―ネットワーク時代の協働モデル―』ダイヤモンド社。

国領二郎=野中郁次郎=片岡雅憲［2003］『ネットワーク社会の知識経営』NTT出版。

児玉文雄［2007］『技術経営戦略』オーム社。

後藤晃［1993］『日本の技術革新と産業組織』東京大学出版会。

小林慎和=高田広太郎=山下達郎=伊部和晃［2011］『超巨大市場をどう攻略するか』野村総合研究所／日本経済新聞出版社。

小林秀之編［2006］『新会社法とコーポレート・ガバナンス（第2版）』中央経済社。

小宮隆太郎［1989］『現代中国経済：日中の比較考察』東京大学出版会。

近藤修司［1985］『新版　技術マトリクスによる新製品・新事業探索法』日本能率協会。

近藤文雄=陶山計介=青木俊明編［2001］『21世紀のマーケティング戦略』ミネルヴァ書房。

税所哲郎［2012］『現代組織の情報セキュリティ・マネジメント―その戦略と導入・策定・運用―』白桃書房。

斎藤毅憲［1983］『上野陽一―人と業績―』産業能率大学。

斎藤毅憲［1986］『上野陽一と経営学のパイオニア』産業能率大学。

斎藤毅憲編［1995］『革新する経営学』同文舘出版。

斎藤毅憲編［2011］『新経営学の構図』学文社。

堺屋太一［1985］『知価革命』PHP研究所。

榊原清則［1992］『企業ドメインの戦略論』中央公論社。

榊原清則=大滝精一=沼上幹［1989］『事業創造のダイナミクス』白桃書房。

坂下昭宣［1985］『組織行動研究』白桃書房。

坂下昭宣［2002］『組織シンボリズム論―論点と方法―』白桃書房。

坂村健［2002］『ユビキタス・コンピュータ革命―次世代社会の世界標準―』角川書店。

坂本英樹［2001］『日本におけるベンチャー・ビジネスのマネジメント』白桃書房。

坂本光司［2000］『ベンチャー創造学』同友館。

咲川孝［1998］『組織文化とイノベーション』千倉書房。

佐久間信夫［2003］『企業支配と企業統治』白桃書房。

佐々木紀行［2001］『eMAPから見る最新EC動向』アスキー。

佐藤修編［1997］『経営管理支援型情報システム』日科技連出版社。

澤田康幸［2003］『基礎コース　国際経済学』新生社。

産業能率大学総合研究所バリューイノベーション研究プロジェクト編［2008］『バリューイノベーション―顧客価値・事業価値創造の考え方と方法―』産業能率大学出版部。

塩次喜代明［1998］『地域企業のグローバル経営戦略』九州大学出版会。

塩次喜代明＝高橋信夫＝小林敏男［1999］『経営管理』有斐閣。

塩谷未知［1997］『生物学に学ぶビジネス戦略』実務教育出版。

柴田英寿＝伊原智人［2000］『ビジネスモデル特許戦略』東洋経済新報社。

嶋口充輝［1986］『統合マーケティング』日本経済新聞社。

嶋口充輝［1997］『柔らかいマーケティングの論理』ダイヤモンド社。

嶋口充輝他編［1998］『マーケティング革新の時代　(1)顧客創造』有斐閣。

嶋口充輝他編［1999a］『マーケティング革新の時代　(2)製品開発革新』有斐閣。

嶋口充輝他編［1999ｂ］『マーケティング革新の時代　(3)ブランド構築』有斐閣。

島田達巳［1991］『情報技術と経営組織』日科技連出版社。

島田達巳＝海老澤栄一編［1989］『戦略的情報システム』日科技連出版社。

島田達巳＝高原康彦［1993］『経営情報システム』日科技連出版社。

島田達巳＝高原康彦［2007］『経営情報システム（改訂第３版)』日科技連出版社。

島田達巳＝遠山暁編［2003］『情報技術と企業経営』学文社。

下崎千代子［1993］『人事情報システム』日科技連出版社。

ジョージ・フィールズ［1996］『超日本型経営』東洋経済新報社。

情報処理推進機構ソフトウェア・エンジニアリング・センター編［2009］『SEC Books 共通フレーム2007（第２版)』オーム社。

情報処理推進機構ソフトウェア・エンジニアリング・センター編［2013］『SEC Books 共通フレーム2013』情報処理推進機構。

白石弘幸［2003］『組織ナレッジと情報―メタナレッジによるダイナミクス―』千倉書房。

新QC七つ道具研究会編［1981］『新QC七つ道具の企業への展開』日科技連出版社。

新宅純二郎［1994］『日本企業の競争戦略』有斐閣。

新宅純二郎＝浅羽茂編［2001］『競争戦略のダイナミズム』日本経済新聞社。

末松千尋［1995］『CALSの世界』ダイヤモンド社。

菅原貴与志［2014］『詳解個人情報保護法と企業法務（第５版)』民事法研究会。

鈴木辰治＝角野信夫編［2000］『企業倫理の経営学』ミネルヴァ書房。

清家彰敏［1995］『日本型組織間関係のマネジメント』白桃書房。

全日法規研究室編［2003］『最新現代経営戦略事例全集第５巻』エム・シーコーポレーション。

曹斗燮＝尹鐘彦［2005］『三星の技術能力構築戦略』有斐閣。

総務省［2004］『平成16年版　情報通信白書』ぎょうせい。

総務省［2015］『平成27年版　情報通信白書』日経印刷。

十川廣國［2002］『新戦略経営・変わるミドルの役割』文眞堂。

十川廣國［2006］『経営組織論』中央経済社。

ダイヤモンド・ハーバード・ビジネス編集部編［1997］『複雑系の経済学』ダイヤモンド社。

ダイヤモンド・ハーバード・ビジネス編集部編［1998a］『顧客サービスの競争優位戦略―個客価値創造のマーケティング―』ダイヤモンド社。

ダイヤモンド・ハーバード・ビジネス編集部編［1998b］『バリューチェーン解体と再構築』ダイヤモンド社。

ダイヤモンド・ハーバード・ビジネス編集部編［1998c］『サプライチェーン理論と戦略―部分最適から「全体最適」の追求へ―』ダイヤモンド社。

ダイヤモンド・ハーバード・ビジネス編集部編［2000］『ナレッジ・マネジメント』ダイヤモン

ド社。

ダイヤモンド・ハーバード・ビジネス編集部編［2002］『リーダーシップ』ダイヤモンド社。

ダイヤモンド・ハーバード・ビジネス編集部編［2006］『サプライチェーンの経営学』ダイヤモンド社。

田尾雅夫［1999］『組織の心理学　新版』有斐閣。

高巌＝Donaldson, T.［2003］『新版・ビジネス・エシックス』文眞堂。

高木晴夫他［1995］『マルチメディア時代の人間と社会―ポリエージェントソサエティ―』日科技連出版社。

高田馨［1974］『経営者の社会的責任』千倉書房。

高田馨［1989］『経営の倫理と責任』千倉書房。

高野太門［1970］『経営診断の理論と実際』中央経済社。

高橋輝男＝ネオ・ロジスティクス共同研究会［1997］『ロジスティクス―理論と実践―』白桃書房。

高橋俊夫編［1995］『コーポレート・ガバナンス―日本とドイツの企業システム―』中央経済社。

高橋俊夫監修［2002］『比較経営論―アジア・ヨーロッパ・アメリカの企業と経営―』税務経理協会。

高橋伸夫［1997］『組織文化の経営学』中央経済社。

高橋伸夫編［2000］『超企業・組織論―企業を超える組織のダイナミズム―』有斐閣。

高橋伸夫［2006］『経営の再生―戦略の時代・組織の時代―』有斐閣。

高橋秀雄［1998］『サービス業の戦略的マーケティング』中央経済社。

高橋正泰＝山口善昭＝磯山優＝文智彦［1998］『経営組織論の基礎』中央経済社。

高原康彦＝高津信三編［1991］『経営情報システム』日刊工業新聞社。

高柳暁＝飯野春樹編［1991］『新版　経営学(2)』有斐閣。

高柳暁＝飯野春樹編［1992］『新版　経営学(1)』有斐閣。

武井勲［1987］『リスク・マネジメント総論』中央経済社。

武井勲［1998］『リスク・マネジメントと危機管理』中央経済社。

竹村健一監修［2006］『サムスンはいかにして「最強の社員」をつくつたか―日本企業が追い抜かれる理由―』祥伝社。

田坂広志［1997］『複雑系の経営』東洋経済新報社。

田代洋一＝萩原伸次郎＝金澤史男編［2011］『現代の経済政策（第4版）』有斐閣。

田辺昇一［1978］『経営コンサルタント入門』ダイヤモンド社。

多田富雄［1997］『生命の意味論』新曜社。

田中照純［1998］『経営学の方法と歴史』ミネルヴァ書房。

田中讓［2003］『総論ベンチャービジネス―事業創造の理論と実践―』金融財政事情研究会。

谷本寛治＝田尾雅夫［2002］『NPOと事業』ミネルヴァ書房。

丹下博文［1992］『検証日米ビジネススクール』同文舘出版。

丹下博文［2003］『新版　国際経営とマーケティング―グローバル化への新たなパラダイム―』同文舘出版。

丹下博文［2005］『企業経営の社会性研究―社会貢献・地球環境・高齢化への対応―（第2版）』中央経済社。

丹野勲［2005］『アジア太平洋の国際戦略』同文舘出版。

中国国務院発展研究センター・中国社会科学院編［1993］『社会主義市場経済』中国国務院発展研究センター・中国社会科学院（小島麗逸＝高橋満＝叢小榕訳［1996］『中国経済（上）・（下）』総合法令）。

中小企業診断協会編［1972］『新版　企業診断ハンドブック（商業編）』同友館。

中小企業診断協会編［1975］『新版　企業診断ハンドブック（工業編）』同友館。

中小企業診断協会編［2001］『コンサルティング・コーチング』同友館。

中小企業診断協会編［2004a］『中小企業診断士の「経営診断・支援原則」と「業務遂行指針」』

同友館。

中小企業診断協会編［2004b］『コンサルティング・イノベーション』同友館。

津田眞澄［1977］『日本的経営の論理』中央経済社。

土田義憲［2006］『会社法の内部統制システム』中央経済社。

土屋守章［1974］『ハーバード・ビジネス・スクールにて』中央公論社。

土屋茂久［1996］『柔らかい組織の経営』同文舘出版。

土屋守章＝岡本久吉［2003］『コーポレート・ガバナンス論―基礎理論と実際―』有斐閣。

出川通［2004］『技術経営の考え方：MOTと開発ベンチャーの現場から』光文社。

出川通［2009］『最新　MOT（技術経営）の基本と実践がよ～く分かる本：技術者と企業のための即戦力マニュアル』秀和システム。

寺本義也［1990］『ネットワークパワー』NTT出版。

寺本義也他［1993］『学習する組織―近未来型組織戦略―』同文舘出版。

寺本義也編［1997］『日本企業のコーポレート・ガバナンス』生産性出版。

寺本義也［1999］「知創経営とイノベーション」（日本経営協会編『OMUNI-MANAGEMENT　平成11年7月号』，所収）

寺本義也＝原田保編［1999］『図解インターネットビジネス』東洋経済新報社。

寺本義也＝原田保編［2000］『環境経営』同友館。

寺本義也＝岩崎尚人［2000］『ビジネスモデル革命―競争優位のドメイン転換―』生産性出版。

寺本義也＝山本尚利［2004］『MOTアドバンスト新事業戦略』日本能率協会マネジメントセンター。

寺本義也＝岩崎尚人＝近藤正弘［2007］『ビジネスモデル革命（第2版）』生産性出版。

電気通信産業連盟編［1994］『コンピュートピア　1994-1996』電気通信産業連盟。

東北大学経営学グループ［1998］『ケースに学ぶ経営学』有斐閣。

東山尚［2008］『IT投資とコストマネジメント』NTT出版。

遠山曉［1998］『現代経営情報システムの研究』日科技連出版社。

遠山曉＝小川正博編［1996］『ネットワークビジネス型情報システム』日科技連出版社。

遠山曉＝村田潔＝岸眞理子［2003］『経営情報論』有斐閣。

トーマツ編［1994］『ビジネス・プロセス・リエンジニアリング』中央経済社。

内閣府経済社会総合研究所編［2011a］『経済財政白書（平成23年版）』佐伯印刷。

内閣府経済社会総合研究所編［2011b］『高齢社会白書（平成23年版）』印刷通販株式会社。

中田信哉［2001］『ロジスティクス・ネットワークシステム』白桃書房。

永田晃也［2004］『知的財産マネジメント―戦略と組織構造―』中央経済社。

中村久人［2010］『グローバル経営の理論と実態（新訂版）』同文舘出版。

中村瑞穂編［2003］『企業倫理と企業統治―国際比較―』文眞堂。

中山眞［2006］『ロボットが日本を救う』東洋経済新報社。

中山信弘［1996］『マルチメディアと著作権』岩波書店。

夏目武編［2009］『ライフサイクルコスティング』日科技連出版社。

難波田春夫［1969a］『国家と経済―近代社会の論理学―』前野書店。

難波田春夫［1969b］『社会科学研究』前野書店。

並木高矣［1971］『生産管理の分析と診断』日刊工業新聞社。

並木高矣［1975］『工場診断のすすめ方』同友館。

西垣通［1994］『マルチメディア』岩波書店。

西澤脩［1976］『財務管理』産業能率短期大学通信教育部。

日通総合研究所［1991］『最新物流ハンドブック』白桃書房。

日本関税協会［2012］『貿易と関税　通巻第706号』日本関税協会。

日本経営協会編［1999］『OMUNI-MANAGEMENT 平成11年7月号』日本経営協会。

日本経営診断学会編［1994］『現代経営診断事典』同友館。

日本システム監査人協会編［2016］『システム監査を知るための小冊子（改訂1版）』日本システ

ム監査人協会。

日本情報処理開発協会編［1991］『わが国の情報化』日本情報処理開発協会。

日本情報処理開発協会電子取引推進センター［2003］『企業間電子商取引の拡大とオープン化に関する調査研究』日本情報処理開発協会。

日本情報処理開発協会ISMS制度推進室［2005］『ISO／IEC27001への移行計画』日本情報処理開発協会。

日本生産管理学会編［1999］『生産管理ハンドブック』日刊工業新聞社。

日本総合研究所編［1993］『生命論パラダイムの時代』ダイヤモンド社。

日本総合研究所SCM研究グループ［1999］『図解サプライチェーン・マネジメント早わかり』中経出版。

日本総合研究所［2008］『地球温暖化で伸びるビジネス』東洋経済新報社。

日本ロジスティクス協会［2014］「2013年度物流情報システムの連携，物流情報の可視化による物流の効率化調査報告書」公益社団法人日本ロジスティクス協会。

丹羽清［2006］『技術経営論』東京大学出版会。

丹羽清＝山田肇編［1999］『技術経営戦略』生産性出版。

庭本佳和［2006］『バーナード経営学の展開』文眞堂。

沼上幹［2000］『行為の経営学―経営学における意図せざる結果の探究―』白桃書房。

沼上幹［2004］『組織デザイン』日本経済新聞社。

野中郁次郎［1983］『経営管理』日本経済新聞社

野中郁次郎［1986］（今井賢一編［1986］『イノベーションと組織』東洋経済新報社，所収）

野中郁次郎［2002a］『企業進化論』日本経済新聞社。

野中郁次郎編［2002b］『イノベーションとベンチャー企業』八千代出版。

野中郁次郎＝寺本義也編［1987］『経営管理』中央経済社。

野中郁次郎＝永田晃［1995］『日本型イノベーション・システム―成長の軌跡と変革への挑戦―』白桃書房。

野中郁次郎＝竹内弘高［1996］『知識創造企業』東洋経済新報社。

野中郁次郎＝紺野登［1999］『知識経営のすすめ』筑摩書房。

野中郁次郎＝紺野登［2003］『知識創造の方法論』東洋経済新報社。

野村清［1983］『サービス産業の発想と戦略』電通。

野村総合研究所システムコンサルティング事業本部［2000］『図解CIOハンドブック』野村総合研究所。

根来龍之＝経営情報学会編［2010］『CIOのための情報・経営戦略―ITと経営の融合―』中央経済社。

朴慶心［2012］「米国・日本・韓国における半導体企業の競争戦略に関する研究―経済システム・産業システム・経営システムの関係性分析を踏まえて―」横浜市立大学大学院国際マネジメント研究科。

朴昌明［2004］『韓国の企業社会と労使関係―労使関係におけるデュアリズムの進化―』ミネルヴァ書房。

間宏［1964］『日本労務管理史研究』ダイヤモンド社。

間宏［1971］『日本的経営』日本経済新聞社。

間宏［1989］『経営社会学―現代企業の理解のために―（新版）』有斐閣。

長谷川信次［1998］『多国籍企業の内部化理論と戦略提携』同文舘出版。

長谷川俊明［2005］『新会社法が求める内部統制とその開示』中央経済社。

畠中伸敏編［2005］『個人情報保護とリスク分析』日本規格協会。

畠中伸敏編［2008］『情報セキュリティのためのリスク分析・評価（第2版）』日科技連出版社。

八田進二＝橋本尚共訳［2000］『英国のコーポレート・ガバナンス―キャドベリー委員会報告書，グリーンベリー委員会報告書，ハンペル委員会報告書―』白桃書房。

八田進二＝橋本尚＝町田祥弘共訳［2001］『コーポレート・ガバナンス―南アフリカキング委員会報告書―』白桃書房。

八田進二＝町田祥弘［2007］『内部統制基準を考える』同文舘出版。

花岡菖［1998］『情報化戦略―IS資源の戦略的配分の枠組み―』日科技連出版社。

花岡菖［2003］『組織の境界と情報倫理』白桃書房。

濱口恵俊編［1993］『日本型モデルと何か』新曜社。

濱口恵俊＝公文俊平編［1982］『日本的集団主義』有斐閣。

林紘一郎［1989］『ネットワーキングの経済学』NTT出版。

林正樹＝井上照幸＝小阪隆秀編［2001］『情報ネットワーク経営』ミネルヴァ書房。

林正樹＝遠山曉編［2003］『グローバルな時代の経営革新』中央大学出版部。

林雄二郎［1969］『情報化社会』講談社。

林吉郎［1985］『異文化インターフェース管理』有斐閣。

林吉郎［1994］『異文化インターフェース経営』日本経済新聞社。

BMP研究会編［2000］『図解でわかるビジネスモデル特許』日本能率協会マネジメントセンター。

日立ソフトウェアエンジニアリング＝グローバルセキュリティエキスパート［2008］『情報セキュリティガバナンス』社会経済生産性本部。

一橋大学イノベーション研究センター編［2001a］『知識とイノベーション』東洋経済新報社。

一橋大学イノベーション研究センター編［2001b］『イノベーショ・マネジメント入門』日本経済新聞社。

平井泰太郎＝清水昌編［1962］『経営診断』青林書院新社。

開本浩矢編［2007］『入門　組織行動論』中央経済社。

福島義明［1998］『サプライチェーン経営革命』日本経済新聞社。

福田恵介［2002］『サムスン電子』東洋経済新報社。

福田慎一＝照山博司［2011］『マクロ経済学入門（第4版）』有斐閣。

福永邦雄＝泉正夫＝荻原昭夫［2002］『コンピュータ通信とネットワーク（第5版）』共立出版。

福永文美夫［2007］『経営学の進化―進化論的経営学の提唱―』文眞堂。

藤本隆弘［1997］『生産システムの進化論』有斐閣。

藤本隆弘＝武石彰＝青島矢一編［2001］『ビジネス・アーキテクチャ』有斐閣。

藤本隆弘＝新宅純二郎編［2005］『中国製造業のアーキテクチャ分析』東洋経済新報社。

藤芳誠一編［1972］『図説経営学体系10 経営学』学文社。

藤芳誠一編［1989］『経営管理学事典』泉文社。

二神恭一編［2006］『新版 ビジネス・経営学辞典』中央経済社。

二村敏子他［1982］『組織の中の人間行動』有斐閣。

二村敏子［2004］『現代ミクロ組織論』有斐閣。

古川栄一［1967］『経営学通論』同文舘出版。

古瀬幸広＝広瀬克哉［1996］『インターネットが変える世界』岩波書店。

古田健二［2006］『第5世代のテクノロジーマネジメント』中央経済社。

ヘンリー幸田［2000］『ビジネスモデル特許』日刊工業新聞社。

ボストン・コンサルティング・グループ（BCG）［1990］『タイムベース競争―90年代の必勝戦略―』プレジデント社。

程近智＝勝屋信昭＝日置克史［1998］『eエンタープライズへの挑戦―バリューネットの再構築―』ダイヤモンド社。

洞口治夫［1992］『日本企業の海外直接投資』東京大学出版会。

堀出一郎＝山田晃久［2003］『グローバルマーケティング戦略』中央経済社。

堀部政男［1988］『プライバシーと高度情報化社会』岩波書店。

前田章［2010］『ゼミナール環境経済学入門』日本経済新聞社。

牧野二郎＝亀松太郎［2006］『内部統制システムのしくみと実務対策』日本実業出版社。

馬越恵美子［2000］『異文化経営論の展開』学文社。

正村俊之［2000］『情報空間論』勁草書房。

増田米二［1968］『情報社会入門：コンピュータは人間社会を変える』ぺりかん社。

松江英夫［2003］『経営統合戦略マネジメント』日本能率協会マネジメントセンター。

松崎和久編［2006］『経営組織─組織デザインと組織変革─』学文社。

松田修一［1997］『起業論』日本経済新聞社。

松田修一［1998］『ベンチャー企業』日本経済新聞社。

松田陽一［2000］『企業の組織革新行動』千倉書房。

松本芳男［2006］『現代企業経営学の基礎』同文舘出版。

丸山啓輔［2007］『新・経営管理論（第2訂版）』同友館。

三上富三郎［1992］『新版　現代経営診断論』同友館。

水谷雅一［1995］『経営倫理学の実践と課題』白桃書房。

水谷雅一［2003］『経営倫理』同文舘出版。

三隅二不二［1966］『新しいリーダーシップ：集団指導の行動科学』ダイヤモンド社。

三隅二不二［1984］『リーダーシップ行動の科学（改訂版）』有斐閣。

三隅二不二編［1994］『リーダーシップの行動科学─「働く日本人」の変貌─』朝倉書店。

三菱総合研究所産業・市場戦略研究本部［2007］『全予測2030年のニッポン』日本経済新聞出版社。

宮川公男編［1999］『経営情報システム（第2版）』中央経済社。

宮川公男編［2004］『経営情報システム（第3版）』中央経済社。

三宅隆之［2003］『非営利組織のマーケティング』白桃書房。

宮澤健一［1986］『高度情報社会の流通機構』東洋経済新報社。

宮澤健一［1987］『産業の経済学』東洋経済新報社。

宮澤健一［1988］『業際化と情報化』有斐閣。

宮澤健一＝高丘季昭編［1991］『流通の再構築』有斐閣。

宮島英昭編［2007］『日本のM＆A─企業統治・組織効率・企業価値へのインパクト─』東洋経済新報社。

宮田矢八郎［2001］『経営学100年の思想─マネジメントの本質を読む─』ダイヤモンド社。

村井純［1985］『インターネット』岩波書店。

村田潔編［1996］『ロジスティクス型情報システム』日科技連出版社。

藻利重隆［1967a］「経営経済学における諸学派の発展」（『経営学辞典』東洋経済新報社，所収）。

藻利重隆［1967b］「アメリカにおける経営学研究の特質と諸学派の発展」（『経営学辞典』東洋経済新報社，所収）。

百瀬恵夫＝梶原豊［2002］『ネットワーク社会の経営学』白桃書房。

森田哲＝三留修平＝原吉伸［1989］『戦略情報システム』講談社。

森本三男［1978］『経営学の原理』中央経済社。

森本三男［1994］『企業社会責任の経営学的研究』白桃書房。

森本三男［1995］『経営学入門（三訂版）』同文舘出版。

森本三男［2003］『現代経営組織論』学文社。

森本三男［2006］『現代経営組織論（第三版）』学文社。

諸上茂登＝藤澤武史＝嶋正編［2007］『グローバル・ビジネス戦略の革新』同文舘出版。

門田安弘［1985］『トヨタシステム』講談社。

文部科学省科学技術政策研究所第3調査研究グループ［2003］『地域イノベーションの成功要因および促進政策に関する調査研究』非売品。

文部科学省［2010］『平成22年版　科学技術白書』ぎょうせい。

文部科学省科学技術・学術政策局調査調整課［2010］『科学技術要覧平成22年版』佐伯印刷。

文部科学省編［2011］『平成23年度科学技術白書』文部科学省国立印刷局。

安田洋史［2006］『競争環境における戦略的提携─その理由と実践─』NTT出版。

安田洋史［2010］『アライアンス戦略論』NTT出版。

安室憲一［1982］『国際経営行動論』森山書店。

安室憲一［1993］『国際経営』日本経済新聞社。

安室憲一編［2007］『新グローバル経営論』白桃書房。

柳孝一［2004］『ベンチャー経営論』日本経済新聞社。

藪下史郎＝河野勝＝清野一治編［2006］『制度と秩序の政治経済学』東洋経済新報社。

山内直人［1999］『NPO入門』日本経済新聞社。

山倉健嗣［1993］『組織間関係―企業間ネットワークの変革に向けて―』有斐閣。

山倉健嗣［2007］『新しい戦略マネジメント―戦略・組織・組織間関係―』同文舘出版。

山倉健嗣＝岸田民樹＝田中政光［2001］『現代経営キーワード』有斐閣。

山城章［1960］『経営学の学び方（全訂第3版）』白桃書房。

山城章［1968］『経営学原理』白桃書房。

山崎正＝市川浩編［1970］『現代哲学事典』講談社。

山下洋史＝諸上茂登＝村上潔編［2003］『グローバルSCM―サプライチェーン・マネジメントの新しい潮流―』有斐閣。

山田英夫［1993］『競争優位の規格戦略』ダイヤモンド社。

山之内昭夫［1992］『新・技術経営論』日本経済新聞社。

山本孝＝井上秀次郎［2007］『生産マネジメント―その機能と発展―』世界思想社。

除本理史＝大島堅一＝上園昌武［2010］『環境の政治経済学』ミネルヴァ書房。

横山恵子［2003］『日本の社会戦略とNPO』白桃書房。

吉田和男［1993］『日本型経営システムの功罪』東洋経済新報社。

吉田民人［1990a］『自己組織性の情報科学』新曜社。

吉田民人［1990b］『情報と自己組織性の理論』東京大学出版会。

吉田民人［1991］『主体性と所有構造の理論』東京大学出版会。

吉原英樹［1989］『現地人社長と内なる国際化』東洋経済新報社。

吉原英樹［1992］『日本企業の国際経営』同文舘出版。

吉原英樹［1996］『未熟な国際経営』白桃書房。

吉原英樹編［2002］『国際経営論への招待』有斐閣。

吉原英樹［2011］『国際経営（第3版）』有斐閣。

吉原英樹＝佐々間昭光＝伊丹敬之＝加護野忠男［1981］『日本企業の多角化戦略』日本経済新聞社。

吉原英樹＝欧陽桃花［2006］『中国企業の市場主義管理　ハイアール』白桃書房。

若林直樹［2009］『ネットワーク組織―社会ネットワーク論からの新たな組織像―』有斐閣。

若杉隆平＝伊藤萬里［2011］『グローバル・イノベーション』慶応義塾大学出版会。

早稲田大学ビジネススクール［2003］『モノづくり企業のイノベーション』生産性出版。

早稲田大学ビジネススクール松田修一研究室［2004］『MOTアドバンスト技術ベンチャー』日本能率協会マネジメントセンター。

和田充夫［1991］『MBA　アメリカのビジネスエリート』講談社。

和田充夫［1998］『関係性マーケティングの構図』有斐閣。

渡辺和彦＝坂田哲也＝飯田秀樹＝齋藤南哲［2000］『ネットワークシステム（改訂版）』リックテレコム。

渡辺榮［2000］『情報管理論史』白桃書房。

渡邊俊輔編［2002］『知的財産―戦略・評価・会計―』東洋経済新報社。

渡辺利夫編［2004］『東アジア市場統合への道―FTAへの課題と挑戦―』勁草書房。

▼ 事項索引 ▲

あ行

IE ……………………………………… 247
ICT分野 ………………………………… 46
IT戦略本部 …………………………… 154
アジア的経営 ………………………… 207
アストン研究 ………………………… 94
アバナシー＝アッターバックの進化モデル
……………………………………………… 179
アメリカ経営学 ……………………… 13
――の特徴 ………………………… 14
アンチテーゼ（反） ……………………… 9
アントレプレナー …………………… 195
暗黙知 ………………………………… 185
EE ……………………………………… 247
eコマース（電子商取引） ……… 169, 170
e-Japan ………………………… 152, 153
EDPS ………………………………… 161
EPA　経済連携協定 ………………… 35
eビジネス ……… 12, 46, 166, 167, 263
――の意義 ……………………… 167
――の対象範囲 ……………… 167, 168
eマーケットプレイス …………… 115, 172
意思決定 ………………………… 93, 130
――の指針 ………………………… 58
――の前提 ……………………… 147
――のプロセス …………………… 131
一過性 ………………………………… 252
一般経営学 ……………………………… 3
一般的な法則性 ……………………… 8, 17
移動体通信 …………………………… 263
イノベーション ……… 12, 48, 173, 174, 231
――の意義 ……………………… 174
――の概念 ……………………… 174
――の支援 ……………………… 231
――の専有可能性 ………………… 48
――の体系 ……………………… 178
――の特性 ……………………… 175
――のプロセス …………………… 178
イノベーション論 …………………… 23

――の生成と発展 ……………… 177
異文化コミュニケーション ………… 222
異文化シナジー ……………………… 222
異文化マネジメント ……… 41, 42, 220, 222
――の意義 ……………………… 220
イメージ処理 ………………………… 156
因果関係 …………………………… 7, 8, 17
インターナショナル企業 …………… 214
インターネット ………………… 149, 258
――の時代 ……………………… 146
インターフェース適合の診断 …… 238, 239
イントラネット ……………………… 258
Win-Win関係 ………………… 116, 216
営利原則 ………………………………… 4
エクストラネット …………………… 258
エクセレント・カンパニー ……… 60, 106
SIS ……………………………………… 164
SRI（社会的責任投資） ……………… 45
SE ……………………………………… 247
SECIプロセス ……………………… 184
SECIモデル ………………………… 185
SBU …………………………………… 74
エネルギー政策 ……………………… 45
FTA（自由貿易協定） ………………… 35
NPOセクター ……………………… 254
MIS …………………………………… 162
M&A ………………………………… 244
MOT ……………………………… 47, 189
OECD ………………………………… 205
OR ……………………………………… 247
欧米的経営 …………………………… 205
オープン・システム ……………… 28, 174
オハイオ研究 ………………………… 104
オブジェクト（指向）データベース …… 157
オペレーショナル・コントロール …… 134
卸売業 ………………………………… 250

か行

カード型データベース ……………… 157
海外直接投資 ………………………… 212

会計学	24	監査役（会）	270
会社法	244	監査役会	272
階層型データベース	157	カンパニー制	99
概念	8	官民間BPR	166, 184
開発主義	37	管理的意思決定	132
顔の見える消費者	251	管理特性	211
科学的管理	13	官僚型組織	98
学際的アプローチ	15, 22	関連型多角化	69
学習	102	企業	3
——する組織	103	企業⇒社会	142, 279
家族的経営	209	起業家教育	195
課題および解決策の策定	241	企業価値の極大化	242
価値	78, 107	企業間BPR	166, 183
価値観	39	企業間ネットワーク	258
価値システム	78	企業システム	4
価値創造ゾーン	75	企業と環境との関わり方	58
価値連鎖	53, 77, 82	企業と社会	61, 92, 122, 275, 276
価値連鎖の基本形	77	企業ドメイン	63
金のなる木	74	企業内BPR	166, 183
ガバナンス	269	企業内ネットワーク	258
——の基準	274	企業の社会的責任	139, 276
——の主体	274	——の実践	141
株価	34	企業の特性	3
株式会社	6	企業別（内）労働組合	210
——の機関設計	273	企業倫理	275, 277
株主	128	技術革新	188
——の機関化	128	技術環境	45
——の高度分散	128	——の意義	46
——の質的変化	128	技術戦略	48
株主総会	270, 271, 272	規制	38
為替レート	32, 34	規制緩和	38
環境金融	45	期待理論	102
環境–経営戦略–組織適合の診断	236	機能的定義	64, 65
環境政策	45	機能別管理	135
環境創造	29, 59	規模の経済	150
環境対応	25, 59	基本的仮定	107
環境適応	29, 58, 59	キャッシュフロー	72
環境適合設計	45	QC	247
関係性資産	152	QCD	246
関係性マーケティング	190	狭義の経営システム	124
関係のマネジメント	152, 171	供給連鎖	82, 83, 115
韓国企業	208	業種別の診断	250
勧告書方式	236	競争環境	52
韓国的経営	209	——の意義	53

索　引

競争戦略 …………………………… 53, 62, 75
　――の意義 …………………………… 75
競争の基本戦略 …………………………… 78
競争優位 …………………………… 53, 164
　――の獲得 …………………………… 76
共通生産要素 …………………………… 150, 151
共通の経営資源（共有経営要素）… 66, 67, 68
共通目的 …………………………… 89, 90
共的セクター …………………… 254, 255, 260
協働 …………………………… 89
協働意欲 …………………………… 90
共同決定法 …………………………… 273
協働システム …………………………… 2, 89
協同戦略パースペクティブ …………………… 113
業務システム …………………… 124, 137, 244
　――の機能 …………………………… 244
　――の診断 …………………………… 244
業務の意思決定 …………………………… 132
共約不可能性 …………………………… 192
近代的管理論 …………………………… 121
近代的組織論 …………………………… 91
金利 …………………………… 33, 34
空間的制約 ………………… 11, 114, 149, 168, 260
国・地域軸 …………………………… 217
国の競争優位 …………………………… 215
国の文化 …………………………… 221
グローバル・ガバナンス …………………… 36
グローバル・ネットワーク …………………… 48
グローバル・フォー・グローバル ………… 204
グローバル企業 …………………… 203, 214
グローバル経営 …………………… 199, 200
　――の意義 …………………………… 200
　――の概念 …………………………… 200
　――の体系 …………………………… 203
　――の目的 …………………………… 200
グローバル経営論 …………………… 23, 269
　――の生成と発展 …………………… 201
グローバル公共政策 …………………………… 36
グローバル統合 …………………… 201, 213
経営 …………………………… 3, 4
経営学 …………………………… 3
　――の意義 …………………………… 1
　――の今日的課題 …………………… 257
　――の体系 …………………………… 21

　――の対象 …………………………… 2
　――の特質 …………………………… 12, 16
　――の方法論 …………………………… 17
　――の目的 …………………………… 7
経営革新 …………………………… 190
経営学的アプローチ …………………………… 177
経営学入門／経営学総論 …………………… 22
経営環境 …………………………… 27
　――の意義 …………………………… 28
　――の体系 …………………………… 30
経営環境論 …………………………… 24
　――の生成と発展 …………………… 29
経営管理 …………………………… 117, 118
　――の時代 …………………………… 118
　――の意義 …………………………… 118
　――の階層 …………………………… 123
　――の体系 …………………………… 122
　――の対象 …………………………… 122
　――のプロセス …………………………… 123
経営管理システム …………………… 125, 135
　――の機能 …………………………… 241
　――の診断 …………………………… 241
経営管理シナジー …………………………… 67
経営管理論 …………………… 22, 124
　――の位置づけ …………………………… 123
　――の生成と発展 …………………… 119
経営教育 …………………………… 10
経営空間 …………………………… 265
経営経済学 …………………………… 13
経営経済性 …………………………… 277
経営公共性 …………………………… 277
経営行動 …………………………… 10
経営コンサルタント …………………………… 255
経営資源 …………………………… 70
　――としての経営情報 …………………… 149
　――の意義 …………………………… 70
　――の蓄積・配分 …………………… 61, 70, 71
経営資源パラダイム …………………… 54, 81
経営資源ポートフォリオ …………………………… 71
経営システム …………………………… 123
　――の概念 …………………………… 123
　――の基本構造 …………………………… 125
　――の構造 …………………………… 124
　――の診断 …………………………… 236

309

経営システム目的実現の支援	231	
経営者革命論	129	
経営者支配	129	
経営者の職能	127	
経営情報	143	
——の意義	144	
——の体系	148	
——の特質	147	
経営情報システムの発展段階	160	
経営情報システムの変遷	160	
経営情報論	23	
——の生成と発展	147	
経営診断	229	
——に関する知識・技法	236	
——の意義	230	
——の視点	230	
——の主体・客体	231	
——の体系	233	
——の対象領域	236	
——の定義	230, 231	
——の特性	231	
——のプロセス	230, 236	
経営診断技法	236	
経営診断論	24	
——の生成と発展	232	
経営戦略	57	
——の意義	58	
——の構成要素	61, 62	
——の体系	61	
——の定義	58	
経営戦略論	23	
——の生成	59	
——の生成と発展	59	
経営組織	87	
——の意義	88	
——の階層	93	
——の体系	92	
経営組織論	23, 124	
——の生成と発展	90	
経営体	4	
経営と情報との関係性	144	
経営目標	211	
経営理念	11	
景気循環	32, 33	

経験曲線 60
経験曲線効果 71, 79
経済学 24, 268
経済学的アプローチ 177
経済環境 32
——の意義 32
経済性の概念 150
経済のグローバル化 35
形式知 185
ケースメソッド 10, 14
限界収穫 73
限界収穫逓減 73
限界収穫逓増 73
研究開発 48, 137, 218
——の診断 245
研究対象 2, 17
研究方法 17
権限・責任一致の原則 95
現地企業（現地子会社） 202
現地生産拠点 202
現地販売拠点 202
検討活動 132
コア・コンピタンス 75
コア・コンピタンス経営 60
工学 24
公企業 5
貢献 89, 139, 140
合資会社 6
公私企業接近の原理 5, 7
公私混同企業 5
公的セクター 254, 255, 260
合同会社 6
行動理論 104
公平理論 102
合名会社 6
小売業 251
合理性の診断 232
合理性の追求 90, 120
コーポレート・ガバナンス 136, 244, 269
顧客適合の診断 238
顧客の創造 174, 238
顧客満足 166, 184
国際公共政策 36
国際論 25

索　引

個人レベルの人間行動 ……………………… 101
コスト・リーダーシップ戦略 ………… 78
古典的管理論 ……………………………… 120
古典的組織論 ………………………………… 90
コミュニケーション ……………… 90, 103
コンプライアンス（法令遵守）………… 269

■■■■■■■■ さ行 ■■■■■■■■

サービス・マネジメント ……………… 252
サービス業 ………………………………… 251
サービス財の特性 ………………………… 252
再生可能エネルギー ……………………… 45
財閥 ………………………………………… 209
財務管理 ……………………… 135, 218, 242
財務管理システムの診断 ……………… 241
サクセス・シンドローム（成功の罠）… 109
サスティナビリティ ……………………… 44
サプライチェーン・マネジメント ……… 83
差別化戦略 …………………………………… 79
産学連携 …………………………………… 196
産官学連携 …………………………………… 48
産業間BPR …………………………… 166, 183
産業集積 ……………………………… 195, 196
産業政策 ……………………………………… 37
産業組織論 ………………………………… 268
三権分立 …………………………………… 270
三種の神器 ………………………………… 205
CtoC ………………………………………… 169
CtoB ………………………………………… 169
時間的制約 …………… 11, 114, 149, 168, 260
私企業 …………………………………………… 5
事業ドメイン ………………………………… 63
事業部制組織 ………………………………… 97
私経済学方法論争 …………………… 13, 19
資源依存パースペクティブ …………… 113
自己組織化 …………………………… 60, 175
市場開発戦略 ………………………………… 68
市場環境 ……………………………………… 49
　──の意義 ………………………………… 49
市場細分化 ……………………………… 69, 70
市場浸透戦略 ………………………………… 68
市場成長率 …………………………………… 74
市場の失敗 ……………………………… 37, 255
システム …………………………………… 124

　──の構造 ……………………………… 124
システム性の診断 ……………………… 232
システム性の追求 ……………… 91, 121
自然科学 ……………………………………… 7
自然環境 …………………………………… 42
　──の意義 ……………………………… 42
持続可能な競争優位 ……………………… 53
実学（実践科学）…………………………… 10
実施支援 …………………………………… 241
実践科学 ………………………… 14, 20, 21
実践性 ……………………………………… 15
私的セクター ……………… 254, 255, 260
シナジー …………………………………… 67
死の谷 ……………………………………… 189
社会⇒企業 …………………………… 142, 279
社会科学 ………………………………… 7, 8
社会科学方法論 …………………………… 17
社会学 ……………………………………… 24
社会学的アプローチ …………………… 177
社会環境 …………………………………… 38
　──の意義 ……………………………… 39
社会貢献 …………………………………… 140
社会主義市場経済 ……………………… 207
社会性 ……………………………………… 278
　──の診断 ……………………………… 233
　──の追求 ……………………… 45, 92, 122
社会調和型経営戦略論 …………………… 61
社会的管理論 …………………………… 122
社会的組織論 …………………………… 92
集権型組織 ………………………………… 97
終身雇用制 ……………………………… 205, 210
集成型＝コングロマリット型多角化 …… 69
集団主義 …………………………………… 210
集団レベルの人間行動 ………………… 103
集中型多角化 ………………………………… 69
集中戦略 ……………………………………… 79
柔軟な各国対応 ………………… 201, 210
需要創造 …………………………………… 35
需要連鎖 ……………………………… 82, 115
準備段階 …………………………………… 194
条件適応性の診断 ……………………… 232
条件適応性の追求 ……………… 91, 121
少子・高齢化 ……………………………… 41
情報 ………………………………………… 147

情報圧縮技術	158	垂直統合型バリューチェーン	85
情報開示	269	水平型多角化	69
情報学的アプローチ	177	水平的コミュニケーション	103
情報活動	131	水平的統合	84
情報管理	135, 218	水平統合型バリューチェーン	85
情報管理システムの診断	243	SWOT分析	53
情報技術（IT）	145	スタンドアローン	156, 159
情報空間	261	ステークホルダー・アプローチ	276
——の拡大	149, 264	生産	137, 219
情報システムの発展段階	145, 146	——の診断	246
情報社会	144	生産経済体	3, 20, 21
——の進展	144	生産シナジー	67
情報スーパーハイウェイ	152	生産性のジレンマ	180
情報創造	60, 175	生産要素の新結合	174
情報創造型経営戦略論	60	政治環境	36
情報創造パラダイム	60	——の意義	36
情報創造プロセス	176	成熟段階	194
情報通信技術（ICT）	145	製造業	250
情報通信技術の進展	154	成長段階	194
情報通信システム	158	成長ベクトル	67, 132
情報的資源	149	制度化パースペクティブ	113
情報論	24	製品・市場戦略	61, 66
将来志向的な構想	58	——の意義	66
職能別組織（機能別組織）	96	製品・市場マトリックス	66, 238
所有と経営の一致	128	製品・チャネルマトリックス	238
所有と経営の分離	127, 128, 129	製品開発戦略	68
新エネルギー	45	製品差別化	69, 70
進化段階	179	生物学的アプローチ	177
新規・拡大領域の診断	254	政府の失敗	255
新興国の台頭	34	制約	88
人口知能	156	世界規模の学習とイノベーション	201, 210
人口動態	39, 40	世界規模の効率	201, 210
新古典的管理論	120	セグメンテーション	50
新古典的組織論	90	設計活動	131
人事・労務管理	242	接点形成	251
診断プロセス	241	接点のデータベース化	251
ジンテーゼ（合）	9	セミマクロ環境	28, 29, 30
人的資源価値の極大化	242	戦争	38
人的資源管理	135, 217	センター・フォー・ローカル	204
人的資源管理システムの診断	241	全体戦略と個別戦略	61
遂行段階	178	選択活動	131
垂直型多角化	69	専門化の原則	95, 96
垂直的コミュニケーション	103	専門経営者	10, 128, 129
垂直的統合	84	戦略性の診断	233

索　引

戦略性の追求 ···················· 92, 122
戦略的意思決定 ·························· 132
戦略的管理論 ····························· 121
戦略的計画 ································· 134
戦略的社会性 ·········· 61, 92, 122, 278
戦略的組織変革 ·························· 110
戦略的組織変革プロセス ··············· 110
戦略的組織論 ····························· 91
戦略的提携 ································· 55
戦略特性 ··································· 211
創業支援 ··································· 195
総合経営管理 ····························· 133
　　──と機能別管理 ············ 122, 133
総合情報と機能別情報 ··················· 148
総合性 ····································· 15
創造的破壊 ································· 176
相対的市場占有率 ························· 74
疎外 ······································· 18
組織 ······································· 88
　　──における人間行動 ··············· 100
　　──の3要素 ························· 90
　　──の概念 ··························· 88
　　──の基本形態 ····················· 96
　　──の時代 ····················· 88, 118
　　──の定義 ··························· 89
　　──の動態化 ························· 98
　　──の発展モデル ··················· 240
組織学習 ··································· 103
組織間関係 ································· 111
　　──の意義 ··························· 111
　　──の革新 ··························· 114
　　──の基盤 ··························· 116
　　──の視座 ··························· 112
組織間関係論 ····························· 261
組織均衡 ··································· 89
組織空間 ··································· 258
　　──の拡大 ··························· 261
組織形態 ··································· 94
　　──の発展段階モデル ··············· 95
組織構成員 ································· 106
組織構造 ··································· 93
組織行動論 ································· 100
組織シンボリズム ························· 108
組織図 ····································· 94

組織設計原則 ····························· 95
組織セット・パースペクティブ ··········· 113
組織的制約 ················ 11, 149, 168, 260
組織的知識創造 ··························· 184
組織デザイン ························· 93, 94
組織特性 ··································· 211
組織能力を基盤とする優位性 ············· 77
組織文化 ···················· 39, 106, 221, 221
　　──の機能 ··························· 108
　　──の逆機能 ························· 108
　　──の変革 ··························· 224
　　──のマネジメント ········· 108, 221, 227
組織変革 ····························· 106, 108
ソフトウェア ····························· 156
損益分岐点図表 ··························· 243

══════════ た行 ══════════

ダーウィンの海 ··························· 189
第一次産業 ································· 253
大気 ······································· 42
第三の波 ····························· 144, 145
貸借対照表 ································· 242
代替案 ····································· 130
ダイヤモンド ····························· 215
多角化戦略 ································· 68
多国籍企業 ································· 211
　　──と国家 ··························· 214
　　──の意義 ··························· 211
　　──の機能別管理 ··················· 216
　　──の業務システム ················· 218
　　──の経営システム ················· 216
　　──の組織体系 ····················· 212
立上げ段階 ································· 194
脱工業化社会 ····························· 144
WTO（世界貿易機関） ··················· 35
断続性（非連続性） ······················ 176
地域イノベーション ······················ 198
地域クラスター ····················· 114, 196
チェック ··································· 25
地球温暖化 ································· 43
知識 ······································· 147
　　──の素材 ··························· 147
知識経営 ··································· 186
知識社会 ··································· 187

313

知識創造 …………………… 147, 184	特許 ……………………………… 75
——の概念 ……………………… 184	ドミナント・デザイン …………… 180
——のプロセス ………………… 184	ドメイン ……………………… 61, 63
知識創造パラダイム ……………… 60	——の意義 ……………………… 63
知的財産権 ……………… 187, 244	——の再定義 …………………… 65
知的集積 ………………………… 196	ドメイン定義の要件 ……………… 64
着想段階 ………………………… 194	トランスナショナル企業 ………… 214
チャレンジャー …………………… 54	取締役会 ……………… 270, 271, 272
中国企業 ………………………… 208	取引 …………………………… 114
中国的経営 ……………………… 209	取引コスト・パースペクティブ ………… 113
中範囲理論 ……………………… 233	
超国籍企業 ……………………… 212	**な行**
調整段階 ………………………… 178	
調達 …………………… 137, 218	内部適合 ………………………… 239
——の診断 ……………………… 245	——の診断 ……………………… 239
調達コスト ……………………… 246	内部統制システム ……… 136, 244, 269, 273
調達市場 ……………………… 49, 50	内容理論 ………………………… 101
ツーボス・システム（二人上司）………… 99	ナレッジ・マネジメント ………… 186
DSS …………………………… 162	ニーズ・シーズマトリックス ……… 238
TLO …………………………… 48	ニッチャー ………………………… 54
TCP／IP ………………… 149, 258	日本企業 ………………………… 208
定型的意思決定 ………………… 133	——のガバナンス機構 ………… 270
テーゼ（正）………………………… 9	日本的経営 ……………… 204, 205
データ …………………………… 147	——の概念 ……………………… 204
データベース技術 ………………… 156	日本標準産業分類 ……………… 250
データマイニング ………………… 157	人間性 …………………………… 278
適応的管理論 …………………… 121	——の診断 ……………………… 232
適応の組織論 …………………… 91	——の追求 ……………… 91, 121
適合 …………………… 58, 237	認識の困難性 …………………… 252
適合パラダイム …………………… 238	ネットワーク外部性 ……………… 55
テクノクラート …………… 10, 129	ネットワーク型組織 ……………… 100
デザイン性 ………………………… 16	ネットワーク型データベース ……… 157
デファクト・スタンダード ………… 55, 80	ネットワーク技術 ………… 158, 167
電子政府 ………………………… 154	ネットワークシステム …………… 159
ドイツ企業のガバナンス機構 ……… 272	ネットワーク社会 ……… 149, 160, 262
ドイツ経営学 …………………… 12	——の意義 ……………………… 149
ドイツ経営学方法論争 …………… 18	——の進展 ……………………… 149
統合ネットワーク ………… 203, 204	ネットワークのネットワーク ……… 258
投資シナジー …………………… 67	年功序列制 ……………………… 210
統制範囲の原則 ………………… 95	能率技師 ………………… 232, 255
特殊経営学 ……………………… 3	農林水産業 ……………………… 253
特性理論（資質理論）…………… 104	
独立性 …………………………… 4	**は行**
土壌 ……………………………… 43	バーゲニング ……………… 215, 216
	パースペクティブ ………………… 112

索　引

パーソナリティ	101
バーチャル・コーポレーション	264
ハードウェア	154
発生段階	178
発展	25
花形製品	74
パラダイム	191
——の転換プロセス	192
——の変革	191
パラダイムシフト	230
範囲の経済	150
販売市場	49, 50
販売シナジー	67
汎用機の時代	146
PC（パソコン）の時代	146
PIMS	60
BOPビジネス	51
BtoC	169
BtoB	169
PPM	60, 73
BPR	165, 181
——の対象領域	182
ヒエラルキー企業	264
非関連型多角化	69
ビジネスシステム	81, 82, 239
——の概念	81
——の形態	84
——の評価基準	82
ビジネスシステム戦略	62, 81
——の意義	81
ビジネスチャンス	44
ビジネス・プラットフォーム	116
ビジネスプロセス	82, 166, 181
ビジネスプロセス・リエンジニアリング	181
ビジネスモデル	81, 170, 260
ビジョナリー・カンパニー	60
非貯蔵性	252
非定型的意思決定	133
VE	247
フィードバック・コントロール	126, 241
フォロワー	54
不可逆性	252
普及	174

普及段階	179
複合一貫輸送	253
福利厚生制度	210
物理的定義	64
物流	83, 249
物流業	252
部門間BPR	166, 183
部門内BPR	166, 183
プラグマティズム	15
ブランド	75
プロジェクト組織	98
プロセス	181
プロセス・イノベーション	166, 180
プロセス型経営戦略論	60
プロセス理論	102
プロダクト・イノベーション	179, 180
プロダクト・ライフサイクル	72
プロフェッション	10, 129, 256
文化	39, 41
文化的多様性	222, 223
分業システム	93
分権型組織	97
分社化	100
分析・評価	241
分析型経営戦略論	60
分析マヒ症候群	60
分析枠組み	8
米国企業のガバナンス機構	271
変革型リーダー	111
変換プロセス	246
ベンチャービジネス	192, 193
——の育成	194
——の概念図	193
貿易（輸出入）	202
法学	24
方法論争	19
法務管理	135, 218, 244
法務管理システムの診断	243
ポジショニング	54
ポジション・スクール	76
ポジションを基盤とする優位性	77
ポスト資本主義	144
ボランタリーの失敗	255

315

ま行

マーケット・ライフサイクル ……… 54, 79
マーケティング ……………… 138, 219
マーケティング・ミックス ……… 52, 247
マーケティング情報システム ………… 52
マーケティングの診断 …………………… 247
マクロ環境 …………………… 28, 29, 30
マクロ組織論 ……………………………… 92
負け犬 ……………………………………… 74
マザー・ドーター構造 …………………… 206
マズローの欲求5段階説 ………………… 102
マトリックス組織 ………………………… 99
マネジメント ……………………………… 25
マネジメント・コントロール ………… 134
マネジリアル・グリッド ……………… 105
魔の川 ……………………………………… 189
マルチナショナル企業 ………………… 212
マルチメディア技術 …………………… 157
見えざる資産 ……………………………… 75
ミクロ環境 …………………… 28, 29, 30
ミクロ組織論 …………………… 92, 100
ミシガン研究 …………………………… 104
水 …………………………………………… 44
未利用経営資源 …………………………… 68
無形性 …………………………………… 252
無店舗小売業 …………………………… 251
命令一元化の原則 ……………… 95, 96
メディア・リッチネス ………………… 103
モーダル・シフト ……………………… 253
目的手段関係 ……………………………… 8
モティベーション ……………………… 101
ものづくり ……………………………… 250
模倣困難性 ………………………………… 56
問題解決 ………………………………… 232
問題解決（ソリューション） …… 12, 231
──の支援 ……………………………… 231
問題児 ……………………………………… 74
問題点の抽出 …………………………… 241
問題発見 ………………………………… 232

や行

唯物史観 …………………………………… 18
誘因 …………………………… 89, 139, 140

u-Japan …………………… 149, 152, 154, 262
有店舗小売業 …………………………… 251
ゆさぶり ………………………………… 192
ゆでられた蛙の寓話 …………………… 110
ユビキタスネットの時代 ……………… 146
ユビキタスネットワーク社会 …… 11, 46, 262
──の概念 ……………………………… 262
4C ………………………………………… 248
4P ………………………………………… 247

ら行

ライフサイエンス分野 …………………… 46
ライフスタイル …………………………… 41
ライン・アンド・スタッフ組織 ………… 96
ライン組織 ………………………………… 96
リーダー …………………………………… 54
リーダーシップ ………………………… 104
リーダーシップ条件適合理論 …… 104, 105
利害関係者（ステークホルダー） …… 139, 259
リスクの削減 …………………………… 147
リスクヘッジ（危険分散） ……………… 69
リソース・ベースト・ビュー …………… 75
リレーショナルデータベース（関係データベース） …………………………………… 157
リレーションシップ（関係性）・マーケティング …………………………………… 51
理論 ………………………………………… 8
──と実践 ……………………………… 10
──と実践の融合 ……………… 10, 17
隣接科学 …………………………………… 24
倫理問題 ………………………………… 275
連結の経済 ……………………………… 150
ローカル・フォー・グローバル ……… 204
ローカル・フォー・ローカル ………… 204
ローカル適応 …………………… 201, 213
ロジスティクス …………… 82, 83, 138, 220
──の診断 ……………………………… 249
ロボットの発展 …………………………… 47
ロボット分野 ……………………………… 46

わ行

ワーク・ライフ・バランス ……………… 41
ワントゥワンマーケティング ……… 51, 248

▼ 人名索引 ▲

あ行

アダムス ……………………………… 102
アドラー ……………………………… 222
アバナシー゠アッターバック ………… 179
アベグレン …………………………… 205
アルダーファー ……………………… 101
アンゾフ ………………………… 58, 92, 122
ウェーバー ……………………… 17, 90, 98
ウッドワード ………………………… 91, 121

か行

グーテンベルク ……………………… 13
クーン ………………………………… 191

さ行

サイアート゠マーチ ………………… 91, 121
サイモン ………………… 89, 91, 93, 121, 130
シャイン …………………………… 106, 224
シュマーレンバッハ ………………… 13
シュミット …………………………… 13
シュンペーター ……………………… 174
スタイナー …………………………… 122
スミス ………………………………… 93
センゲ ………………………………… 110

た行

ダニング ……………………………… 201
ダンカン ……………………………… 225
チャンドラー ……………………… 58, 92, 122
ディール゠ケネディ ………………… 107
テイラー …………………………… 90, 120
ドラッカー …………………………… 174
トランペナーズ゠ハムデン・ターナー …… 221

な行

ニックリッシュ ……………………… 13
ノーラン ……………………………… 145

は行

ハーシー゠ブランチャード …………… 105
ハーズバーグ ……………………… 91, 101, 120
バーナード ……………… 89, 91, 93, 121
バーナム ……………………………… 129
バーノン ……………………………… 201
バーリ゠ミーンズ …………………… 127
バーンズ゠ストーカー ……………… 91, 121
ピーターズ゠ウォーターマン ………… 106
ファヨール ………………………… 90, 120
フィードラー ………………………… 105
フォード ……………………………… 120
ブルーム ……………………………… 102
ブレーク゠ムートン ………………… 105
ポーター …………………………… 76, 92, 122
ポーター゠ローラー ………………… 102
ホッファー゠シェンデル ……………… 58
ホフステッド ………………………… 221

ま行

マーチ゠サイモン …………………… 89
マグレガー ………………………… 91, 101, 120
マクレランド ………………………… 101
マズロー …………………………… 91, 101, 121
マッカーシー ………………………… 247
マルクス ……………………………… 17
メイヨー゠レスリスバーガー ………… 91, 120

ら行

リッカート ………………………… 91, 120
レヴィン ……………………………… 110
ローターボーン ……………………… 248
ローレンス゠ローシュ ……………… 91, 121
ロジャース …………………………… 174

〈著者略歴〉

岸川善光（KISHIKAWA, Zenko）：

・学歴：東京大学大学院工学系研究科博士課程（先端学際工学専攻）修了。博士（学術）。

・職歴：産業能率大学経営コンサルティングセンター主幹研究員，日本総合研究所経営システム研究部長，同理事，東亜大学大学院教授，久留米大学教授（商学部・大学院ビジネス研究科），横浜市立大学教授（国際総合科学部・大学院国際マネジメント研究科），同副学長を経て，現在，横浜市立大学名誉教授。その間，通商産業省（現経済産業省）監修『情報サービス産業白書』白書部会長を歴任。1981年，経営コンサルタント・オブ・ザ・イヤーとして「通商産業大臣賞」受賞。

・主要著書：『ロジスティクス戦略と情報システム』産業能率大学，『ゼロベース計画と予算編成（共訳）産能大学出版部，『経営管理入門』同文舘出版，『図説経営学演習（改訂版）』同文舘出版，『環境問題と経営診断』（共著）同友館（日本経営診断学会・学会賞受賞），『ベンチャー・ビジネス要論（改訂版）』（編著）同文舘出版，『イノベーション要論』（編著）同文舘出版，『ビジネス研究のニューフロンティア』（共著）五弦社，『経営戦略要論』同文舘出版，『経営診断要論』同文舘出版（日本経営診断学会・学会賞（優秀賞）受賞），『ケースブック経営診断要論』（編著）同文舘出版，『ケースブック経営管理要論』（編著）同文舘出版，『エコビジネス特論』（編著）学文社，『アグリビジネス特論』（編著）学文社，『コンテンツビジネス特論』（編著）学文社，『サービス・ビジネス特論』（編著）学文社，『スポーツビジネス特論』（編著）学文社，『経営環境要論』（編著）同文舘出版，『経営管理要論』（編著）同文舘出版，『経営組織要論』（編著）同文舘出版，『グローバル経営要論』（編著）同文舘出版，『経営情報要論』（編著）同文舘出版，など多数。

（検印省略）

平成29年9月25日　初版発行　　　　　　略称：経営学要論

経営学要論

著　者　岸　川　善　光
発行者　中　島　治　久

発行所　**同 文 舘 出 版 株 式 会 社**

東京都千代田区神田神保町1-41　〒101-0051
営業（03）3294-1801　　　編集（03）3294-1803
振替 00100-8-42935　http://www.dobunkan.co.jp

ⒸZ. KISHIKAWA　　　　　　　　　　製版　一企画
Printed in Japan 2017　　　　　印刷・製本　萩原印刷

ISBN978-4-495-39010-5

JCOPY〈出版者著作権管理機構 委託出版物〉
本書の無断複製は著作権法上での例外を除き禁じられています。複製される場合は，そのつど事前に，出版者著作権管理機構（電話 03-3513-6969，FAX 03-3513-6979，e-mail：info@jcopy.or.jp）の許諾を得てください。

経営学要論シリーズ

●岸川善光 (編)著

1 経営学要論

2 経営管理要論

ケースブック　経営管理要論

3 経営戦略要論

4 経営組織要論

5 経営情報要論

6 イノベーション要論

7 グローバル経営要論

8 経営診断要論

ケースブック　経営診断要論

9 経営環境要論

10 ベンチャー・ビジネス要論